CB132463

luzes do passado

Revisão e Editoração Eletrônica:
João Carlos de Pinho

Direção de Arte:
Luiz Antonio Gasparetto

Capa:
Kátia Cabello

1ª edição
Setembro • 2006
10.000 exemplares

Publicação, Distribuição
Impressão e Acabamento
CENTRO DE ESTUDOS
VIDA & CONSCIÊNCIA EDITORA LTDA.

Rua Agostinho Gomes, 2312
Ipiranga • CEP 04206-001
São Paulo • SP • Brasil
Fone / Fax: (11) 6161-2739 / 6161-2670
E-mail: grafica@vidaeconsciencia.com.br
Site: www.vidaeconsciencia.com.br

É proibida a reprodução
de parte ou da totalidade
dos textos sem autorização
prévia do editor.

01533

Leonardo Rásica

luzes do passado

EDITORA GRÁFICA VIDA & CONSCIÊNCIA

AGRADECIMENTOS

Apoio cultural ao autor:

LINDOYA

bioleve

água mineral natural & sucos

Dentre as pessoas que de alguma maneira ajudaram na realização deste livro, gostaria de agradecer especialmente a:

Fabio Bense,
Fátima Sayão,
Flavio Aragão dos Santos e
Iêda Maria Ferreira Pinheiro Gomes

"É incompreensível que tantos homens considerem tão corriqueiro nascer uma vez, e tão espantoso nascer mais de uma vez."

(Voltaire)

INTRODUÇÃO

Meus primeiros contatos com meu trisavô Carlos Ferreira ocorreram em 1997, por meio de coincidências demasiado significativas para serem consideradas apenas como tal.

Depois vieram alguns sonhos, sempre extremamente vívidos e marcantes, características que faziam com que, a meu ver, eles se situassem acima da categoria de sonhos comuns e pudessem ser considerados verdadeiros contatos. Era, sem sombra de dúvida, o espírito desse meu antepassado comunicando-se comigo. Alguns desses contatos já haviam sido descritos em meu livro "Fantasmas do Tempo", publicado em outubro de 2004.

Em fins de 2004, um acontecimento veio a intensificar e acelerar esse fenômeno.

Uma prima distante, bisneta de Carlos Ferreira, tinha em seu poder um quadro dele, pintado por um amigo em maio de 1872 (Carlos tinha vinte e cinco anos na ocasião).

Por motivos que só Deus conhece, foi justamente na época em que eu terminava "Fantasmas do Tempo" que vim a conhecer essa prima. Isto por si só constitui um fato bastante significativo. Basta dizer que ela e minha mãe haviam sido muito companheiras quando crianças, mas não se viam nem mantinham qualquer contato havia mais de quarenta anos.

Apesar de todos esses anos de separação, fortes laços espirituais ligavam esses dois ramos da família, e uma grande identificação entre mim e essa prima foi logo estabelecida. Era como se aqueles quarenta anos de distância entre ela e minha mãe não houvessem passado de quarenta segundos, e como se eu a tivesse conhecido desde sempre, apesar de nunca a ter visto até então.

Cerca de um mês após me conhecer (ou, quem sabe, *reconhecer*), minha prima tomou uma decisão: a guarda do quadro de Carlos Ferreira a que me referi acima deveria passar à minha responsabilidade.

Fiquei muito agradecido e honrado com a incumbência, afinal eu admirava muito meu trisavô, sentia grandes afinidades por ele, e aquela preciosidade estava na família havia mais de cento e trinta anos.

Minha prima e eu envolvemos a delicada relíquia como a um bebê recém-nascido, em panos e mantas, para protegê-la. Em seguida, nós a acomodamos em meu carro. Após quase três horas de viagem, eu a "desembarcava" em minha casa.

Depois de retirar todos aqueles panos que o envolviam, encostei o quadro na parede e fiquei bastante tempo observando aquele rosto jovem porém muito grave em sua expressão.

Naquela tarde, minha prima me havia ensinado a fazer velas ornamentais — *velas mágicas,* segundo ela —, e a primeira que eu havia feito saíra muito bonita, tomando uma interessante coloração azul-hortênsia.

Já era noite, e, para dar mais solenidade à ocasião, apaguei todas as luzes e acendi a vela que havia feito, deixando apenas sua chama suave a iluminar aquele rosto de mais de cento e trinta anos, enquanto eu continuava a admirá-lo, recostado em uma poltrona.

Comecei a dar asas à minha imaginação. O que ele estaria pensando enquanto era pintado aquele quadro? Quais seriam seus sonhos, suas aspirações? Seus medos, preocupações? O que provocaria uma expressão tão grave e austera, mesclada a certa melancolia, em alguém tão jovem? Qual era a história daquele homem, aparte do pouco que eu já havia ouvido em histórias de família e de alguns livros que ele havia deixado escritos há cerca de um século, mas que pouca coisa falavam sobre sua vida pessoal, dando margem mais a mistérios do que a certezas?

Quem havia sido, realmente, Carlos Ferreira?

Senti um inexplicável torvelinho de ar envolvendo meu corpo e passando rapidamente, apesar de todas as janelas estarem fechadas e de não notar oscilação correspondente na chama da vela. Instintivamente virei a cabeça para trás, mas não vi nada que pudesse ter causado a corrente de ar. Em seguida, um arrepio percorreu minha espinha e fez com que os pêlos de meu braço arrepiassem. Fazia frio e eu havia tomado bastante vento durante a viagem. Provavelmente era apenas um resfriado que vinha por aí.

Continuei olhando ora para o quadro, ora para a chama da vela, o que ia me causando um certo efeito hipnótico, ao mesmo tempo em que tomava conta de mim um sono tão dominador, uma moleza no corpo tão paralisante, que não pude resistir.

Adormeci e sonhei.

Quando acordei no sofá, já eram quase duas da manhã. A fraqueza e o frio haviam ido embora completamente. A vela continuava acesa, e só quando olhei para a face de meu trisavô, iluminada pela luz sutil daquela chama, percebi que algo espantoso havia acontecido.

Eu acabara de receber uma extraordinária quantidade de informações sobre meu trisavô durante aquelas duas horas em que estivera adormecido.

Em apenas duas horas, fora revelada a mim a história de uma vida inteira.

Meu maior espanto era a abundância de minúcias e detalhes. Era impossível, em condições normais, armazenar tanto conhecimento em duas horas. Era evidente que, durante o sono, o tempo para mim se havia modificado e, numa formidável manifestação de relatividade, havia "esticado" várias vezes seu padrão normal.

Enquanto meu corpo físico dormia, meu espírito havia recebido conhecimentos que, se obtidos em tempo real, demandariam dias ou mesmo semanas. Era muita coisa! Era como se milhares de páginas de um arquivo houvessem sido reduzidas a um minúsculo *chip* e introjetadas de maneira instantânea e indelével em minha memória.

Não sei se outras pessoas já passaram por fenômeno semelhante. Tampouco sei se existe um nome para tal manifestação. A mim, pelo menos, era a primeira vez que isso ocorria.

Eu tivera antes outros contatos com pessoas já falecidas, inclusive com o próprio Carlos Ferreira, porém jamais com tamanha quantidade e precisão de fatos ou que tenham ficado de forma tão inteira e permanente em minha lembrança.

Desde que teve início minha *iniciação*, a qual relato no livro "Fantasmas do Tempo", cada novo fenômeno que transcende a esfera terrena é para mim uma intrigante e emocionante aventura, da qual sempre retorno com novos conhecimentos que por momentos chegam a me levar a um estado que beira a perplexidade.

Mas voltemos a Carlos, ou melhor, àquele que havia sido Carlos em sua última experiência terrena.

Fiquei ciente, durante aqueles momentos, de todos os pensamentos, sentimentos, dores físicas, sofrimentos emocionais, angústias morais e existenciais que aquele espírito experimentara em sua vida terrena como Carlos Ferreira. Eu estava a par de cada poema que ele escrevera ou que apenas imaginara, de cada carta que redigira e que recebera, do amor que devotara aos filhos e esposa, de um gigantesco e permanente senso de missão que o dominara por quase toda a vida, certas vezes até chegando a atordoá-lo.

Sim, Carlos Ferreira tinha também sua quota de imperfeições, e quase sempre pagou bem caro por elas. Era orgulhoso, e não poucas vezes dissimulava um fundo de arrogância sob um véu de complacência e falsa modéstia. Tendia a supervalorizar sua pessoa e seus objetivos (ainda que estivesse imbuído de um genuíno senso de missão) e, ao mesmo tempo, a desvalorizar os feitos já conquistados.

Mas a grande tragédia de Carlos Ferreira — se é que podemos chamar de tragédias os tropeços com que a vida às vezes nos surpreende, dos quais nos levantamos momentaneamente condoídos e atordoados, mas que afinal fazem com que gradativamente ganhemos a intuição de dirigir nossos passos apenas ao bom caminho... Se estes redirecionamentos que a vida nos oferece podem ser chamados de tragédias, então a de Carlos Ferreira foi conhecer o alto preço que se paga por deliberadamente cultivar o amor no coração de alguém e depois menosprezar esse amor. Porém havia sempre a justificativa de que esse menosprezo havia sido um sacrifício em prol de uma causa nobre e maior.

Mas poderia essa aparente dureza de coração ser justificada pelo senso de missão que o impelia irresistivelmente? E, afinal, de onde se originava esse senso de missão?

É um ponto decisivo deste relato a origem de tal sentimento. Teria ele surgido de maneira completamente espontânea, a certa altura da vida de Carlos, ou teria se originado no passado? Seria um mecanismo de compensação por uma infância de pobreza, sem pai nem mãe? Ou a causa desse impulso tão dominador estaria mais além no passado, em outras vidas, sendo tal impulso, assim como as escolhas e conseqüências dele resultantes, necessário para a evolução espiritual de Carlos?

Há pontos na vida de Carlos em que as perguntas começam a se suceder, intrigantes, irresistíveis... Por exemplo: se esse senso de missão era realmente tão forte, poderia ele ter optado por agir de outra maneira? Qual a dimensão de livre-arbítrio da qual um ser humano efetivamente dispõe? Pequena? Grande? Infinita? É mensurável? É uma dimensão determinada ou variável? Se variável, de acordo com que circunstâncias?

Está dentro dos limites de nosso livre-arbítrio decidir de "quanto" livre-arbítrio dispomos?

Carlos, ao deixar seu grande amor para se dedicar à sua missão, tomou a decisão certa? Foi cruel e egoísta agindo assim? Ou cruel e egoísta teria sido agindo ao contrário?

Quem somos nós para sermos juízes de tais questões?

Ao longo deste livro, o leitor irá tomar conhecimento do veredicto da Justiça Maior a respeito das escolhas de Carlos e suas conseqüências.

Este é um livro de muitas perguntas, mas também de muitas respostas.

Orgulho, arrogância, impulsividade, impaciência, desprezo.

Por muitas destas más qualidades Carlos pagou o preço ainda em sua última vida. Porém sabe que, embora bastante evoluído, está longe da perfeição, e de bom grado se submeterá, em vidas futuras, a provas que façam seu espírito melhorar nos aspectos em que ainda se encontra mais falível e suscetível.

Laura foi seu grande amor.

Laura tornou-se empecilho quando ele passou a acreditar que só chegando aos píncaros do poder cumpriria sua missão. E finalmente, já nos últimos momentos de Carlos Ferreira, Laura passou a ser a redentora, aquela de quem ele ansiava, apaixonadamente, por um sinal que demonstrasse que ela o perdoara.

As boas qualidades de Carlos, porém, superaram em muito seus defeitos. Seu senso de justiça e igualdade entre os homens, sua coragem e seu ardor humanitário, sua determinação em tornar mais fraterna e instruída a sociedade fizeram com que ele fosse personagem-chave de momentos de grande importância histórica para o Brasil, como a abolição da escravatura e a proclamação da república (apesar de ter sido brindado com a ajuda e amizade de nosso último monarca, Dom Pedro II). Seu senso de causa, de missão, prevalecia sempre, e isso determinou muitos de seus momentos de glória, mas também suas maiores tristezas.

Não há dúvidas de que devemos aprender com nossa experiência, nosso sistema de erros e acertos, mas também é certo que a determinados espíritos seja permitido, em certas circunstâncias, nos auxiliar em momentos de nossas aventuras terrenas.

E assim, talvez quando o espírito desse meu ilustre antepassado percebeu que eu estava a caminho de repetir seus próprios erros, foi-lhe permitido abrir um pouco meus olhos, ainda velados por muita ignorância, com a condição, porém, de que sua história como Carlos Ferreira fosse compartilhada com o maior número possível de pessoas.

Por isso escrevi *"Luzes do Passado"*.

Talvez algumas vezes, durante a preparação desta obra, eu tenha me referido a ela, algo erroneamente, como sendo um livro *ditado*, ou mesmo *psicografado*.

Embora, enquanto eu escrevesse, a sensação fosse de que alguém — ou algo — me dizia o que escrever, quero esclarecer que este livro não foi realmente ditado, no modo tradicional da palavra.

Acho importante salientar esse ponto, pois o leitor em geral tem grande interesse em saber de que modo se deu o processo. Estou longe de ter todas as respostas, e me alegro por isso, pois o que pode ser mais estimulante do que a perspectiva de poder aprender sempre mais? No entanto, há algumas coisas que certamente posso dizer ao leitor.

Nesse caso, ocorreu uma espantosa "gravação" de toda a história da vida desse homem em minha memória, em seus mínimos detalhes.

Não posso afirmar que a vontade desse espírito, que foi Carlos em sua vida passada, haja sido a única responsável por essa transferência de informações. Tampouco posso declarar que não tenha havido outra entidade intermediando o contato, ou até — por que não? — várias entidades ou espíritos tenham contribuído para esse contato tão poderoso durante aquelas duas horas.

O que *sinto* e que *sei*, é que Carlos, direta ou indiretamente, esteve muito presente durante o processo, e, portanto, posso dizer que esse fenômeno foi a resultante de uma aproximação momentânea — breve no tempo que conhecemos, porém muito extensa em seu alcance e ensinamentos — entre dois espíritos cheios de semelhanças e afinidades, um deles já desencarnado, o outro ainda encarnado, e que, intrigantemente, são também ligados por laços biológicos, familiares.

Coincidência?

Só Deus sabe.

LEONARDO RÁSICA

P.S.: Uma pequena parcela de nomes e datas foi modificada por motivos diversos.

P.P.S.: Gostaria de agradecer os inúmeros *e-mails* mandados por leitores de "Fantasmas do Tempo". Infelizmente, não foi possível responder a todos, mas li cada um deles com muita atenção e carinho, e tenho-os todos guardados. Meu endereço de *e-mail* permanece o mesmo (leo.rasica@uol.com.br) e continuo respondendo a eles na medida do possível.

PRÓLOGO

São Vicente, dezembro de 1728

— Alguém chame o marido, depressa! Dona Teresa está morrendo!

Ao escutar aquelas palavras, tudo que Teresa pôde sentir foi um imenso alívio. Desde que ela fora prometida a Dom Lázaro, sua vida se transformara em um suplício quase insuportável. A morte seria a libertação. Teresa percebeu que desejava morrer, queria enfim ser livre. Entregava-se à morte, entregava-se à misericórdia de Deus, pedia que Ele a levasse... E sentia suas forças deixando seu corpo.

— Isso, Senhor! Leva-me Contigo! — implorava, quase em êxtase.

De repente, teve a sensação brusca de que algo a prendia a este mundo. Era o sentimento materno. *Claro!* Como poderia ela deixar seu filho, que nascia, nas garras daquele ogro que era seu marido? Como poderia aquela criança, inocente de tudo, sobreviver e crescer sem mãe e com um monstro como pai? Teresa arrependeu-se, desesperou-se, envergonhou-se profundamente de ter sido assim egoísta, de ter desejado a morte como libertação para si sem se preocupar com o destino do próprio filho.

Ela agora queria viver. Queria viver pelo filho, zelar por ele, protegê-lo!

Mas, ao que tudo indicava, já era tarde. O sangue escorria de suas entranhas assim como a alma escorria para fora de seu corpo. Ela se entregara! Ela *pedira* a morte! Egoísta que fora! Enlouquecida, quis gritar, juntou todas as suas forças, mas a voz que reverberou por sua garganta era um lamento quase inaudível:

— Não quero morrer! Não quero deixar meu filho!

O suor brotava e escorria em grossas gotas pela testa da parteira naquela tensa e sufocante noite de verão. Suas roupas também estavam empapadas de suor, e ela não sabia se isso se devia mais ao calor da estação, às horas de extenuante esforço físico tentando salvar tanto a mãe quanto o bebê ou ao nervosismo de estar ali praticamente sozinha, a cargo daquela pobre mulher que se esvaía em sangue. Além dela, havia apenas dois criados da casa, um homem e uma mulher, que, em completo pânico, mais atrapalhavam do que ajudavam.

Fora eles dois, nenhum parente, amigo, alguém da vizinhança... Ninguém...

Dois moleques já haviam sido mandados à cidade à procura de Dom Lázaro, pai daquela criança que não se sabia ainda se nasceria viva ou morta.

Já fazia mais de duas horas, porém, que os meninos haviam saído correndo para buscar Dom Lázaro, e até agora nada. Onde estaria aquele marido e pai desnaturado?, pensava a parteira, angustiada. Afinal, São Vicente não é tão grande assim para se levarem duas horas para achar um bêbado em uma taverna.

Como uma resposta à reflexão da parteira, um dos meninos entrou pelo quarto como um raio e parou, ofegante, diante dela.

— Então? — perguntou ela. — Encontrou o homem? Onde está essa criatura?

O rapazinho tomou fôlego e respondeu:

— Encontrei, sim... Encontrei no primeiro lugar em que procurei, na taverna do Mendonça.

— Então por que demorou tanto? — quis saber a mulher, quase aos berros. — E ele? E Dom Lázaro? Por que não está aqui?

Muito desconcertado, o menino falou:

— Ele mandou dizer que ainda não terminou a garrafa, que mais tarde vem.

— Mais tarde? *Mais tarde?*

A parteira, estupefata, cresceu para cima do moleque, que amedrontado recuou.

— Menino, você deu a ele o recado conforme eu mandei? Você disse que a esposa está morrendo e que provavelmente nem ela nem a criança se salvarão?

— S-s-sim. — balbuciou o moleque, trêmulo.

— E ele?

A mulher estava completamente transtornada.

Muito embaraçado, olhando para o chão, o menino respondeu lentamente:

— Ele... Ele disse que ainda não pode vir. Que está no meio de um jogo de cartas, já pagou mais um garrafão e agora vai beber até o fim. E... E mandou que Dona Teresa esperasse. Que, se ela achou de parir quando ele estava fora, o problema era dela e ela que esperasse.

A parteira emudeceu, perplexa.

◇◇◇◇◇◇◇◇◇◇◇◇◇◇◇◇◇◇◇◇◇◇◇◇◇◇◇◇◇◇

Às cinco da manhã, Dom Lázaro chegou.

A parteira o esperava, exausta, suada, olheiras profundas, os cabelos em desalinho. Com suas coisas prontas e um dos criados com a carroça já preparada para levá-la de volta à cidade, ela começou a descer a escada que dava para o pátio. Seus olhos faiscavam de raiva e indignação. No entanto, fez supremo esforço para se recompor e, quando se dirigiu àquele homem abominável, conseguiu com que sua voz soasse seca e desprovida de emoção. Ao ficar cara a cara com Dom Lázaro, disse simplesmente:

— Sua esposa está morta. Providencie ao menos um funeral decente.

Dom Lázaro não respondeu nada. Seu olhar estava distante, perdido, a expressão parva dos ébrios.

A parteira desceu o último degrau da escada e, antes de subir à carroça, dirigiu-se uma última vez ao homem:

— A criança se salvou. Está no quarto, com a criada.

Em seguida deu ordem ao cocheiro para que partisse imediatamente e desapareceu no lusco-fusco da madrugada.

Dom Lázaro ficou alguns instantes parado no meio da escadaria, abobalhado, e depois se dirigiu à casa, resmungando e praguejando.

◇◇◇◇◇◇◇◇◇◇◇◇◇◇◇◇◇◇◇◇◇◇◇◇◇◇◇◇◇◇◇

Chacoalhando pela estrada esburacada que a carroça percorria, a parteira, completamente exaurida de suas forças, pensava no destino daquele anjinho, sem uma mãe que lhe desse carinho e proteção, entregue às garras animalescas daquele homem lascivo e brutal.

Não parava de pensar no bebê.

Um menino vigoroso, forte e saudável. Após limpar e enxugar a criança, a parteira notou, na cabeça do menino, uma suave penugem ruiva, um ruivo muito vivo, como os cabelos da mãe que morria enquanto ele nascia.

— Espero, para sua própria sorte e a dos que com ele conviverem, que também no temperamento ele se pareça com a mãe.

Em seguida, começou a rezar pela alma de Teresa.

◇◇◇◇◇◇◇◇◇◇◇◇◇◇◇◇◇◇◇◇◇◇◇◇◇◇◇◇◇◇◇

À criança foi dado o nome de Miguel Jordão.

Uma velha tia solteirona, irmã mais velha de Dom Lázaro, veio de São Paulo para ajudar a criar o menino.

No entanto, essa mulher, desprovida de qualquer inclinação benevolente para com o sobrinho, seca tanto no físico quanto nos sentimentos, sempre fez questão de deixar muito claro que aquilo era para ela e para sua saúde frágil "um fardo", um perigo para seus nervos sensíveis e facilmente irritáveis, e que ter que criar aquele menino sem mãe era "a cruz da sua vida". Culpava o sobrinho por todos os seus infortúnios, desde as dores nas juntas que pioravam a cada ano até a protuberante corcunda que sempre tivera.

E assim, entre a frieza e mesquinhez da velha tia e a brutalidade bestial do pai, Miguel Jordão passou uma infância infernal, cheia de maus-tratos, repleta de privações.

Adulto, com o coração curtido no sofrimento, os sentimentos sufocados sob a crosta que lhe envolvera o coração ao longo da infância e juventude, Miguel Jordão causaria o sofrimento de muitas pessoas.

Milhares de pessoas.

Mas a vida lhe daria uma chance de iluminar seu coração, de despertar da ignorância a que as trevas de seus sentimentos lhe condenavam.

Miguel Jordão teria uma chance de ser salvo pelo amor.

1

O COLIBRI

Porto Alegre, dezembro de 1861

Tec-tec-tec-tic-toc... tec-tec-tec-tic-toc.

— Ai, que vida! Que coisa maçante, que coisa insuportável, este martelinho, estes metaizinhos, estas guirlandazinhas de ouro... *estas coisinhas!* Coisinhas para enfeitar os dedos, os pulsos, as orelhas, as roupas, até os animais de quem tem dinheiro! Coisinhas das quais sou escravo, que transformam minha própria vida, ela mesma, em uma *coisinha* também. Basta já! Por hoje chega.

Mal-humorado e cansado do dia de trabalho, Carlos embrulhou em um pano grosso de algodão o colar que estava terminando, ajeitou o embrulho no fundo de uma das gavetas e fechou à chave o gabinete com os trabalhos que deveria aprontar ainda para aquele mês. Arrumou as ferramentas na parte de cima do gabinete, pôs a chave em um bolso, do outro tirou o chaveiro grande e finalmente fechou o portão da pequena oficina de ourivesaria do tio, onde havia mais de ano começara a trabalhar como aprendiz.

— Tanta chave, tanto cadeado! Como se um dia esta salinha fosse nos deixar ricos... — pensou, enquanto com a manga da camisa enxugava da testa o suor quase negro, misturado com a cinza da forja.

Pela rua de baixo vinha passando o padeiro Abílio, que por sinal estava sem emprego desde que Guedes havia comprado a padaria e colocado lá todos os filhos e cunhados para trabalhar.

"Sorte dele estar desempregado. Mais tempo lhe sobra."

Como que percebendo seu pensamento, Abílio fez-lhe um aceno.

— Ô Carlinhos! Não tem um emprego para mim aí na oficina, não?

— Se pudesse, eu lhe dava o meu. Não agüento mais desperdiçar minha juventude neste emprego medíocre, repetitivo, solitário. Não é para isso que eu nasci. Estou perdendo meus melhores anos, anos que nunca voltarão. Cada dia que gasto aqui é uma perda que jamais conseguirei resgatar. Quem vai me devolver minha mocidade? É triste, é trágico, é insuportável!

— Que jeito de falar! Tenha confiança, tenha fé. Um dia a situação há de melhorar. Paciência, que Deus sabe o que faz.

— Sabe? Então por que consente que minha juventude seja devorada, dia após dia, numa ocupação tão estúpida?

— Mas, menino! Você ainda é uma criança, não tem nem quinze anos!

— Engano seu. Fique sabendo que tenho quase dezesseis — mentiu Carlos. — E, mesmo que tivesse cinco... Eu nasci é para outras coisas.

Claro que ele não iria dizer a Abílio que coisas eram aquelas. Há gente que simplesmente não entende certas coisas; a grande maioria, infelizmente. Em toda a Porto Alegre, talvez só a uma meia dúzia de mentes privilegiadas ele houvesse falado de seu segredo, de seu *projeto*, mas os outros, *o resto*, esses não perderiam por esperar. Em duas semanas, toda a cidade, *todo o país*, saberia do que era capaz Carlos Ferreira, e só então reconheceriam que grande desperdício seria tamanho gênio gastar seu precioso tempo como um mero aprendiz de ourives.

Ele estava se entusiasmando tanto com a perspectiva das semanas vindouras que mal escutava o que Abílio ia dizendo:

— Pois eu, o que aparecer estou aceitando. Limpar, varrer, rachar lenha, cuidar de roça, de criação, o que for. Se souber de alguma coisa em fazenda, na escola, na igreja, não deixe de me avisar, ouviu?

— Pode deixar. Se souber, eu aviso.

Abílio então apontou para a oficina e disse:

— Vou lhe dizer uma verdade: você é que tem sorte. Tem seu trabalho nos fundos da própria casa. Imagine só! Não precisar nem sair de casa para achar trabalho... Que sorte você tem! Bem, até logo, e, qualquer coisa, sabe onde me encontrar, hein?

— Sei, sei... Até logo — respondeu Carlos, acenando. Depois acrescentou baixinho, entre dentes, com um misterioso brilho no olhar: — *Sorte*... Sorte você vai ver daqui a duas semanas, quando eu não for mais um anônimo como você.

Passou mais uma vez a manga da camisa pela testa e disfarçadamente começou a sorrir, numa prazerosa antecipação da grande surpresa que causaria a todos em alguns dias.

◇◇◇◇◇◇◇◇◇◇◇◇◇◇◇◇◇◇◇◇◇◇◇◇◇◇◇◇◇◇◇◇◇◇◇◇

Haviam sido meses de salário economizado. No entanto, o dono da tipografia lhe dissera que, com aquela quantia, o máximo que poderia fazer eram cinqüenta exemplares. Nem um único a mais.

— E isso porque já estou fazendo um belo desconto, pela estima que eu tinha ao seu falecido pai, que Deus o tenha em bom lugar. Mais que isso não se pode fazer — dissera o Sr. Pedro.

Belo desconto, até parece... O homem gostava de ser popular, de se fazer de amigo de todos, mas, quando o assunto era dinheiro, mudava a voz, mudava o olhar, transfigurava-se. Dizia-se que também emprestava dinheiro a prazo, cobrava uns juros criminosos e certa vez, porque um "amigo" atrasou em *um dia* o pagamento, ele foi até onde o rapaz morava e, juntamente com dois capangas, começou a se apropriar de coisas de valor que ia encontrando pela casa, não poupando nem o quarto das crianças, enquanto o coitado implorava para que ele esperasse apenas mais um dia.

Mas, enfim, não adiantava discutir. Se só poderiam ser feitos cinqüenta, então que cinqüenta fossem. Não seria esse detalhe que impediria sua glória, sua apoteose. No entanto, como o número de exemplares seria inferior ao que ele antes calculara, as portas embaixo das quais ele deixaria os jornaizinhos teriam que ser muito bem selecionadas. Gente culta, ou influente, ou rica, ou tudo isso junto, se possível. Gente representativa, enfim. Afinal, não seria à toa que ele iria expor pela primeira vez aos olhos do público os melhores poemas de sua lavra, no primeiro número do caprichado jornalzinho que ele batizara de "Colibri".

Só a dois amigos ele contou quando, exatamente, seria a noite fatídica, em que, à meia-noite — nem mais nem menos —, ele começaria a depositar a bombástica folha sob as portas mais privilegiadas de Porto Alegre.

E foi o que fez, adentrando sorrateiramente os quintais e as varandas, irreconhecível sob uma capa escura que lhe chegava abaixo dos joelhos, o coração acelerado, na certeza de que, no dia seguinte, estaria imortalizado pelo sucesso estrondoso e em pouco tempo ninguém falaria de outra coisa a não ser dele, de sua poesia, seu talento, sua genialidade. Não só em Porto Alegre, claro. *No mundo!*

Na manhã seguinte, porém, ao acordar, Carlos viu-se em um dilema. Percebeu que talvez não estivesse ainda preparado para tamanha aclamação pública. Sua timidez e modéstia agora faziam com que tivesse palpitações e suores frios ante a perspectiva de sair à rua e ser arrebatado pela turba delirante, carregado em triunfo, obrigado a fazer declarações geniais e discursos de improviso!

Tardou bem umas duas horas até conseguir tomar coragem e sair. Pela porta dos fundos, naturalmente.

Sob um causticante sol de dezembro, esgueirou-se até a frente da casa, tratando de verificar se alguma multidão já não estaria se formando ali. Não. Ainda não. Tanto melhor... Se for para ser consagrado pelo entusiasmo do público, que seja na Praça Municipal, no Palácio do Governo ou no Largo da Matriz, e não em frente àquela humilde e anônima casa.

Saiu então de cabeça baixa, disfarçando, como quem não está nem um pouco interessado na opinião alheia. Com o rabo dos olhos, no entanto, ia investigando um e outro lado da rua, para verificar as reações que sua passagem ia causando.

Minutos depois, já de cabeça erguida e olhando ostensivamente para os lados, ele achava muito estranho que ninguém ainda lhe houvesse parado pelas ruas, elogiado seus versos ou mesmo lhe dirigido um simples olhar de admiração! Será que não percebiam que era *ele* o Carlos Ferreira autor do "Colibri"? Mas, se em Porto Alegre todos se conheciam... A única possibilidade alternativa, que de início ele vigorosamente rejeitou, mas que agora, com o passar dos minutos e, depois, das horas, parecia ser a mais provável, era nada menos que esta desgraça: o "Colibri" havia sido cruelmente ignorado!

Em estado de profundo choque, ele começou a fazer o caminho de volta para casa, atordoado pela decepção, esbarrando nas pessoas e nos postes, e também em um latão de lixo, onde, como um grotesco e diabólico gracejo do destino, viu lá no fundo, entre cascas de banana e ossos de galinha, cheio de moscas ao redor, um exemplar amassado de seu pobre "Colibri"! Aquilo foi demais. Correndo, com lágrimas esguichando, Carlos percorreu o resto do caminho até chegar em casa. Entrou perplexo, aniquilado, derrotado para sempre. Foi até o quarto, planejando se enfiar na cama para nunca mais sair, desejando jamais voltar a ver a luz do Sol.

Mal se havia atirado à cama, e eis que entra no quarto seu indignado tio, brusco como um trovão, o rosto vermelho, os olhos injetados faiscando de raiva, as mãos trêmulas segurando um exemplar do "Colibri"!

— Moleque! Foi você quem escreveu *isto?*

Carlos apenas assentiu com a cabeça, aterrorizado demais para pronunciar qualquer palavra.

— Pois é bom que tenha sido a última vez. Enquanto você estiver morando sob o *meu* teto e comendo da *minha* comida, está proibido de escrever estas baboseiras. E fique desde já sabendo que o destino de todos esses tolos que se dizem poetas é acabar ou na cadeia ou no hospício! Deus o livre dessa maldição!

Percebendo que criara uma sombra de dúvida no semblante do menino, o tio cresceu para cima de Carlos, desafiando-o com ares de triunfante malignidade:

— Então não sabia? Ou não me acredita? Acha que estou sendo dramático? Pois faça suas consultas, faça suas contas. O *poeta sempre morre cedo!* Sofre, sofre e morre!

Saiu batendo estrondosamente a porta, não sem antes dizer ao sobrinho que não ousasse sair daquele quarto até a hora do jantar.

Como se ele quisesse! Como se tivesse forças!

Deixou a cabeça cair pesadamente no travesseiro e continuou chorando por um bom par de horas.

"Quinze anos!", pensava, inconsolável. "Quinze anos, e tudo acabado..."

2
ENCONTRO COM O IMPERADOR

Porto Alegre, setembro de 1865

— Mas nem pensar! Você está completamente louco! Não há a menor possibilidade!

Apesar de profundamente chocado com a idéia, Carlos tentava manter a voz baixa, para que nem mesmo as crianças que brincavam ao lado da oficina pudessem ouvir tamanho disparate.

— Mas por que não, Carlinhos? Pois se você é o poeta mais inspirado da cidade! E, depois, a ocasião exige um mínimo de sacrifício, de participação. Tome o exemplo do próprio imperador: deixou o conforto e a segurança da corte e veio visitar a frente de batalha, se arriscou no próprio palco de guerra! É preciso ser patriota. Você não pode se esquivar dessa responsabilidade, ou melhor, *dessa honra!*

— *Posso e vou!* E é justamente por ser patriota, meu caro Joaquim, que eu me recuso a escrever tais versos. Será que você não vê que eu não tenho a competência, e muito menos a ousadia, de escrever versos ao imperador do Brasil? Trate de procurar outra pessoa. Algum outro haverá de ter a inspiração e a coragem necessárias. Não eu.

— Como outro? Para que outro? Se é a cidade inteira, se

é *o povo* que indica o seu nome! É só sair à rua e confirmar. Só falam do "menino dos 'Cânticos Juvenis'" para homenagear Dom Pedro II. É o clamor do povo que solicita os seus versos! *Vox populi vox Dei!*

— Pois os "Cânticos Juvenis" são exatamente isso: cânticos juvenis, e nada mais. Bem diferente da exuberante inspiração épica necessária para escrever versos a um imperador que volta em triunfo da guerra.

— Você gosta é de contrariar. Se o seu tio — que Deus o tenha — não tivesse esticado as canelas, você estaria aí se lamentando, dizendo que a cidade, que o povo, que os deuses o incumbem dessa heróica tarefa e você não pode fazer nada porque seu tio é um tirano e o proíbe. Agora, que você tem toda a liberdade para escrever sem correr o risco de ser posto portas afora, faz corpo mole! Para que então você acabou de publicar os "Cânticos" com tanto sacrifício? Você não sabe o que quer, meu amigo, não sabe o que quer!

Carlos sentou-se no chão da oficina e apoiou o rosto entre as mãos, os olhos fechados num esforço de concentração, todo imóvel, todo de pedra. De repente, ergueu a cabeça, cruzou os braços e encarou o amigo:

— Você venceu, Joaquim. Passe aqui amanhã cedo, assim que eu abrir a oficina, e os versos estarão prontos. Mas olhe: só vou escrever uma vez. Se você, ou fulano, ou o *povo* achar que não está bom, procure outro, não venha me pedir correções, nem alterações, nem nada. Isso que você pede está acima das minhas capacidades.

— Você é que pensa, meu amigo! Vai ser uma apoteose quando seus versos forem recitados. Vai ser a sua glória, nada menos que a glória.

Joaquim abriu os braços, todo emocionado, e correu até Carlos, que continuava sentado no chão.

— Eu sabia que você acabaria sendo sensato. Venha cá, me dê um abraço, futuro orgulho do Rio Grande!

Carlos inclinou-se para trás ante a efusão do amigo e disse com impaciência:

— Não, nada de abraço. Se você quer esses versos, suma

daqui, antes que eu mude de idéia. Preciso me concentrar, me inspirar. Amanhã cedo você passa aqui. Agora, rua!

— Claro, Carlinhos, claro. Inspiração! Capriche, hein? Você não vai se arrepender. Vai ser um estrondo, um delírio!

— Vá, Joaquim, vá. Até amanhã.

Quando o amigo já estava no portão, Carlos lembrou-se:

— Joaquim!

— O que foi?

— Quando será o baile?

— Ah! Eu não disse, não? Amanhã à noite, no Paço Municipal.

Carlos engoliu em seco, enquanto via Joaquim desaparecer no meio da multidão.

◇◇◇◇◇◇◇◇◇◇◇◇◇◇◇◇◇◇◇◇◇◇◇◇◇◇◇◇◇◇

Na manhã seguinte, à hora marcada, lá estava Joaquim, ansioso, quase salivando por aquelas linhas que Carlos escrevera contra sua vontade. Já ao ler as primeiras estrofes, Joaquim quase teve uma síncope de entusiasmo, declarando entre lágrimas:

— Carlinhos, de você eu já esperava muito, mas não esperava tanto! A partir de amanhã é melhor você ir deixando de lado a timidez e ir se acostumando à fama e à aclamação das multidões!

Carlos limitou-se a responder que às vezes não sabia se ele, Joaquim, era apenas um exagerado ou se não estaria realmente ficando louco, e tratou logo de dispensar o amigo, dizendo ter muito trabalho naquele dia.

Joaquim saiu dali enlevado, exultante com os versos — ainda mais porque seria ele próprio, que por sinal era um competente ator dramático, quem os declamaria ao imperador! E já na rua ia lendo em voz alta e impostada, para espanto dos transeuntes:

Que quadro! Que exemplo vivo!
Junto ao rei um povo altivo,
Povo e rei — um vulto só!

— Que palhaço! — exclamou um senhor de bengala que passava por ali e quase foi atropelado pelo entusiasmo de Joaquim.

Carlos balançou a cabeça, fechou o portão da oficina e não pensou mais nos versos que lhe haviam custado uma noite inteira sem dormir.

A falta de sono fazia com que seu trabalho lhe parecesse ainda mais monótono do que de costume, e uma irritação vaga e difusa acompanhou-o durante o resto do dia, associada a uma insistente dor de cabeça.

Pelo menos Joaquim não havia voltado para importuná-lo com pedidos de mudanças, com correções.

Naquela noite, Carlos teve tanto sono que nem esperou o jantar para ir se jogar na cama. Em poucos minutos já estava profundamente adormecido.

Talvez tenha sido pela falta de sono da noite anterior ou talvez pela urgência de quem batia, mas, quando ouviu as pancadas na porta do quarto e ao olhar o relógio constatou que era meia-noite, levou algum tempo para decidir se estava acordado ou sonhando.

Estava acordado. E quem batia à porta era sua tia. Carlos assustou-se ao ver a expressão apavorada da pobre senhora, pálida, trêmula, confusa.

— Carlos! Uns homens! Tem uns homens aí fora perguntando por você. Você precisa ver a cara deles! E a estas horas, meu Deus! Só pode ser polícia! O que você andou fazendo? O *que você andou fazendo, Carlos?*

O jovem tentou acalmar a tia e foi ver o que aqueles homens queriam com ele. Ao passar pela sala, viu a prima mais velha chorando, enquanto a mais nova implorava:

— Não vá, não! Fuja pelos fundos, depressa!

Ele ignorou o pedido e abriu a porta da frente.

Deu de cara com cinco homens. À frente do grupo, particularmente sério, imponente e bem vestido, o mais velho perguntou:

— É você o Sr. Carlos Augusto Ferreira, o poeta?

— Sim, senhor — balbuciou o rapaz, sentindo os joelhos bambearem dentro das calças do pijama.

O homem então abriu um largo sorriso e estendeu a mão ao trêmulo jovem.

— Deixe que me apresente. Sou o senador Cruz Jobim e faço parte da comitiva imperial que veio do Rio. Por ordem de Sua Majestade, venho do baile que esta cidade acaba de oferecer a ele. A razão desta visita é que o imperador quer lhe conhecer.

— Conhecer a mim? Mas por quê?

— Ora, por quê! Por causa de seu poema!

— Poema? — repetiu Carlos, estarrecido.

— Seu poema! O que acabou de ser recitado no baile pelo seu amigo, o ator Joaquim Motta. Você não imagina a comoção que causou a Sua Majestade! É natural que ele agora queira conhecer o autor. Mas vamos logo, rapaz! O imperador está esperando!

Ao perceber Carlos aparvalhado, quase em estado de choque, o senador deu-lhe forte abraço e disse:

— Meu jovem poeta, o destino abriu para você as portas luminosas da felicidade! Considere desde já Sua Majestade como um amigo e admirador. Agora, vamos!

As tias e primas, que antes choraram de pavor, agora choravam de alegria. Que glória! Que honra! Ser alvo da admiração do imperador! A Carlos, porém, ao menos naquele momento, a situação não despertava nenhuma vaidade, mas sim uma esmagadora sensação de pânico. Ele, um humilde e simplório artesão, frente a frente com Dom Pedro de Alcântara, Imperador Constitucional e Defensor Perpétuo do Brasil!

Diante da pressa do senador Cruz Jobim, Carlos mal tivera tempo de jogar sobre o corpo uma roupa que, mesmo denunciando inevitavelmente sua precária condição econômica, ao menos não fosse ofensiva aos olhos do imperador. Como resultado, agora se dirigia ao Paço Municipal envergando um velho sobretudo de seu falecido tio, dentro do qual caberiam facilmente pelo menos uns três Carlos. À medida que se dirigia ao salão onde encontraria Dom Pedro, ia sendo mais e mais invadido por um sentimento de total inadequação.

De repente, sem saber muito bem como fora parar ali, sentindo-se como em um sonho — ou pesadelo —, achou-se diante daquele homem robusto e imponente, de barbas compridas e loiras e olhar benévolo.

Era o imperador.

O monarca aproximou-se sorrindo, cumprimentou Carlos com um aperto de mão e passou a fazer os maiores elogios a seu talento e a seu poema. Carlos, completamente atrapalhado, não conseguia responder além de uns inarticulados monossílabos, rezando para que aquele suplício terminasse logo.

— Gostaria que pudéssemos conversar mais, porém já está bastante tarde — observou finalmente o imperador. — Por que você não vem me visitar amanhã cedo, às oito horas, no Palácio da Presidência?

Carlos, coradíssimo e sentindo-se derreter dentro daquela monstruosa vestimenta, fez um esforço quase sobrenatural para conseguir balbuciar uma resposta inteligível.

— C-como... o senhor... q...quiser...

Dom Pedro novamente apertou a mão do rapaz e concluiu:

— Então está combinado: amanhã às oito, no palácio. Estarei lhe esperando.

Envolto em seu enorme e amarrotado sobretudo, Carlos deixou o salão sob os curiosos olhares de uma multidão de importantes e elegantes. Ele sempre se lembraria desse momento como um dos mais constrangedores de toda a sua vida.

Talvez ele devesse estar se sentindo honrado, orgulhoso, feliz, eufórico até. Afinal, o imperador Dom Pedro II quisera conhecê-lo, por conta de um poema seu! Isso não acontece com qualquer um, tampouco acontece todos os dias! Que mais poderia Carlos desejar naquele momento?

Mas, na verdade, se ele estava se sentindo honrado ou feliz, não conseguia perceber, porque sua única e esmagadora sensação era a de haver estado horrivelmente deslocado e ridículo naquele imponente salão, e durante todo o tempo sentiu-se como um animal exótico, de uma espécie estranha e rara, arrastado àquele baile unicamente para saciar a curiosidade dos altos figurões que lá se reuniam. Carlos nunca fora a pessoa mais expansiva do mundo, mas tampouco esperava um dia se ver dominado por uma timidez tão paralisante, tão devastadora.

Se era pobre, se ainda criança ficara órfão de pai e mãe, se aos dezenove anos era o único homem da casa a sustentar, praticamente sozinho, uma família de cinco mulheres, e se por causa de tudo isso não possuía meios para comprar uma roupa decente ou uns sapatos novos, que culpa tinha ele? E, depois, fosse debaixo de seu surrado sobretudo, da magnífica casaca do imperador ou dos deslumbrantes vestidos daquelas marquesas, condessas, baronesas e demais madames daquele baile, não eram eles todos iguais, todos de carne e osso, todos destinados a um dia virar pó, depois de servir de banquete aos vermes? Então por que aquele pavor diante daquela *royal society* toda engalanada, daquelas barbas douradas e escovadas do senhor Dom Pedro, daquelas senhoras quase vergando sob o peso e as cintilações de suas jóias?

No entanto, não havia racionalização que pudesse suavizar aquela sensação de desamparo e deslocamento de Carlos, e isso o aborrecia muito.

Já na cama, depois de todo o terremoto emocional que fora aquela noite, ele rolava de um lado para o outro, sem conseguir pegar no sono diante das diversas indagações que não queriam dar descanso à sua mente exausta. Onde estava aquele arrojado Carlos que um dia sonhara com o mundo a seus pés? Onde estava o ambicioso Carlos do "Colibri"? E de onde tiraria forças para ir pela manhã, dessa vez sozinho, ao Palácio da Presidência, encarar mais uma vez o altivo monarca?

— Que Deus me ajude! — murmurou amedrontado, antes de mergulhar a cabeça sob o travesseiro e cobrir-se todo com o lençol, como se o delgado tecido pudesse isolá-lo do mundo, daquelas suas preocupações e, principalmente, da apavorante responsabilidade de sua entrevista pela manhã com o imperador do Brasil.

Mais tarde, surpreendeu-se ao despertar e constatar que conseguira desfrutar ao menos de algumas horas de sono tranqüilo.

Saltou da cama por volta das seis horas, tomou banho, salpicou-se todo de água de lavanda e, apesar de estar sem o mínimo apetite, comeu qualquer coisa só para não sair em completo jejum, por puro pavor de ter uma tontura ou mesmo um desmaio diante de Dom Pedro II.

"Só faltaria essa. Seria o fiasco definitivo", pensou, ansioso.

Às sete saiu de casa em direção ao palácio. Chegou lá um pouco antes do combinado, tomado por uma súbita e inesperada sensação de tranqüilidade. Logo depois foi avisado por um guarda do palácio que Dom Pedro estava à sua espera.

O imperador claramente já obtivera bastante informação a respeito do jovem poeta por via do senador Cruz Jobim. Portanto, após os cumprimentos de praxe, foi direto ao assunto:

— Já sei que leva uma vida bastante modesta e infelizmente seu ofício não lhe rende muito — começou, em um tom benévolo, quase paternal. — É bem triste ver talentos como o seu não poderem ser lapidados por uma educação superior — continuou, pronunciando lentamente as palavras e fixando em Carlos dois olhos muito sérios e muito azuis. — Assim, resolvi lhe oferecer uma mesada — ou pensão, conforme prefira chamar — para que você possa concluir sua educação em uma boa faculdade da corte ou de São Paulo.

Dom Pedro deteve-se por um momento, provavelmente esperando que o jovem de alguma maneira se manifestasse, mas, vendo que o pobre Carlos estava emocionado demais para dizer qualquer coisa, resolveu socorrê-lo daquele constrangimento e tomou novamente a palavra:

— Bem, bem... Já vejo que ficou bastante satisfeito. Quanto às coisas de ordem prática, não há com que se preocupar. O barão Nogueira da Gama, mordomo imperial, já estará a par de tudo até o final deste mês e lhe explicará todos os detalhes assim que você puder ir vê-lo na corte, no Palácio de São Cristóvão.

Outra vez Dom Pedro lhe estendeu a mão. Depois, com um gesto de despedida, acrescentou:

— Então, poeta, vá para o Rio ou para São Paulo, dedique-se aos estudos e seja feliz!

Carlos, ao pensar ao mesmo tempo em agradecer e se despedir, com toda a aparente e ilusória calma com que adentrara o palácio momentos atrás já completamente evaporada, conseguiu fazer não mais que uma mesura muito desajeitada, murmurar qualquer coisa de incompreensível e desaparecer quase correndo das vistas do imperador.

Já fora do palácio, muito acabrunhado, maldizia-se novamente por ser incapaz de se comportar de maneira digna e adequada diante daquele poderoso homem que em um gesto magnânimo lhe oferecia ajuda.

No entanto, alguma coisa dentro de sua agitada alma já começava a adivinhar que sua vida mudaria para sempre devido à generosa oferta do imperador.

3

A MISSÃO

Toda aquela confusão da noite anterior, as poucas horas de sono de que conseguira desfrutar e a embaraçosa visita ao imperador já logo pela manhã haviam exaurido as forças de Carlos. Voltava do palácio para sua humilde casa como quem volta de uma prolongada guerra. Vencedor, porém exausto.

Não se via com a menor condição para começar sua jornada de trabalho, muito menos para responder à saraivada de perguntas com que começou a atordoá-lo a legião de primas novas e tias velhas assim que chegou. Escondeu o rosto entre as mãos, alegando estar com uma enxaqueca terrível e dizendo a elas que depois contava tudo. Foi logo para seu quarto, bateu a porta à cara do curioso mulherio e jogou-se na cama imediatamente, sem forças para trocar a roupa ou mesmo tirar os sapatos. Precisava desesperadamente de algumas horas de descanso.

Já bastante sonolento, e mesmo de olhos fechados, Carlos percebeu no quarto uma forte e repentina claridade. Ao abrir os olhos, quase morreu de susto.

Ali em seu quarto, junto à cabeceira da cama, uma desconhecida o observava.

A mulher, uma senhora de aspecto agradável e jovial, parecia envolta por um misterioso e hipnótico halo luminoso. Carlos, no entanto, era incapaz de identificar de onde provinha toda aquela luz — se emanava da própria mulher, de suas vestes, muito brancas, ou de alguma outra fonte oculta.

Ela sorriu e perguntou de modo muito informal, como se o conhecesse há anos:

— Como vai, Carlos? Parece que o acordei, hein?

O rapaz observava completamente atônito aquela inexplicável figura e levou alguns segundos até conseguir dizer algo.

— Ahnnn... Sim... Mas... De onde você veio? Como entrou aqui? Quem é você?

— Na hora certa você saberá — respondeu ela, enigmática. — Mas, se quer saber meu nome, basta recordar: como se chamava sua mãe?

— Natália — revelou o jovem, cada vez mais espantado. — O nome de minha mãe era Natália. Mas o que isso quer dizer? Por acaso... — Ansioso, ele tomou coragem para fazer a pergunta que de forma impetuosa veio se insinuar em seus pensamentos. — Por acaso você é minha mãe?

— Não, Carlos, não sou, e sinto muito se isso o desaponta. Mas de algo você terá que me chamar, então por que não optar pelo nome mais familiar? Afinal, o que pode soar mais doce e familiar que o nome materno? — Ela se aproximou um pouco mais, dizendo: — Os nomes não têm toda essa importância. Importante, isso sim, é a mensagem que venho lhe trazer. — A voz da mulher foi perdendo algo da doçura que predominara até então. Foi de modo quase brusco que ela fez a seguinte pergunta: — Você se lembra de sua missão?

— Missão? — repetiu ele, sem entender.

— Sim, sua missão. *Você tem uma missão.* Pense! Não se recorda?

Como Carlos permanecesse mudo, a mulher apontou para o meio do quarto e ordenou:

— Preste bastante atenção e veja se isto lhe diz algo!

E então, para completo pasmo de Carlos, imagens começaram a se formar ali, vindas do nada, em pleno ar. Algumas eram vividamente nítidas, outras borradas e distorcidas; umas se mantinham inalteradas pelo que parecia ser um longo tempo, outras apenas por ínfimas frações de momento. Entre essas imagens, havia muitas que eram, direta ou indiretamente, familiares a Carlos. Em uma delas, por exemplo, ele via um panorama de Porto Alegre. Depois percebeu uma vista da Baía de Guanabara. Viu também muitas outras coisas que só conhecia de nome, de livros, de aulas de história e geografia. Assim, via a Roma Imperial, o Colosso de Rodes, o Farol de Alexandria e a ilha de Santorini, com a peculiar arquitetura de suas casas alvíssimas, além de algo que lhe pareceu ser a península ibérica vista do espaço, quase tocando a África pelo estreito de Gibraltar. Viu, como se a estivesse sobrevoando, uma das pirâmides do Egito, imponente, colossal, e em outra imagem, particularmente marcante, viu essa mesma pirâmide, séculos antes, sendo construída. Foi testemunha de todo o labor extenuante de escravos talhando blocos imensos de pedra, depois arrastando-os por quilômetros sem fim, com a ajuda de toras roliças que giravam sobre areias escaldantes. Viu o apogeu e a queda de várias civilizações: etruscos, gregos, cartagineses, astecas, maias. Em certa imagem reconheceu a face benévola de Dom Pedro II, que logo depois aparecia novamente, mas desta vez envelhecido, de expressão muito triste, percorrendo uma longa travessia por mar. Em uma cena particularmente comovente, assistiu a todo o sofrimento de Jesus no dia da crucificação. Em outras, reconheceu parentes e amigos. Apareciam também vários rostos desconhecidos e uma quantidade enorme de crianças, centenas delas. Em determinada imagem havia muitos livros — paredes inteiras recobertas por estantes cheias de volumes, talvez numa biblioteca ou museu. Imagens impressionantes prosseguiam se revelando. Poderosas máquinas e aparelhos engenhosíssimos, os quais Carlos nunca vira antes, nem jamais lhe haviam passado pela mente — nem mesmo em sonhos. Viu explosões gigantescas, colunas de fumaça negra, cidades arruinadas, sangue e sofrimento, mas também viu a paz, uma paz iluminada e duradoura.

O desfile de imagens terminou com uma grandiosa liberação de luz, luz que foi imediatamente se incorporar ao halo luminoso daquela entidade mágica, que resplandecia agora ainda mais. No entanto, à medida que aquele brilho se tornava mais intenso, menos visível ficava em seu centro a imagem da mulher. Suas formas, seus contornos, faziam-se pouco a pouco menos definidos, mais fluidos e incertos. Cada vez menos visível, diáfana, translúcida, parecia estar se dissolvendo, se desfazendo em luz.

Em meio ao estranho fenômeno que se desenrolava ante o olhar estupefato de Carlos, ela disse ainda:

— Você fez questão de que completar a missão fosse a realização mais importante de sua vida. Lembre-se sempre disso. E esteja sempre atento aos sinais!

Proferindo tais palavras, ela desapareceu completamente em meio à luminosidade ofuscante que agora formava como que uma grande esfera de fogo.

A esfera se expandiu rapidamente, numa explosão de pura luz, e tal era sua intensidade que Carlos não enxergava mais nada.

Desnorteado, começou a gritar:

— Senhora! Volte! Não me deixe aqui! Senhora... Natália! NATÁLIA!

◇◇◇◇◇◇◇◇◇◇◇◇◇◇◇◇◇◇◇◇◇◇◇◇◇◇◇◇◇◇◇◇◇◇◇◇

Já era mais de uma da tarde quando Carlos acordou. Permaneceu fechado em seu quarto por várias horas ainda, totalmente absorto na lembrança, não de sua visita ao imperador, nem da mesada que passaria a receber, mas sim da poderosa impressão que lhe causaram aquelas imagens. A sensação para ele, mesmo agora, já completamente desperto, era de algo muito mais vívido e real que um sonho.

Mais real que a própria vida.

Aquela mulher, que pedira para ser chamada de Natália, que “batizara” a si mesma com o nome de sua mãe... Carlos estava certo de que jamais vira antes aquela senhora. No entanto, algum profundo eco, vindo de abissais profundezas da alma deste mesmo Carlos, afirmava que ela lhe era inequivocamente familiar.

E se o sonho estivesse certo? E se ele realmente tivesse que cumprir uma missão?

A cada minuto ele tinha mais convicção disso. Na verdade, era como se desde sempre soubesse e tivesse estado temporariamente distraído. Agora as visões daquele "sonho" tão peculiar vinham lembrá-lo de sua responsabilidade.

A missão. Carlos se esforçava para lembrar cada detalhe das imagens que vira. Talvez aquelas cenas fossem mesmo uma preparação para a tal missão que teria que desempenhar aqui.

Deitado na cama, com o olhar fixo num ponto qualquer do teto, Carlos pensava, pensava e pensava... E se confundia muito. Não conseguia chegar a certezas.

De uma coisa ao menos ele estava convicto.

Não seria ali, na sua Porto Alegre natal, que ele realizaria sua imensa tarefa. Talvez fosse no Rio, talvez em São Paulo, e estava claro que a oferta de Dom Pedro II, de que ele fosse para uma dessas prósperas capitais, havia sido muito mais que acaso. Seguramente o imperador era também um instrumento importante no cumprimento dessa missão, coisa que ainda mais se confirmava pelo fato de sua imagem ter se mostrado com destaque entre outras tantas.

Em suma, Carlos agora sentia que tinha uma importante missão a cumprir, designada por forças supraterrenas, e sua ida a uma das duas cidades que o imperador indicara seria de importância crucial no processo.

Ele se angustiava ao continuar repassando na mente centenas de vezes as cenas do sonho. Mesmo assim, não conseguia determinar qual seria sua missão.

O que, concretamente, ele deveria fazer?

No entanto, apesar da ansiedade inicial, mais tarde ele se tranqüilizou quanto a isso. Sabia que chegaria o momento em que a revelação se daria de maneira completa e inequívoca. Decidiu que não faria, de modo algum, de suas dúvidas obsessões. Deixaria que as coisas fossem ocorrendo naturalmente e estaria sempre alerta aos *sinais* prometidos.

Não pensaria mais no assunto naquele dia.

O que precisava era sair um pouco daquele quarto, fazer um passeio, espairecer as idéias.

Mesmo porque já ouvia as ansiosas batidas da tia à porta, um pouco pela preocupação de que ele estivesse ainda àquelas horas enfurnado no quarto e muito por curiosidade de saber como haviam andado as coisas no palácio.

4

LAURA

Depois da oferta de Dom Pedro II e particularmente depois do sonho, não havia no pensamento de Carlos a menor sombra de dúvida de que ele deveria deixar Porto Alegre.

No entanto, antes de partir, ele teria uma espinhosa pendência a resolver.

A pendência se chamava Laura Villaranda.

Laura era filha do Dr. Góes Villaranda, cujo nome chegara a ter certa proeminência na política da região, da qual já tinha se afastado, todavia, havia mais de uma década, devido a um quase fatal ataque cardíaco que certa vez tivera sobre um palanque eleitoral, ao ser insultado por um adversário. Apesar de ter sobrevivido aparentemente sem maiores seqüelas, o Dr. Lopez Fabra, velho médico da família, havia sido categórico:

— Esse coraçãozinho já foi muito abusado em tantos discursos emocionados e debates inflamados, em tantas homenagens e tantas injúrias. Agora ele precisa de descanso, e muito descanso. O senhor jamais voltará a subir em um palanque, nem mesmo em caso de enchente.

Ante um irritado gesto de contrariedade do paciente, o médico foi implacável e definitivo:

— Dr. Villaranda, eu sinto muito, mas o Rio Grande do Sul terá de sobreviver sem a sua participação pública. A política para o senhor acaba aqui.

O melhor amigo de Góes Villaranda havia sido justamente o pai de Carlos, Antônio Ferreira, e, desde a infância de ambos até a morte deste último, haviam sido realmente como irmãos. Villaranda ajudara muito o amigo, inclusive financeiramente, depois que Antônio se arruinara em uma malsucedida empreitada comercial. Apesar de diversas tentativas até o final de sua vida, Antônio jamais conseguira se reerguer.

Já no tempo em que Antônio Ferreira era vivo, Góes Villaranda sempre tivera grande carinho pelo menino Carlos; depois que este ficara órfão, então, passara a considerá-lo como um filho. A mãe de Laura, Dona Placídia, também via Carlos como família, assim como as duas irmãs mais novas de Laura, as gêmeas Heloísa e Ermínia.

Assim, toda vez que Carlos ia visitar os Villarandas, sentia-se em casa.

Aliás, eram muito freqüentes essas visitas. Rara era a semana em que Carlos não passava pela pitoresca casa rodeada por velhos salgueiros, com um jardim de rosinhas na frente e um viçoso laranjal aos fundos.

Foi mais ou menos quando Laura tinha uns treze anos, e Carlos dois a mais, que a convivência entre ambos começou a transcender uma simples amizade de criança. Com o tempo a coisa foi ganhando intensidade, e logo um já não conseguia imaginar a vida sem o outro.

Góes Villaranda era muito a favor de Carlos como futuro marido para sua filha.

Embora soubesse exatamente que a situação financeira do rapaz não era das melhores, achava que ele tinha uma personalidade e um caráter que valiam todo o ouro do mundo. Carlos seria capaz de fazer sua filha predileta muito feliz e garantir a ela, em termos econômicos, se não uma vida opulenta, ao menos uma vida digna, pois ele sempre percebera no rapaz um grande potencial. Às vezes, inclusive, detectava no jovem uns traços de ambição saudável, certa urgência em melhorar de situação, uma vontade de "ser mais", de "galgar posição", como o próprio Carlos às vezes lhe confessava em segredo.

— Quem sabe se, mesmo após tantos anos de afastamento, eu não consigo fazer ainda um herdeiro político? — fantasiava nostálgico o Dr. Villaranda. — Esse rapaz causa arrepios declamando poesias! Seria um orador brilhante. Tem até certa estampa de futuro estadista...

Mas, apesar dos bons olhos com que via Carlos, em assuntos de amor Góes Villaranda era muito sóbrio e sistemático. Carlos, consciente disso, assim que completou os dezoito anos foi logo solicitar ao futuro sogro a permissão para um compromisso sério, e a partir de então os dois jovens puderam se declarar pública e oficialmente noivos.

Aquele havia sido o dia mais feliz da vida de Laura. Talvez também o de Carlos. Mas como ele poderia imaginar que, pouco depois que completasse um ano de noivado, fosse receber uma proposta como aquela com que Dom Pedro agora o brindava?

◇◇◇◇◇◇◇◇◇◇◇◇◇◇◇◇◇◇◇◇◇◇◇◇◇◇◇◇◇◇◇◇◇◇◇◇

Era lastimável o estado de espírito com que Carlos agora se dirigia àquela casa, que, diante da situação, chegava a lhe parecer até sinistra, toda escondida do sol por aqueles velhos salgueiros sombrios. Até as rosinhas de Laura, antes tão alegres, agora pareciam exalar uma tristeza solene, como flores de funeral.

Que enrascada! Como dar a notícia à namorada? E o que ele iria dizer ao Dr. Góes Villaranda, que sempre lhe fora praticamente um pai, mais até que seu próprio tio, e que fizera tanto gosto com aquele noivado! E agora o quê? Não podia chegar lá e simplesmente dizer:

— Vou estudar na corte porque o Sr. Dom Pedro me oferece, e sua filha que se arranje.

Impossível! Um compromisso de noivado não se desfaz assim. Não podia, de repente, recusar a filha daquele homem como quem recusa um copo d'água. Aquilo poderia até lhe causar outro ataque do coração, quem sabe fatal!

E Laura...

Ela que também tinha alma de poeta... Tão frágil, tão vulnerável, tão suscetível... E se ela tentasse uma loucura ao ver-se desprezada, descartada assim sem mais nem menos? Não seria muito difícil, moça emotiva que era, que atentasse contra a própria vida ou até mesmo contra a dele!

No entanto, quem sabe se aqueles estudos pagos pelo imperador não seriam a solução para todos? Afinal, que futuro ele poderia oferecer a Laura se continuasse em sua ocupação atual de reles oficial de ourives? Que diferença seria ele voltando ao cabo de cinco ou seis anos como médico ou advogado, com um "Doutor" antes do nome!

E para que então ele teria que desfazer o compromisso? Cinco anos, ou seis que fossem, passam voando... Ele era jovem, Laura ainda mais. Saberiam esperar. *Teriam* de esperar, em prol do futuro deles, como casal, como família!

Carlos já nem sabia por que momentos atrás vira tudo tão negro. Estava claro agora que a notícia era boa também para Laura. Ela não se sentiria desprezada. Pelo contrário, sairia valorizada: não seria mais a noiva do ourives, agora seria a noiva do futuro *Dr. Carlos Augusto Ferreira!* Sim, feliz. Feliz é como ela deveria ficar. Certamente sofreria pela distância, aquela alma tão sensível, mas sofreria feliz, esperando.

Porém, imediatamente ao ter essa idéia, um gélido arrepio percorreu a espinha de Carlos. E se ela não sofresse? E se Laura demonstrasse felicidade demais, traindo um secreto alívio de quem se livra de um fardo? Se — pior ainda! — ela não demonstrasse nem tristeza nem alegria, mas nada mais que uma indiferença glacial? E se...

— Carlos!

Era Laura! Vinha correndo pelo caminho, atrás dele, carregando uma cesta cheia do que, à primeira vista, pareciam ser batatas.

— Olhe, Carlos, olhe quantos bulbos de palma-de-santa-catarina eu consegui com a Dona Engrácia, lá da igreja.

Pegou um bulbo amarelado e poeirento e exibiu-o a Carlos, radiante.

— Quero plantar hoje mesmo. Você me ajuda? Vai ficar para o almoço?

Ele baixou os olhos e, após alguns instantes mirando os próprios sapatos, tomou coragem e desembuchou:

— Escute, Laura, eu preciso conversar com você. Com seu pai também, mas primeiro com você. Conversa séria.

Lentamente, Laura deixou o bulbo que estivera segurando deslizar outra vez para a cesta. O sorriso que resplandecia em seu rosto desapareceu por completo. Ficou tão pálida que parecia não ter uma gota de sangue no rosto, e Carlos teve medo de que ela fosse desmaiar. Mas ela logo se recompôs, colocou a cesta de lado e em tom sereno disse apenas:

— Estou esperando.

— Laura... Eu...

Por onde começar?, pensava ele, muito atrapalhado. Laura cruzara os braços e continuava de pé, impassível, esperando.

— O que eu tenho a dizer está relacionado àquele poema que o Joaquim pediu que eu escrevesse em homenagem a Dom Pedro...

Por um instante o rosto de Laura se iluminou novamente.

— Ah, Carlos, se você soubesse quanto fiquei orgulhosa! Imagine, ser chamado, no meio da noite, pelo próprio imperador! E depois ainda ser convidado a uma visita pessoal, a sós com ele, no Palácio da Presidência! Não é à toa que sua tia...

Carlos resolveu interromper:

— Pois é justamente sobre essa visita ao palácio que eu queria falar. Algumas coisas mudaram... Aconteceu algo muito importante nessa minha ida ao palácio.

Os pensamentos se embaralhavam na mente do rapaz, as palavras relutavam em sair.

— O Sr. Dom Pedro quis saber se eu... ahnn... Dom Pedro quis me oferecer... Quis oferecer a mim... Bem...

Que dificuldade! Que dificuldade para produzir uma frase tão simples! Laura já começava a se impacientar:

— Quis oferecer o quê?

— O imperador se ofereceu para pagar meus estudos superiores, em qualquer boa faculdade que eu escolher na corte ou em São Paulo — despejou ele de um só fôlego, em um esforço sobre-humano.

Laura sentiu um princípio de vertigem e, sem dizer uma palavra, sentou-se numa pedra à beira do caminho. Carlos, preocupado, começou a abaná-la com um lenço, a única coisa de que dispunha à mão, mas ela disse que não era necessário, que já havia passado, que já estava se sentindo bem.

Duas lágrimas grossas escorriam por seu rosto, mas, apesar delas, a jovem sorriu e disse:

— Que egoísta eu sou! A primeira coisa em que pensei foi na saudade que vou sentir se você for, em vez de pensar em como isso será bom para você, para o seu futuro.

— Para o nosso! — protestou ele. — Para o *nosso* futuro! — Carlos agora se entusiasmara. — Escute, Laura, estou pensando em cursar Direito. Em ser advogado. Quem sabe um dia até chegue a juiz! E ao final de quatro ou cinco anos, que vão passar voando, você vai ser a esposa de um *doutor*, e não de um qualquer!

— Você não é um qualquer e sabe que não me importo com isso de doutor.

— Não é a palavra, mas o que ela representa. É evidente que com uma formação superior, seja como médico, advogado ou engenheiro, eu poderei proporcionar à minha família muito mais do que como ourives! — Ele se empolgava cada vez mais. — Escute, Laura, seria um crime, um verdadeiro *crime* contra meus próprios filhos se eu não aceitasse essa oferta! Que espécie de pai nega um futuro melhor a seus filhos? Seria mais cruel que matá-los ainda no berço! Que tipo de pai degenerado é capaz de tal sordidez?

Laura arregalou os olhos.

— Meu Deus! Filhos? Mas que filhos? De quem você está falando?

— Ora, que filhos? Os nossos, os que nós teremos! Suponho que, como toda mulher, um dia você queira ter filhos, não?

— Ai, que susto... Por um momento eu pensei...

Ele continuou. Agora que começara, iria até o fim.

— E suponho também que você queira que seus filhos tenham um mínimo de conforto e dignidade, que jamais passem fome, que tenham o que vestir. E que, inclusive, possam um dia ter seus próprios estudos superiores pagos pela família, *pelo pai*, e não por um magnânimo monarca. Porque eu não sei se você já reparou, meu anjo, mas não é todo dia que se esbarra em um imperador disposto a pagar por seus estudos, sabe?

— Você tem toda razão. Eu não posso pensar só em mim. Mas é que a saudade vai ser tanta! Não consigo nem imaginar... — Ela chorava agora como criança. — Eu sei que vai ser bom para você, sei que vai ser bom para o nosso futuro. Eu só não sei se consigo agüentar tanto tempo sem você! Desde crianças, nós nunca nos separamos! Acho que não sobrevivo...

Carlos apertou carinhosamente as mãos de Laura entre as suas.

— O que é isso? Como não sobrevive? Você tem seus pais, suas irmãs, suas amigas. E eu, que vou sozinho para uma cidade enorme, que nem conheço? E, depois, eu não vou para a guerra! Vou estudar, vou cuidar do nosso futuro. Nós temos mais é que agradecer a Deus! Uma oportunidade destas não é todo dia, hein?

— Você tem razão. Você tem toda razão. Eu sou uma tonta, mesmo. Uma criança e uma tonta. Você me desculpa?

— Deixe disso... Você não é nem criança nem tonta, e eu não tenho que desculpar nada. Agora, vamos. Enxugue essas lágrimas e vamos dar a notícia ao seu pai.

Laura deu uma risada tímida, meio abafada pelo choro recente, e apontou para a cesta com os bulbos de flor.

— Você vai me ajudar?

Carlos riu também.

— Claro! Eu planto quantas batatas você quiser.

— Bulbos — corrigiu ela.

— Sim, bulbos, batatas, o que você quiser. Mas antes vamos falar com o seu pai.

Laura recolheu a cesta e juntos, de mãos dadas, muito emocionados os dois, foram caminhando os últimos duzentos metros do caminho, íngreme e tortuoso, que ia terminar nas fileiras de salgueiros que ladeavam a casa dos Villarandas.

Carlos tivera tantos receios à toa.

Tudo correu às mil maravilhas com o Dr. Góes Villaranda e Dona Placídia.

Góes Villaranda era da opinião de que a novidade não só não atrapalhava, como ainda dava mais seriedade ao compromisso de Carlos com sua filha.

— Afinal, para que um jovem iria queimar as pestanas em cinco anos de árduos estudos, longe de casa, longe de tudo que conhece, se não para formar uma grande e honrada família, criada não só com muita religião, como Deus manda, mas também com segurança e conforto? — especulava o pai. — E, depois, é sempre uma honra ter os estudos pagos pelo nosso ilustre imperador. Não é para qualquer um! — E exagerava, muito satisfeito: — É para se ter orgulho por vinte gerações!

O resto do dia correu muito agradável e ameno na casa dos Villarandas.

Carlos e Laura plantaram todos os bulbos da cesta — ou as "batatas", como Carlos insistia em chamá-los —, quarenta e oito no total. Brincavam os dois, riam muito, parecia que Laura já se havia refeito completamente do choque inicial da notícia. Enquanto isso, Góes Villaranda, não cabendo em si de tanto contentamento, não parava de falar no "orgulho de ser um protegido de Sua Majestade".

Ao fim da tarde tomaram café e comeram um bolo que Dona Placídia havia acabado de fazer.

— É que o Carlos me pegou desprevenida, porque uma ocasião assim merecia um banquete! Mas, na falta de coisa melhor, ao menos um bolinho de fubá não podia faltar — declarou a futura sogra, também muito satisfeita.

Porém, enquanto comiam o bolo, entre goles de café, Laura ficou muito calada e pensativa, e seu olhar começou a tomar uma expressão soturna, sinistra quase.

Todos perceberam. O pai perguntou qual a razão daquele silêncio mortal assim de repente. Laura respondeu que não era nada, que apenas tivera muitas emoções naquele dia, e talvez também um pouco de cansaço por plantar aqueles quase cinqüenta bulbos, mas que logo estaria melhor, só precisava de um pouco de descanso. Então o doutor se acercou de Carlos, abraçando-o e dando-lhe tapinhas nas costas, enquanto se dirigia à filha:

— Laura, você devia era estar contente! Cinco anos passam voando, e aí o Carlos vai voltar outro, vai voltar *todo um doutor!* E, depois, pense no sacrifício dele! Pense no que vai ser um caipira daqui de Porto Alegre...

Heloísa e Ermínia desataram a rir. Rapidamente, o Dr. Villaranda virou-se para Carlos, apertou-o ainda mais num abraço e murmurou:

— Desculpe, meu jovem, mas é a pura verdade. — E, depois, dirigindo-se novamente a Laura: — Pense num caipira daqui de Porto Alegre, criado nesta nossa vidinha pacata, indo para o olho do furacão que é aquele ritmo turbulento e agitado da corte, e ainda por cima sem conhecer ninguém por lá, sem um amigo, sem um parente! E ainda que ele acabe se decidindo por São Paulo... É mais tranqüilo que a corte, sem dúvida, mas para alguém daqui não deixa de ser também um furacãozinho!

Subitamente ele largou Carlos e se aproximou da filha:

— Vamos, Laura, melhore essa cara, melhore essa cara para o seu noivo! — insistia. — Afinal, o rapaz não vai para a guerra, não é mesmo, Carlos?

O rapaz, pousando a xícara de café sobre a mesa, assentiu vigorosamente:

— Pois se é o que acabei de dizer a ela, Dr. Góes!

Laura forçou um sorriso e disse que o pai se preocupava à toa, que ela não tinha nada, que só precisava descansar um pouco.

Quando Carlos resolveu ir embora, já estava começando a escurecer. Depois de se despedir de toda a família, foi acompanhado por Laura até o portão do jardim. Ali ela se desculpou pelo comportamento do final da tarde.

— Mas é que eu não pude evitar, Carlos! Comecei a ter uns pressentimentos horríveis...

Ele pareceu alarmado.

— Que pressentimentos?

Laura logo se arrependeu, tentou desconversar.

— Nada, é bobagem... Bobagens da minha cabeça...

Ele insistiu:

— Que pressentimentos?

Ela baixou os olhos e declarou quase num sussurro:

— Há alguma coisa me dizendo que, assim que você deixar Porto Alegre, nós nunca voltaremos a nos ver.

Carlos recebeu a revelação praticamente como um insulto:

— Mas que absurdo! Então eu pareço ser homem de quebrar meus compromissos, de faltar com a minha palavra de honra? Ou será que você crê que é possível desfazer um noivado assim como se desfaz o laço de um sapato? Pelo amor de Deus, pense no que você acaba de me dizer! Francamente, eu não mereço essa falta de confiança! Eu não mereço...

Terrivelmente arrependida pelo que dissera, ela se desculpou muito e começou a chorar.

— Também não é caso para chorar, criatura! — disse ele, muito comovido e já arrependido da brusquidão com que acabara de falar. — Vamos, agora dê um sorriso, que eu não vou embora daqui sem um sorriso...

Laura sorriu, enxugando as lágrimas, e logo se acalmou.

Por uns quinze minutos eles estiveram ainda conversando junto ao portão. Quando ele finalmente se despediu, ela parecia já estar completamente serena e confiante.

Mas Carlos jamais ousaria dizer que, desde o momento em que a vira naquela manhã, horas atrás, chamando seu nome e carregando a cesta de "batatas", também ele passara todo o dia dominado pelo mesmo pressentimento.

5

PREPARATIVOS

Durante os primeiros dias após a oferta de Dom Pedro, três possibilidades de carreira foram se insinuando na mente de Carlos: a Medicina, o Direito e a Engenharia.

Carlos começou a estudar as possibilidades com certa imparcialidade, mas ao final não foi difícil decidir qual delas seria a mais adequada.

Ele logo viu que a escolha pela Medicina e sua conseqüente intimidade com sangue, abscessos, eczemas e todo tipo de moléstias exigia do profissional uma vocação forte, nata, que ele sinceramente não reconhecia em si. Por outro lado, a Engenharia, apesar de ser também, em sua opinião, uma nobre profissão, implicava algo que o contrariava: o excesso de contas e cálculos. Apesar de, desde criança, nunca haver feito feio em suas provas de matemática, decididamente ele não era um homem de números. Um homem de letras, isto sim, é o que ele era. Portanto, entre as três possibilidades, a que acabou por lhe parecer a mais lógica e promissora foi a do Direito.

Entre as faculdades do Brasil, naqueles dias, um nome se erguia com liderança incontestável nessa área de ensino: a Academia de Direito do Largo de São Francisco, em São Paulo.

Portanto, estava tomada a decisão.

Carlos iria para São Paulo.

Houve entre seus amigos e conhecidos um certo pasmo com o fato de que ele escolhesse a sóbria e austera cidade de São Paulo ao invés do Rio de Janeiro, a capital do Império, a corte vibrante e cheia de *glamour*, com seus majestosos palácios, suas modernas e efervescentes confeitarias e suas praias ensolaradas. Mas, como Carlos sempre fazia questão de deixar claro, ele não ia a diversão ou a passeio; ia a estudos. Mesmo assim, muitos rapazes não se conformavam com aquela escolha. "Deus dá nozes a quem não tem dentes", provocavam alguns invejosos.

No entanto, dava-se aqui a coincidência de que um velho amigo de escola de Carlos, João Luzardo, também estivesse seguindo para São Paulo no início do ano seguinte, e para estudar na mesma faculdade.

Ao saber que Carlos iria para São Paulo mais ou menos na mesma época, Luzardo foi logo procurá-lo para sugerir que compartilhassem moradia naquela capital, para se fazerem companhia e dividir despesas.

Dividir despesas! Como se Luzardo precisasse disso, ele que era filho de uma das famílias mais ricas de Porto Alegre. João Luzardo chegou mesmo a confidenciar a Carlos que seu pai prometera mandar a ele uma quantia mensal de duzentos mil réis.

Nada menos que duzentos mil réis! Um estudante que tivesse todo mês à sua disposição a metade daquela quantia, ou um terço que fosse, já era considerado rico... Duzentos mil réis eram uma fortuna! Seja como for, esse fato tranqüilizou Carlos, dando-lhe a certeza absoluta de que a proposta de Luzardo tinha mesmo como objetivo apenas a companhia de um velho amigo numa cidade grande e desconhecida, e nenhum interesse na espartana porém famosa mesada de Dom Pedro. Tanto melhor.

De qualquer modo, a presença do amigo de infância na mesma cidade e, mais ainda, *na mesma faculdade* que escolhera, parecia a Carlos, muito acima de mera coincidência, um sinal de que ele estava no caminho certo ao tomar sua decisão.

No entanto, faltavam ainda vários meses para o início do ano letivo e, até lá, o jovem tinha muitas coisas que resolver.

Uma delas, e a que parecia mais penosa ao tímido Carlos, era ir ao Rio de Janeiro acertar os detalhes do recebimento da pensão com o mordomo imperial, o barão Nogueira da Gama, além de, como exigia a etiqueta, fazer uma visita ao imperador, informá-lo de sua decisão e agradecer mais uma vez.

Como lhe aterrorizava a idéia de ter de se encontrar outra vez com Dom Pedro II!

Carlos já o conhecera, já estava bem ciente de que Dom Pedro era uma figura de grande bondade, de extrema simplicidade. Mas só o fato de ser ele nada menos que o *Imperador*, de morar num palácio, carregar na cabeça uma coroa e sentar-se em um trono... Que pavor aquelas circunstâncias pomposas causavam na cabeça do rapazinho pobre de Porto Alegre, sem nenhum traquejo das praxes das altas rodas! Mas, enfim, todos aqueles que o conheciam eram unânimes em afirmar que seu dever indiscutível era ir, e que seu caipirismo pareceria ainda mais imperdoável se ele demorasse muito para realizar a indispensável visita.

Após uma coleta de fundos feita por parentes e amigos para custear os gastos da viagem, Carlos fez das fraquezas forças e comprou um bilhete do vapor "Gerente", que dentro de uma semana zarparia com destino à corte.

A dois dias da viagem, houve um melancólico almoço de despedida na casa dos Villarandas.

Apesar do orgulhoso entusiasmo do Dr. Góes Villaranda e de Dona Placídia em relação à viagem, ao curso de Direito, à boa sorte de Carlos e à generosidade de Dom Pedro II, a evidente desolação de Laura deixou Carlos muito abalado, a ponto de fazê-lo pensar várias vezes, impulsivamente, em cancelar a viagem.

Durante todo o almoço, apesar dos protestos dos pais, Laura não tocou em comida e manteve-se em um silêncio soturno. Seu olhar, tristíssimo, ferido, parecia um oráculo de maus agouros.

Por fim, sua infelicidade acabou contagiando a todos, e até mesmo o expansivo Dr. Villaranda tomou um ar tristonho.

Nem as gêmeas, sempre tão irrequietas, escaparam ao paralisante desânimo. Pareciam duas bonequinhas tristes; mudas, imóveis, com uns olhos muito arregalados — ressabiados, receosos.

Ao ser servida a sobremesa, já um vago sentimento de tragédia permeava aquela despedida, como se aquela viagem fosse, de alguma maneira, terminar mal, tanto para quem partisse quanto para quem ficasse.

◇◇◇◇◇◇◇◇◇◇◇◇◇◇◇◇◇◇◇◇◇◇◇◇◇◇◇◇◇◇◇◇◇◇◇◇◇◇

Era a primeira vez que Carlos viajava por mar. Estava emocionadíssimo.

No entanto, não se pode dizer que sua estada no navio tenha sido das mais agradáveis. Enjoou muito, não comeu quase nada durante o percurso, dormiu mal. Quando o mareio se tornava muito forte devido às oscilações da embarcação, chupava a metade de um limão, um santo remédio para enjôo, segundo o capitão, mas que parecia não funcionar com Carlos.

Enfim, ao cabo de seis dias, exausto e nauseado, ele chegava à costa fluminense. Quando estavam a apenas alguns quilômetros do porto, ele ouvia um senhor, do outro lado da proa, explicando a paisagem à esposa:

— Esta é a famosa Baía de Guanabara. A montanha alta e rombuda ali é o Pão de Açúcar. Uma maravilha, hein?

— Oh, Francisco, como é lindo! Podíamos fazer uma casinha lá em cima. Parece que ainda não mora ninguém — dizia a mulher, extasiada com a vista.

O marido riu.

— Não, bobinha, não se pode subir lá. Não vê como é íngreme?

— Quem sabe, então, naquela outra, aquela ali, mais para lá. É achatada em cima, está vendo?

— Ah, sim... Aquela é a Gávea. Mas nós vamos é para o outro lado — disse o marido, apontando outra direção. — É lá que vive a tia Joana. Botafogo.

— O quê? — espantou-se a esposa.

— Botafogo — repetiu ele. — O bairro se chama Botafogo.

Ela riu.

— *Botafogo?* Onde foram arranjar um nome assim?

Carlos se absorvia cada vez mais na admiração de todas aquelas maravilhas naturais, aquele cenário de sonhos, e logo já não ouvia a conversa do casal, já não ouvia mais nada. Completamente enlevado, mal percebeu quando o navio atracou.

Enfim! Rio de Janeiro, corte do Império! Enfim chegara!

Tirou do bolso da calça o papel contendo o endereço de uma pensão muito recomendada por um amigo da família. Leu os garranchos rabiscados com pressa por ele já no momento de partir: Rua dos Pescadores, 36.

Ainda no navio, indicaram-lhe um local, ali mesmo nas proximidades do porto, um ponto onde ele encontraria tílburis* e diligências** que poderiam levá-lo ao local desejado.

Tomou uma diligência que ia saindo para o centro. Cerca de meia hora mais tarde, o condutor fez para ele um sinal indicando que era ali que deveria descer e explicou por onde se chegava à tal Rua dos Pescadores.

A pensão lhe causou ótima impressão. Um sobradão antigo, muito limpo e arejado, bem batido de sol, de ambiente familiar. A rua era bastante sossegada. As refeições eram preparadas e servidas ali mesmo, no andar térreo. Poucas horas depois, foi posto o jantar, que Carlos devorou com fome de leão. Em seguida voltou a seu quarto, no segundo andar, e esparramou-se com preguiça pela cama macia. Que dura havia sido a viagem! Bem que Porto Alegre podia ficar um pouquinho mais perto do Rio... De qualquer modo, ele devia sentir-se afortunado por pertencer à modernidade, à era das estradas de ferro e dos navios a vapor. Quanto tempo mais lhe teria tomado essa viagem apenas algumas décadas atrás!

Agora, acima de tudo, o que ele precisava era descansar. Queria estar bem-disposto e com boa aparência no dia seguinte, quando a primeira coisa que faria seria dirigir-se ao Palácio de São Cristóvão, na Quinta Imperial da Boa Vista. Afinal de contas, esse havia sido todo o motivo da viagem.

Na manhã seguinte, após demorado banho, sentindo-se cheio de forças e de ótimo humor, vestiu-se como melhor pôde

---

*Tílburi: tipo de carruagem, geralmente com capacidade para um a três ocupantes.

**Diligência: espécie de bonde puxado a cavalos, de transporte coletivo.

e dirigiu-se ao Largo São Francisco de Paula, de onde tomaria a diligência para São Cristóvão. Esta logo chegou, e minutos depois partia lotada.

Tudo ia bem, tudo ia maravilhosamente bem durante o trajeto.

Até que Carlos avistou ao longe o palácio imperial e então subitamente começou a sentir palpitações, junto com calafrios que se alternavam com calores, e todas as forças pareceram se esvair de dentro de seu ser. Mesmo assim, apeou da diligência e caminhou até o portão do palácio. Dali, no entanto, não teve coragem de prosseguir.

Por horas a fio ficou perambulando indeciso, em frente aos portões, pensando no que dizer ao imperador. Finalmente tomou a decisão que mais estava de acordo com seu estado de espírito: deu meia volta e retornou à pensão! Sentiu um doloroso vexame, mas não tivera alternativa. Simplesmente não tinha forças para se dirigir a Dom Pedro II. Não saberia o que falar, nem como falar. Tinha, sobretudo, um profundo pânico de que no meio do encontro perdesse o controle de si e saísse correndo, espavorido, deixando para trás o atônito monarca a falar sozinho. Não, não podia ser, não tinha forças, não tinha nervos para tal encontro. Pelo menos, não nesse dia.

No dia seguinte pensaria melhor no que dizer, até ensaiaria suas palavras e a maneira mais digna de dizê-las, e então retornaria. Definitivamente, no dia seguinte não faria o mesmo papelão. Sentia que havia saído com autoconfiança e naturalidade excessivas, impróprias mesmo, como se estivesse indo encontrar um colega de escola ou um cliente da ourivesaria. Mas quando, de repente, ao avistar o palácio, deu-se conta de que a pessoa com que iria tratar era ninguém menos que o imperador do Brasil, caiu em si e entrou em pânico. Era humano, era compreensível, era até perdoável, mas, de qualquer modo, no dia seguinte seria bem diferente.

Mesmo pensando assim, passou o resto do dia profundamente deprimido, decepcionado consigo mesmo, e só saiu do quarto para beliscar rapidamente alguma coisa no jantar.

Porém, no dia seguinte...

O mesmo triste e patético fenômeno voltava a ocorrer. Ele chegava até o portão do palácio, mas ali simplesmente empacava, era completamente impossível avançar. Não sabia o que dizer, não sabia o que pensar. Por um instante chegou a cogitar uma estapafúrdia alternativa. E se, ao invés de se apresentar pessoalmente, ele mandasse um bilhete de agradecimento a Sua Majestade? Mas sua consciência imediatamente repeliu a absurda idéia. Imagine só... Ele, Carlos, estando na corte, pertinho do palácio, mandar um mero bilhete, escrevinhado com displicência em papel vulgar, ao generoso imperador que por anos lhe pagaria estudos e sustento! Que grosseria imperdoável, que brutal pouco-caso, que modos de bugre!

No entanto, por mais oito longos e torturantes dias prosseguiu o tragicômico ritual. O hesitante poeta chegava até o portão, mas dali não passava, como se fosse cair fulminado por um raio ao transpor aquele limite. Que situação lamentável! Ele já pensava até em tomar o vapor de volta a Porto Alegre, em retornar sem que Dom Pedro ao menos soubesse que ele estivera na corte.

Finalmente, no nono dia, Carlos foi atingido pela total consciência da enormidade de sua falta e também pela clara constatação de que os dilemas e transtornos que sua timidez, ou melhor, *sua covardia* estavam lhe causando eram muito piores que qualquer fiasco, por mais ridículo que fosse, que ele pudesse cometer diante de Dom Pedro.

Dessa vez iria até o fim, nem que caísse duro aos pés do imperador.

Às quatro horas da tarde deixou a pensão e, após acenar a um tílburi que afortunadamente passava por ali, disse ao condutor, com decisão e firmeza:

— Leve-me a São Cristóvão, Quinta Imperial.

Meia hora mais tarde, e dez dias após sua chegada à corte, Carlos finalmente transpunha os portões da deslumbrante Quinta da Boa Vista. Resoluto, com passadas firmes, foi subindo o caminho de bambuzais que ia até o palácio.

Ao final desse caminho, dois soldados faziam a guarda. Carlos dirigiu-se a um deles:

— Ahnn... Boa tarde... Por favor, necessito tratar de um assunto com Sua Majestade... Por sinal, já deveria ter vindo há alguns dias. Seria possível vê-lo?

O guarda mirou-o de alto a baixo e resmungou:

— Tarde demais, jovem. Já se esgotou o horário de audiências de Sua Majestade. Se quiser, venha mais cedo outro dia — concluiu, dando as costas ao jovem.

Que desastre! Logo hoje, que Carlos tomara coragem!

Talvez o próprio destino não quisesse esse encontro. Talvez só lhe restasse mesmo voltar para Porto Alegre. Talvez não fosse, afinal, tão abominável a idéia de agradecer por escrito. Resignado, já ia se retirando quando uma voz vagamente familiar fez com que ele parasse.

— Ô poeta! Ô gauchinho!

Carlos quase não acreditou no que viu. Que enorme coincidência! Quem o chamava, descendo a escadaria do palácio, era ninguém menos que o senador Cruz Jobim, aquele mesmo que fora chamá-lo em sua casa na noite do baile e se declarara "seu eterno amigo" meses atrás, em Porto Alegre. O senador deu-lhe um abraço e em seguida disse, com a cordialidade de sempre:

— Ah, meu amiguinho, então veio ver o imperador! Fez bem, fez muito bem. Vamos lá falar com ele.

Carlos hesitou por um momento.

— Realmente, senhor senador, eu vim vê-lo. Mas acabei de ser informado de que é tarde, que Sua Majestade já encerrou suas audiências por hoje.

O senador abriu um largo sorriso.

— Sim, é verdade. Mas um poeta há de ter algum privilégio com um amante das artes como o imperador. Ainda mais tendo vindo de tão longe! Espere aqui só um momentinho, que eu vou avisá-lo. É um instantinho só.

Ao virar-se para subir as escadas, o senador quase deu de chofre com um senhor que ia saindo do palácio, um homem de ar carrancudo e apressado, que trazia debaixo do braço uma pasta imensa.

— Sr. Barão! — exclamou o senador, expansivo como de costume. — Por aqui a estas horas? Olhe, dê uma boa olhada neste jovem, pois um dia ele ainda chegará aos píncaros da fama. Imagine que este menino, de apenas dezenove anos, deslumbrou o nosso imperador com um poema em sua homenagem, quando da estada de Sua Majestade em Porto Alegre.

Imediatamente o ar rude daquele barão pareceu suavizar-se com um quase imperceptível sorriso, mas em seu olhar havia certo brilho de arrogância, bem como na observação que fez em seguida, dirigindo-se a Carlos:

— Ah, claro! Então é você o poeta que Sua Majestade mandou caçar nos matagais do Rio Grande?

Carlos, embaraçado e humilhado com a observação, vermelho como pimenta, não conseguiu articular nenhuma resposta. Novamente foi socorrido pelo senador Cruz Jobim:

— Pois glória maior não pode haver para o nosso Brasil: possuir matas onde se caçam poetas... Não é mesmo, Sr. Barão? — E, em seguida, voltando-se para Carlos: — Bem, então vou avisar Sua Majestade e volto já. Ele ficará muito satisfeito em recebê-lo.

O senador despediu-se daquele homem novamente carrancudo e voltou a subir as escadas, enquanto o soturno barão olhou mais uma vez para Carlos, deixando transparecer uma curiosidade quase científica, como se efetivamente estivesse olhando para uma peça de caça, como um tamanduá ou uma capivara, e foi embora sem ao menos se despedir.

Mais tarde, Carlos viria a saber que aquele homem era o conselheiro Muniz Ferraz, barão de Uruguaiana e ministro da Guerra.

Em menos de um minuto, o senador Cruz Jobim aparecia à porta de entrada do palácio, fazendo um aceno para que Carlos entrasse.

Finalmente, após seis dias de viagem e mais dez de protelações, era chegado o momento de outro encontro com o imperador.

O senador despediu-se de Carlos, que lhe agradeceu muito, e foi embora, deixando-o a sós no grande salão de entrada. Logo um simpático serviçal do palácio conduziu o jovem poeta através de um corredor muito largo e comprido, até uma galeria que dava para um belo pátio, onde a água caindo sobre a bacia de um grande chafariz de mármore era o único ruído que quebrava aquele silêncio quase absoluto.

Pouco depois, outro rumor interrompia aquela quietude: os passos do imperador, que apareceu ao final do corredor, vindo na direção de Carlos.

O rapaz, com o coração aos pulos, forçou-se a ir ao encontro de Dom Pedro, apesar de sentir nas pernas uma fraqueza quase paralisante. Achou que fosse desmaiar. Pensou ainda uma vez em debandar, fugir correndo, mas conseguiu controlar-se e fazer uma mesura, toscamente exagerada e teatral, de beijar aquela mão que o imperador lhe estendia.

Dom Pedro, sorrindo em sua infinita bonomia, foi o primeiro a falar:

— Estou muito satisfeito em vê-lo. Chegou quando?

Carlos logo pensou que não ficaria nada bem admitir que já estava no Rio havia dez dias e só agora vinha visitar o monarca. Acuado, simplesmente mentiu:

— Cheguei anteontem, senhor.

— Como anteontem? — retrucou Dom Pedro. — Pois eu tenho certeza de que vi o seu nome na lista de passageiros do vapor "Gerente", *há dez dias!*

Por alguns instantes Carlos permaneceu completamente aparvalhado, quase em estado de choque. Como poderia imaginar que o imperador se desse ao trabalho de verificar listas de passageiros e de prestar atenção ao seu obscuro nome? Como consertar aquela deslavada mentira? Não havia maneira. Porém, tampouco poderia ficar completamente mudo diante de Dom Pedro, que claramente esperava uma resposta que solucionasse o mal-entendido. Carlos, muito vermelho, respondeu apenas:

— Ah! É verdade! É mesmo, foi há dez dias... Mas onde estou com a cabeça? Perdão, Majestade, eu me enganei. O senhor tem razão, foi há dez dias... É isso mesmo, dez dias...

Dom Pedro, percebendo o embaraço de Carlos, mudou logo de assunto e passou a fazer várias perguntas: como havia sido a viagem, se fazia muito frio agora no sul, o que Carlos havia achado do Rio, da Baía de Guanabara, dos cariocas. Enfim, amenidades. Depois, comentou sobre a escolha de Carlos:

— O barão Nogueira da Gama já me informou que sua decisão foi cursar Direito em São Paulo. Boa escolha. É uma carreira muito bonita, muito promissora. São Paulo também é uma esplêndida cidade. Estou certo de que vai gostar de lá.

O imperador, com um sorriso, novamente lhe estendeu a mão, sutilmente indicando que a audiência estava encerrada, e acrescentou:

— Pois bem, então agora é se dedicar muito a esses estudos. E, quando puder, venha me visitar. Será sempre muito bem-vindo.

Carlos já ia saindo, aliviado, com a agradável sensação de dever cumprido, quando avistou ao fundo do corredor uma senhora que vinha na direção do imperador. Este, ao vê-la, dirigiu-se novamente a Carlos:

— Veja: é a imperatriz, Dona Teresa Cristina. Quer cumprimentá-la?

Carlos, terrivelmente acanhado diante da inesperada aparição, desta vez desesperou-se e respondeu nada menos que isto:

— Não! Não, senhor, muito obrigado!

Ah, que fiasco, que imperdoável fiasco! Algo já lhe dizia, desde o primeiro momento, que aquela visita terminaria em um lamentável vexame. Onde já se vira tamanha grosseria? Recusar o cordial e honroso oferecimento de cumprimentar a imperatriz, como quem recusa uma xícara de chá ou um copo d'água! Felizmente, nenhum dos membros do nobre casal se ofendeu. Muito pelo contrário: ambos chegaram até a rir, disfarçadamente, diante da bisonha timidez do jovem.

Carlos deixou o salão, muito apressado e sem jeito, com as faces pegando fogo, humilhadíssimo. Estava à beira das lágrimas, decidido a nunca mais pôr os pés em um palácio.

Que bicho-do-mato que era, que selvagem!

Dava agora total razão ao barão de Uruguaiana. Realmente, o lugar a que ele pertencia, e de onde não deveria haver saído nunca, eram os matagais do Rio Grande.

Mas, enfim, o que passou passou, e o que importava era que, com ou sem vexame, ele já havia cumprido sua obrigação de etiqueta para com o imperador.

Agora era só voltar a Porto Alegre — já tinha vertigens só em imaginar mais seis dias de mar! —, acertar as últimas pendências e finalmente seguir rumo a seu destino: São Paulo, capital.

6

SÃO PAULO

Na prática, as coisas costumam ser notavelmente mais complicadas e demoradas do que na teoria, principalmente em se tratando de dinheiro.

Após a visita de Carlos a Dom Pedro II no Rio, passaram-se ainda seis meses até que o rapaz efetivamente tivesse a primeira parcela de sua mesada nas mãos. Portanto, foi só em julho de 1866 que o poeta finalmente pôde se instalar em São Paulo.

Já o estava esperando seu amigo e conterrâneo João Luzardo, que chegara no começo do ano.

Carlos ficou impressionadíssimo com a opulência da casa que João Luzardo havia alugado e decorado. Ficava na Rua Riachuelo, bem próxima à Faculdade de Direito. Tudo ali era do mais alto luxo. A sala principal parecia pertencer a um imperador da Roma Antiga. Numa sala anexa, menor, uma biblioteca magnífica, com cerca de dois mil volumes — pelo menos é o que afirmava Luzardo —, todos eles encadernados com o mais fino marroquim. Havia criados suficientes para toda uma família, devidamente uniformizados com muito bom gosto, e uma estrebaria com três belíssimos cavalos cujos antepassados — garantia Luzardo — provinham das melhores seleções do império austro-húngaro, e, a julgar pela aparência e brio dos possantes corcéis, não havia por que duvidar. Para completar, Luzardo se vestia como um príncipe. Nas noites mais frias do inverno paulistano, costumava sair usando um chamativo abrigo de peles, fulvo e brilhante, que fazia as pessoas acharem estar diante do próprio czar da Rússia... Só lhe faltava um cetro!

Já nos primeiros dias de São Paulo, Carlos ficara sabendo, em conversas aqui e ali, que seu amigo João Luzardo tinha fama de ser o estudante mais rico de São Paulo, um verdadeiro marajá. E, na verdade, era isso mesmo o que ele era: um marajá, um nababo, um czar... Tudo isso era obtido, obviamente, graças ao dinheiro que o desprendido pai lhe mandava de Porto Alegre, certo de que seu Joãozinho passava dias e noites queimando as pestanas nos livros de Direito.

Carlos não se fez de rogado e aceitou o convite do amigo sem pensar duas vezes, indo se instalar confortavelmente naquele cenário de mil-e-uma-noites, com um amplo quarto só para ele, banheiro próprio e vista para a simpática rua.

Ele logo confirmou aquilo de que já suspeitava: os estudos não estavam na lista das grandes preocupações do amigo rico.

Luzardo passava os dias refestelado numa confortável *chaise longue*, sorvendo preguiçosamente pequenos goles de um excelente vinho madeira e trincando entre os dentes perfumados confeitos de amêndoas, enquanto lia, completamente absorto, os mais recentes romances franceses. Era todo um sibarita.

Às vezes, no entanto, João Luzardo saía bruscamente de seu natural estado de repouso e metia-se a escrever furiosamente, varando dias e noites. Eram dramas e romances que, segundo sua crença inabalável, revolucionariam a literatura universal. Em certos momentos parecia mesmo entrar em um estado maníaco e declarava com muita pompa e estardalhaço, tocando com o dedo indicador o meio da testa:

— Aqui dentro há mais sabedoria do que havia em todos os pergaminhos da finada biblioteca de Alexandria! Que Deus me dê tempo e forças para que eu ponha tudo isto no papel, para o bem da espécie humana!

Mas esses arroubos nunca duravam o suficiente para que ele

terminasse uma obra. Entediado, voltava à sua vida contemplativa, sempre acompanhado dos finos confeitos e do inigualável madeira.

João Luzardo e seu estilo de vida acabaram exercendo considerável influência sobre Carlos.

Certo dia, Luzardo chegou em casa entusiasmadíssimo, quase estourando de tanta emoção. Havia conseguido, por via de uma prestigiosa casa editora, o encargo de traduzir do francês um dos textos, segundo ele, mais bombásticos e realistas de seu polêmico ídolo Émile Zola, o drama "Thérèse Raquin". Como a maior parte de seus entusiasmos, também este foi passageiro, e Luzardo abandonou a tradução na sexta página, exausto de tanto francês. Também um grande admirador de Zola, Carlos resolveu seguir adiante com a tarefa desprezada pelo amigo e, com o consentimento deste e da editora, finalizou a tradução. Com um ótimo francês e talento legítimo, Carlos teve seu trabalho muito elogiado, e pareceu sentir em Luzardo uma pitada de arrependimento — ou despeito ou algum outro mau sentimento — quando, semanas mais tarde, leram juntos a seguinte nota no jornal "A Folha", da corte:

> *É hoje, no teatro Lucinda, a primeira representação da peça realista em quatro atos "Thérèse Raquin", original de Émile Zola, traduzido pelo Sr. Carlos Ferreira.*
>
> *Os nomes do autor e do tradutor bastam para produzir uma enchente geral no afamado teatro.*

No geral, porém, tudo somado, a convivência entre os dois amigos transcorria cordial e pacífica. No entanto, Luzardo achava uma pena que a casa tivesse ainda três quartos completamente desocupados. Gostaria de um pouco mais de agitação ali, mais platéia para quando quisesse declamar seus versos.

Foi então que ele soube que estava recém-chegado da Bahia, ainda sem domicílio fixo, um jovem de extraordinário talento. Já chegara do Nordeste com verdadeira fama de um deus da poesia e no momento estava compilando seus magníficos versos, que planejava publicar em dois volumes.

O nome do jovem poeta baiano era Antônio de Castro Alves.

Luzardo fez o convite, que foi aceito com muito gosto por Castro Alves, o *Castrinho*, como viria a ser chamado no meio acadêmico, e logo aqueles três futuros advogados — pelo menos na intenção — e poetas por vocação estariam morando juntos no casarão da Rua Riachuelo: Antônio de Castro Alves, João Luzardo Filho e Carlos Augusto Ferreira.

E entre poesias e dramas, romances e traduções, os livros de Direito iam sendo completamente esquecidos, juntando poeira no canto de um dos quartos vagos. Quando chegava a época dos exames na faculdade, os três poetas conseguiam os mais vergonhosos resultados.

Em compensação, o casarão da Riachuelo havia se convertido na mais vibrante "república" daqueles tempos, um centro literário de primeira grandeza na capital paulista.

Era rara a noite em que Castrinho não declamasse seus excelentes versos, e quase sempre havia convidados da mais fina nata literária paulista. Estavam constantemente lá Américo de Campos, Ubaldino do Amaral, Brasílio Machado e Ferreira de Menezes. Às vezes, muito sério, quase imóvel em um canto, vinha também um jovem franzino que mais tarde faria nome na política do País, também ele baiano, também estudante da São Francisco: o tímido e taciturno Rui Barbosa.

Carlos e Luzardo faziam de tudo para lerem seus poemas antes de Castro Alves. Os de Luzardo eram, em sua maioria, sofríveis, apenas um ou outro se salvava. Os de Carlos eram muito bons, alguns mesmo sublimes. Mas os de Castro Alves... Aquilo já era covardia. Que gênio! Quando ele ia começar a declamar, as pessoas ficavam em estado de completo êxtase, boquiabertas, como se estivessem esperando estrelas caírem do céu ou diamantes brotarem da terra. Não havia a menor graça declamar depois de Castro Alves. Chegava a ser até embaraçoso, um total anticlímax.

Além disso, Castrinho não tinha apenas o talento de poeta, que já era colossal, mas também o de ator. Antes de se apresentar, rebocava o rosto com quilos de pó-de-arroz, passava carmim nos lábios, um pouco de lápis negro debaixo dos olhos, e alisava com muito óleo a basta cabeleira negra. Então se dirigia ao local onde recitaria, que, se não era o salão da casa da Riachuelo, era o palco de algum teatro ali das imediações — geralmente o São José ou o Apollo. Logo ao entrar, com seu ensaiado e impressionante olhar, destilando algo entre a dor e a fúria, trespassava todos os membros da platéia. Em seguida, arremessava para trás a brilhante cabeleira, fixava os olhos no alto, levava a mão direita ao peito... E começava. Era sempre um delírio.

E entre a vibrante profusão de saraus, jantares, desafios de bilhar e idas ao teatro, a vida não poderia correr mais agradável naquela república de estudantes.

Tão agradável, aliás, que era com cada vez menos freqüência que Carlos recordava daquela outra parte de sua vida, aquela que havia deixado em Porto Alegre. Um dia, porém, quando ele chegava da rua, abarrotado de livros novos que havia acabado de comprar por uma pechincha de um livreiro português, Castrinho avisou que havia chegado uma carta para ele.

Ao ver a carta sobre a mesa junto à entrada, Carlos imediatamente reconheceu a letra de Laura. Com certa relutância, pegou a carta. Depois, deixou-se desabar displicentemente sobre o sofá. Sentia-se exausto, física e mentalmente. Depois de todas as batalhas verbais que travara naquele dia no grêmio da faculdade — das quais havia saído vencedor absoluto e inconteste —, não tinha absolutamente energias para ler aquela carta de Laura.

E, depois, para quê? Podia adivinhar, quase que palavra por palavra, o conteúdo daquele envelope. Que ela sentia saudade, que sofria muito longe dele, que sem ele todos os meses eram de inverno, os dias curtos e nublados, as noites longas e frias, que o único consolo que achava era na companhia de seus carinhosos pais e de suas adoradas irmãs e na fé de Nosso Senhor Jesus Cristo, e que do fundo de seu coração tinha a certeza de que aqueles tenebrosos dias de provação e distância teriam fim, e então seriam uma família grande e feliz, etc., etc., etc.

Ufa! Certamente as manifestações do amor seriam bem mais estimulantes se fossem menos previsíveis.

Ademais, era um fato incontestável que ele, nos últimos dois anos, crescera, evoluíra, e Laura não. Um abismo imensurável se abrira entre os dois. Ele, que saíra de Porto Alegre patologicamente tímido, com as vestes de um bugre e uma tragicômica mistura de pavor e deslumbramento ante tudo que fosse novo e desconhecido, agora era um autêntico representante do *grande mundo*, desenvolto e afamado freqüentador das altas rodas literárias.

Crescera, tal como cresce uma cobra, que ao fazê-lo deixa para trás a pele inútil que recobria seu corpo quando de dimensões mais modestas. Pois era essa pele, obsoleta, morta, anacrônica, que Laura amava. O Carlos que saíra havia dois anos de Porto Alegre quase nada tinha em comum com o sofisticado Carlos de agora.

Mais tarde leria a carta, mas agora a fadiga o vencia, aliada ao calor e abafamento que prenunciavam uma copiosa chuva de verão. Uma onda de relaxamento percorreu todo o seu corpo, e ele recostou a cabeça no sofá. Logo ressonava profundamente.

A carta de Laura, que ele segurava na mão direita, escapou de seus dedos entreabertos, e resvalando entre o sofá e a parede, foi se ocultar no assoalho debaixo do móvel, e ali só seria encontrada anos depois, por pessoas estranhas, que não haviam nunca ouvido falar nem de Carlos nem de Laura.

A verdadeira vocação de Carlos continuavam sendo as letras.

A influência de colegas como Castro Alves, Luzardo, Fagundes Varela; o clima grandioso e efervescente das declamações de poesias nos teatros e saraus — tudo isso fazia com que Carlos questionasse, com freqüência cada vez maior, a decisão de seguir adiante no curso de Direito.

O assunto incomodava-o cada vez mais. Numa dessas noites em que adormecera contrariado, outra vez com aquela sensação familiar de estar se perdendo por um caminho equivocado, afastando-se da missão pela qual se sentia responsável havia tempos, mas que ainda nem fora capaz de identificar, Carlos teve um sonho.

Ele se encontrava com Natália e dizia ter um pedido importantíssimo a lhe fazer. Carlos estava confuso e envergonhado, mas finalmente tomava coragem e dizia:

— Eu ainda não descobri qual é a minha missão. Gostaria de rever *as imagens*.

Natália respondeu:

— Isso não é possível. Eu não posso lhe mostrar aquelas imagens outra vez. Seria uma violação às nossas leis. — Em seguida, vendo a decepção de Carlos, declarou: — Sinto muito. Não posso lhe dar mais nenhuma pista. Você terá de encontrá-las sozinho, nos sinais. Lembra-se do que eu disse sobre os sinais? Esteja sempre muito atento e tenha paciência. Mas agora venha comigo. Quero lhe mostrar algo que também é muito importante.

Ela tomou a mão de Carlos e, no mesmo instante, eles estavam voando muito alto. Ele ficou surpreso ao perceber que Natália era capaz de voar. Olhando para baixo, ele podia ver cadeias de altas montanhas e grandes planícies áridas que ficavam mais além.

Natália desceu do céu, segurando Carlos, no cume da montanha mais alta. Ali eles tinham uma vista de trezentos e sessenta graus de toda a região. Ao longe, erguendo-se solitário na vastidão das planícies, havia um monte com o pico desmoronado para dentro, em cratera. Parecia um vulcão extinto.

— Preste atenção no que vai acontecer ali — avisou Natália, apontando para o monte.

Era um dia claro e ensolarado, mas de repente o Sol desapareceu. O céu escureceu e encheu-se de estrelas. Carlos escutou um ruído ensurdecedor, que vinha diretamente das entranhas da terra, acompanhado de um tremor fortíssimo. Tanto o barulho quanto o tremor logo diminuíram, mas Carlos viu que o cume do monte solitário se movia. Aliás, todo o monte estremecia, e rachaduras imensas iam percorrendo-o de cima a baixo.

Algo gigantesco ia surgindo dali, e logo se pôde perceber a cabeça de uma criatura monstruosa, que abriu uma bocarra enorme e soltou um rugido que ecoou por todo o planeta. Seus dentes eram compridos e desiguais, distribuídos desordenadamente pelas bordas também irregulares daquela boca horrorosa. A cabeça, maciça e achatada como a de um buldogue, tinha algo misteriosamente humano em sua aparência. As orelhas pontudas, dirigidas para cima e para a frente, pareciam as de um morcego. Os olhos, desproporcionalmente pequenos, eram escuros e cintilavam com um brilho de fria ferocidade, de maldade deliberada e demoníaca.

O monstro emergiu de sua cratera até o pescoço, como se o resto de seu corpo estivesse preso às profundezas subterrâneas. Subitamente ele olhou para cima, para as estrelas. De sua boca saiu uma língua comprida e elástica como a de um camaleão, e com ela a fera começou a devorar as estrelas mais próximas. A cada três ou quatro estrelas que comia, a criatura se tornava ainda maior e seu pescoço musculoso e possante ia se alongando no espaço, em direção às alturas, ávido por mais estrelas.

Então Carlos viu ao longe, no horizonte, uma multidão que se aproximava aos poucos. Centenas de milhares de pessoas caminhavam resolutamente, com passos ritmados, marciais, em direção ao monstro, para abatê-lo e assim salvar o universo.

Quando já estavam bastante próximos, Carlos percebeu que aquele exército era formado exclusivamente por crianças. Todos aqueles guerreiros eram crianças, mas havia um único adulto à frente delas, com a função de guiá-las no trecho final que as separava daquele pavoroso titã.

O adulto era ele próprio, Carlos.

Do alto da montanha, ao lado de Natália, ele via uma imagem de si próprio, uma "cópia" sua, guiando o exército de crianças, atravessando a planície em direção à besta. O guia caminhava lentamente e com dificuldade, pois carregava uma lança muito pesada, muito maior que ele mesmo.

Natália explicou:

— Aquele é você, e a lança é uma de suas armas contra a criatura. Mas seu recurso mais importante para vencê-la são as crianças. A lança parece pequena em relação ao tamanho do monstro, mas será suficiente se você tiver coragem, determinação e destreza para golpear o ponto certo.

— E como vou descobrir o ponto certo?

— As crianças indicarão.

A criatura, no entanto, continuou devorando estrelas. Ficava sempre maior e mais voraz, até que seus olhos diabólicos se fixaram em um planeta azul. Era a Terra. Antes que "Carlos" ou as crianças pudessem fazer qualquer coisa, o monstro escancarou a boca o mais que pôde, esticou toda a sua língua e, num piscar de olhos, engoliu a Terra! Em seguida, ele rapidamente começou a se encolher e, como uma tartaruga se recolhendo ao casco, voltou para as profundezas de onde viera.

Imediatamente o Sol reapareceu e outra vez era dia claro. O "outro Carlos", as crianças e o monstro haviam sumido sem deixar traços, como por mágica.

Natália alertou:

— Isso é o que pode acontecer se você não o derrotar. Será o fim do planeta azul. O fim da Terra.

Carlos não se conformava. A seu ver, aquela "réplica" dele não tivera chance alguma de exterminar a horrenda criatura. Ele quis protestar contra a injustiça, mas, ao voltar-se para trás, viu que ali não havia mais ninguém.

Natália tinha desaparecido. Então ele olhou novamente para a frente, e, dessa vez, o que havia sumido era o monte de onde surgira o monstro. Para onde quer que olhasse, só via a superfície uniforme e monótona das vastidões da planície.

Carlos sentiu-se confuso, perdido e abandonado por Natália.

Nesse momento, acordou.

Que sonho terrível!

Qual seria seu significado?

O que era aquele monstro devorador de astros?

E aquelas crianças? Queriam dizer o quê? E, quanto a ele, qual havia sido sua falha? Por que não dera certo sua heróica tentativa?

Que contra-senso dormir cheio de dúvidas, ter um sonho e acordar com mais dúvidas ainda! Os sonhos deviam trazer soluções, e não complicar ainda mais as coisas...

E Natália — se é que ela realmente existia — havia sido muito cruel com ele, mostrando-lhe uma cena tão perturbadora e logo em seguida abandonando-o sem respostas.

Imediatamente após ter esse pensamento, Carlos sentiu um remorso terrível. Arrependeu-se por duvidar da existência de Natália, questionar seu procedimento, chamá-la de cruel. Estava se comportando como uma criança. Impaciente, deixava-se dominar pela ansiedade.

Precisava ter calma.

Estava claro que, no momento certo, os mistérios se revelariam a ele, e tudo, inclusive aquele sonho, faria perfeito sentido.

Ao pensar desse modo, teve uma reconfortante sensação de segurança toda luminosa em seu destino, de fé em uma ordem perfeita e sublime das coisas, em uma justiça benévola e infalível.

Mesmo assim, passou horas tecendo idéias relacionadas ao sonho, ao monstro. Pensou nos titãs da Antigüidade, que tiveram a ambição de conquistar o Olimpo, morada dos deuses, mas de lá foram derrubados e condenados a viver debaixo da terra. Segundo certa mitologia, eram eles os responsáveis pelos terremotos e erupções vulcânicas. Ao recordar de si como aquele pobre guerreiro do sonho, vergado sob o peso de sua lança, pensou em São Jorge. São Jorge trespassando o dragão, também com uma lança. No entanto, até novamente pegar no sono, não chegou a nenhuma conclusão sobre aquele sonho.

Apesar dessas incertezas, na manhã seguinte ele acordou completamente decidido e impetuosamente escreveu uma carta ao barão Nogueira da Gama, expressando em relação ao imperador enorme reconhecimento e eterna gratidão, mas pedindo o cancelamento de sua mesada, uma vez que, interrompendo a faculdade, não mais se considerava no direito de continuar desfrutando da generosidade de Sua Majestade.

7

ADEUS AOS AMIGOS

A decisão de Carlos de abandonar o curso já estava tomada, quando terríveis circunstâncias vieram precipitar as coisas. A desgraça cairia sobre aquela casa, acabaria com a luxuosa e romântica república da Rua Riachuelo e dividiria para sempre a vida daqueles três jovens.

Tudo começou com uma carta recebida por João Luzardo em fins de 1868.

Era de seu pai.

Dizia que já havia um bom tempo vinha estranhando, em suas correspondências, a absoluta ausência de comentários do filho sobre o curso de Direito. Porém ficara ainda mais desconfiado quando, numa única e escassa vez em que João Luzardo mencionara os estudos, tivesse escrito a seguinte frase: "Não vejo a hora de passar para o segundo ano". Ora, mas era para o *terceiro* ano que o filho passaria. No segundo ele já estava... Ou deveria estar!

É claro que a frase poderia ser simplesmente um erro, uma distração, mas o velho não sossegou enquanto não mandou um de seus secretários ir pessoalmente até a faculdade e ali se informar na diretoria sobre a situação de Luzardo.

Então ficou sabendo de toda a verdade: o filho vinha lhe enganando havia mais de um ano. Segundo a diretoria, João Luzardo Filho mal conseguira as notas necessárias nos exames finais do primeiro ano, e passara por um triz. No segundo ano as coisas pioraram e após um primeiro bimestre de resultados decepcionantes, Luzardo mal havia posto os pés na sala de aula. Simplesmente abandonara o curso.

O pai também ficara sabendo, horrorizado, que ali no meio acadêmico o filho era conhecido como "turista", "sultão gaúcho", "nababo do sul", "magnata dos pampas", e outros apelidos que bem demonstravam a fama de seu estilo *bon vivant* e esbanjador.

O velho por pouco não teve um ataque do coração. Aquilo era escandaloso, totalmente inaceitável para ele, um gaúcho às antigas, dos quais já não se faziam mais, homem de absoluta austeridade, de disciplina e frugalidade espartanas, velho leão pampeano que lutara na Revolução dos Farrapos e fora grande amigo do legendário Pedro Chaves! Ele, que erguera uma fortuna do nada, trabalhando sempre como uma mula, mesmo depois de rico, e que até hoje, já velho, se levantava antes de o sol raiar e não podia conceber um só dia sem labuta — a não ser os dias santos, naturalmente, que com essas coisas tinha muito respeito... Ele, enfim, que acreditava acima de tudo no trabalho e jamais tolerara desonestidade, indolência e indisciplina, agora via seu suado dinheiro torrado pelo filho com uma vida dissoluta, provavelmente engordando com as mais finas e caras iguarias, as melhores bebidas, mulheres aos montes e sabe-se lá que outras corrupções!

Após salientar todos esses pontos na carta, o pai secamente comunicava ao filho que lhe fizesse a fineza de nunca mais se apresentar diante dele, que estava deserdado e que, obviamente, considerasse para sempre cortada sua generosa mesada.

Naquela tarde, quando Carlos e Castro Alves retornaram de um passeio, encontraram Luzardo no meio do salão, sentado no sofá, imóvel, ainda segurando a carta com as mãos trêmulas, o olhar desfocado, a boca entreaberta de espanto. Parecia ter sido atingido por um raio. Não respondia às perguntas dos amigos, não reagia de maneira nenhuma à presença deles. Estava em um mundo à parte, e assim permaneceu ainda por cerca de uma hora, para grande preocupação dos companheiros.

Finalmente fechou os olhos, recostou a cabeça no sofá e disse com a voz mais triste do mundo:

— Carlos! Castrinho! Aconteceu uma desgraça. Está tudo acabado. Vou ter que devolver a casa.

Como os amigos não estivessem compreendendo nada, Luzardo entregou a carta para que os dois a lessem, dizendo, com os olhos cheios d'água:

— Vão tratar de suas vidas, meus amigos, porque a minha já está arruinada. E fui eu mesmo quem a arruinou. Desculpem-me, desculpem minha estupidez, mas realmente é o fim. Acabou-se.

Ao terminar a carta, os rapazes ainda tentaram consolar Luzardo, mas reconheciam que a situação era mesmo irreversível.

Os dias que se seguiram foram tenebrosos. Em menos de um mês, toda a mobília fina, os tapetes valiosíssimos, a prataria, as roupas principescas, tudo foi parar nas lojas e mercados de usados e nos brechós. Luzardo desfez-se do que pôde para pagar ao menos aquele mês de aluguel e comprar comida.

Quando a situação apertou ainda mais, ele vendeu seu relógio de corrente, uma belíssima peça de ouro. Dias depois, entregou as chaves da casa ao proprietário, que acabou também confiscando os cavalos de raça devido a alegações de quebra de compromisso e despesas extras que lhe traria o fato de ter um inquilino saindo assim, da noite para o dia, sem prévio aviso. O homem era um comendador muito rico, cheio de influências. Luzardo, que já não estava ligando para mais nada, deixou por isso mesmo.

Carlos e Castro Alves acabaram se arranjando em pensões ali pelo centro, até que aparecesse algum cantinho, algo bem em conta que eles pudessem compartilhar.

Luzardo sumiu do mapa. Carlos só voltaria a saber dele em 1881, por outro ex-estudante da São Francisco. Luzardo estava casado com uma moça de boa família e trabalhando como funcionário público. Permanecera em São Paulo e jamais reatara relações com o pai. Muitos anos mais tarde, ao folhear um jornal, Carlos leria, muito comovido, a notícia da morte de João Luzardo Filho, aos cinqüenta e um anos, pobre e desiludido, completamente vencido pela vida.

Castro Alves não teria sorte melhor.

Muito pelo contrário.

Alguns meses depois da queda das nuvens de Luzardo, Castrinho inventou de caçar aves pelos arredores do bairro do Brás, justo ele que nunca fora de caçadas e cujo único interesse em pássaros era incluí-los em seus poemas.

De pouca intimidade com as armas, foi saltar uma valeta carregando muito desajeitadamente uma espingarda. Ao perceber que ia tropeçar, agarrou-se à arma numa tentativa de manter o equilíbrio e acabou acidentalmente acionando o gatilho. A espingarda disparou em seu pé esquerdo. Nesse fatídico momento, começava o calvário de Castro Alves.

Por mais de seis meses permaneceu ainda em São Paulo, preso a uma cama, quase sem poder se mover. Carlos visitava-o constantemente e sempre saía arrasado desses encontros. Outros amigos, como Américo de Campos, Brasílio Machado, Aureliano Coutinho e Ferreira de Menezes, também iam vê-lo com freqüência.

A ferida ia sempre piorando. Como se não bastasse, um dia os amigos perceberam, muito alarmados, que Castrinho estava cuspindo sangue. A família ficou sabendo e veio da Bahia para levá-lo de volta. Afinal os parentes acabaram decidindo que no Rio de Janeiro haveria mais recursos para tratá-lo; a medicina lá parecia estar mais adiantada. Portanto, resolveram levá-lo de trem até a corte, acomodando-o em um vagão especial.

Os médicos de lá tentaram tratar seus pulmões, sem grande sucesso. Quanto ao pé, concluíram que não teriam alternativa. Após retirarem mais de trinta grãos de chumbo que ainda se encontravam incrustados na carne, resolveram que aquela extremidade deveria ser amputada. Os tecidos moles estavam completamente comprometidos pela gangrena e a infecção já havia atacado o osso.

A operação foi realizada imediatamente. Teve de ser feita

a frio, pois o estado precário dos pulmões do paciente proibia o uso de clorofórmio ou qualquer outro paliativo da dor. Em menos de dois minutos, cortaram-lhe o pé e cerca de um terço da canela. A cirurgia foi considerada bem-sucedida e o corte logo cicatrizou.

Porém, a tosse, as febres, as dores no peito e as hemoptises iam piorando.

Quando os doutores disseram à família que já haviam esgotado todos os recursos da medicina, foi concluído que não havia outra coisa a ser feita a não ser retornar com Castrinho à sua Bahia natal. Chegou lá em dezembro de 1869.

Algumas semanas após a longa viagem, Carlos recebeu uma carta do desafortunado amigo, que apesar de tudo parecia otimista:

Carlos,

Desejo-lhe muita saúde e todas as demais felicidades.

Cheguei com boa viagem e vou melhorar dos meus sofrimentos.

Brevemente parto para o sertão.

Peço-lhe que mande um grande abraço ao nosso amigo Dr. Franco Meireles.

Sempre ao seu dispor, abraça-o mui cordialmente
o seu amigo,

CASTRO ALVES

Essas foram as últimas palavras que Carlos recebeu de Castro Alves.

Apesar do maior conforto e bem-estar que a família tentava lhe proporcionar, a insidiosa moléstia do peito continuava a minar sua saúde.

Teve altos e baixos até junho de 1871, quando definitivamente entrou em estado terminal.

Na noite de 29 de junho, dia de São Pedro, Carlos teve um presságio sinistro a respeito do amigo. Enquanto fitava a grande fogueira de uma festa junina, de repente viu, claro e nítido, ali entre as labaredas, Castrinho sofrendo terrivelmente, contorcendo-se entre convulsões febris e horríveis espasmos de tosse. Alucinado, Carlos foi se aproximando do fogo, mas Castrinho evanesceu numa nuvem de fumaça e Carlos voltou a ver apenas as chamas lambendo as lascas de madeira.

Com o coração apertado, Carlos teve a esmagadora certeza de que a vida de seu amigo estava por um fio.

Viria a saber depois que exatamente naquele dia de São Pedro, Castro Alves se levantara de seu leito de morte pela última vez. A partir de então não teria mais forças para se sustentar em pé.

Sua agonia durou até a tarde de 6 de julho de 1871, fatídico dia em que, com apenas vinte e seis anos, morria o magnífico poeta, grande entre os grandes do Brasil e do mundo.

Carlos levou meses até assimilar a tragédia. Simplesmente não podia aceitar que toda aquela genialidade fosse algo mortal e esgotável, que aquela inspiração sobre-humana pudesse ter um fim. Parecia-lhe inaceitável que aquele poeta único, de quem ele tivera a honra de ser amigo íntimo e a quem via como um deus, pudesse estar morto, pois, até onde ele sabia, deuses não morrem. Ou estaria enganado?

De qualquer modo, os curtos anos de convívio com aquele poeta genial, as conversas que tinham sobre a vida, o sentido das coisas, os planos para o futuro, tudo isso só fez aumentar em Carlos o sentimento de que insistir no curso de Direito seria um erro. Sua vocação eram as letras. Ele não deveria nem poderia nadar contra a corrente.

De todas as conversas que Carlos havia tido com Castro Alves, uma o havia marcado particularmente.

Certa noite, quando ambos voltavam para casa vindos de um sarau que terminara em briga de dois jornalistas — um monarquista e o outro republicano —, Castro Alves, após estar um longo tempo em silêncio, subitamente perguntou:

— Diga-me, do fundo do seu coração: você não tem, às vezes, vergonha de ser brasileiro?

Antes que Carlos pudesse responder, antes mesmo que pudesse pensar se tinha ou não, às vezes, vergonha de ser brasileiro, Castrinho continuou:

— Você não acha que o sangue dos escravos já manchou demais esta terra?

Carlos respondeu prontamente àquela pergunta que beirava a impertinência:

— Mas é evidente que sim! Ora, você sabe muito bem quanto sou contra essa atrocidade chamada escravidão.

— Ah, sim? E por quê? Só porque uma vez você escreveu um artigo para o jornal da faculdade afirmando que "os escravos também são seres humanos"? Você acha isso suficiente? Acha?

— Que absurdo... Você sabe muito bem minha posição a esse respeito.

Castrinho então lhe lançou um olhar tão desafiador que foi como se lhe trespassasse com uma espada.

— Não, na verdade eu não sei. E, se minha memória não me trai, não me lembro de ter lido um único poema seu sobre escravos.

— Você quer que eu faça poesia sobre escravos? — espantou-se Carlos. — Meu querido Castrinho... Eu sou um *poeta*, não um político. A escravidão é uma abominação, uma coisa extremamente negativa para mim. No entanto, só as coisas positivas podem me estimular. Eu sou um artista, meu caro, sou movido unicamente pelas coisas belas, assim como Rafael, Michelangelo, Rubens ou Rembrandt...

— Mas você escreve muito sobre a morte...

— E...? Qual é a contradição? A morte pode ser um tema muito belo, sublime até. Mas nunca a escravidão! A escravidão jamais poderia ser tema para as minhas poesias. E, se eu fosse falar de escravidão, eu seria um político ou um propagandista, não um artista! — Carlos estava visivelmente contrariado.

Castro Alves jogou os cabelos para trás, num gesto tipicamente seu, suspirou e, voltando a encarar Carlos com ainda mais intensidade, perguntou:

— Mas não seria papel do artista, mais ainda que do político, demolir certas estruturas arcaicas e cruéis, despertar e impulsionar as massas rumo a uma sociedade mais justa, humana, solidária?

— Não! — Carlos estava acuado, mas mesmo assim tentava

demonstrar segurança. — *Não*, Castrinho. Isso é política. Preste bem atenção ao que você está dizendo: *estrutura da sociedade*, *impulsionar as massas*... Isso é *política*, não é *arte!* Um artista é um individualista e é movido pelas coisas belas; coisas que são belas para ele, não necessariamente para as massas. Ora, todos sabem que o artista não tem nada a ver com as massas. Há o artista e há as massas, assim como há o óleo e há a água. Não há como miscigená-los, não há como reduzi-los a uma só unidade, porque o artista...

— O *artista* — interrompeu Castro Alves, subitamente enfadado — é um hipócrita e um covarde se só se ocupa de coisas belas enquanto o sangue dos seus irmãos está ensopando o solo da pátria. Aliás — e desculpe, meu amigo, se estou sendo indelicado —, neste caso ele nem mesmo pode ser chamado de artista. Talvez um mero fazedor de coisinhas belas, encerrado em seu mundo de egoísmo, mas nunca um artista.

— Mas é vital para um artista se encerrar em seu mundo! É daí que sai a obra — defendeu-se Carlos.

— Concordo: o artista deve se encerrar em seu mundo, para aí gestar sua obra, mas nunca se encerrar a ponto da indiferença total, da alienação absoluta, do desprezo completo para com o destino dos seus irmãos. Limites devem ser determinados, e aí está toda a dificuldade. Percebe como sob determinadas circunstâncias pode ser quase impossível definir a diferença entre um artista sublime e um monstro egocêntrico fazedor de coisas belas? — Castro Alves fuzilava Carlos com um olhar dardejante, apocalíptico, enquanto prosseguia, implacável: — Enfim, de nada adianta eu estar aqui lhe aborrecendo e dando lições de ética. A coisa não pode ser forçada, deve vir de dentro. Ou você vibra diante dos acontecimentos ou não vibra. Você reage às coisas belas... Muito bem. Diante de assuntos que enchem de infâmia e abjeção o gênero humano, você prefere guardar silêncio... Muito bem. Mas esteja bem ciente de que esse silêncio *cobra vidas!*

Carlos engoliu em seco. Não tinha mais o que retrucar. Mas afinal o que era aquilo? Que bicho havia mordido Castrinho? O que Carlos fizera para provocar todo aquele veneno do amigo? Castrinho sempre tão cortês, tão amável, um *gentleman*, explodir assim de repente essa bomba de acusações, de insinuações agressivas, beirando a grosseria, usando de ironias cruéis e injustas... Mas a convicção de Castrinho, enquanto o atacara com aquelas palavras terríveis e contundentes, havia sido tamanha, que logo Carlos se perguntava se não haveria algo de verdade naquela exaltação do amigo.

Fizeram o resto do caminho no mais absoluto silêncio: Castrinho grave e pensativo, Carlos sem coragem de abrir a boca, com medo de que uma única palavra sua acabasse puxando outras do amigo e desencadeasse mais uma violenta avalanche verborrágica.

Mais tarde, já deitado e encolhido sob os cobertores, Carlos notou Castrinho, pé ante pé, dirigindo-se à sua cama. Carlos fingiu que dormia, mas percebeu que o amigo depositara um papel sobre sua mesinha de cabeceira. Era o poema "Adeus, Meu Canto", e falava sobre a escravidão. Carlos já o conhecia, iria relê-lo na manhã seguinte.

Naquela noite, Carlos dormiu mal. Teve pesadelos.

Sonhou que era um escravo e estava sendo chicoteado preso a um tronco. O castigo era por não fazer seu trabalho, e seu trabalho era escrever textos abolicionistas. O homem que o chicoteava era Castrinho, e perto deles, sentados em roda e batucando atabaques, vários negros escravos riam muito e aplaudiam. Alguns lhe acertavam pedradas e pauladas, outros lhe lançavam cusparadas na cara e riam ainda mais.

Acordou diversas vezes durante a madrugada, o coração em disparada, os nervos abaladíssimos pela crueza das cenas que se repetiam sempre que ele voltava a cochilar. Só depois que os galos mais apressados já davam seus primeiros cantos foi que Carlos conseguiu algumas horas de sono razoavelmente tranqüilo.

Pela manhã, ao despertar, a primeira coisa que ele viu ao abrir os olhos foi o poema abolicionista de Castrinho. Esticou o braço para alcançar o papel, porém sua mão parou no ar, a meio caminho.

Para que reler aquilo?

Não tinha nenhuma dúvida quanto ao conteúdo daquele texto. Era perfeito, era absolutamente perfeito. E também tudo que o amigo lhe dissera na noite anterior, tudo estava absolutamente perfeito. Castrinho estava coberto de razão.

Carlos sentia, sim, vergonha, *muita vergonha,* de habitar um país — de habitar um *planeta* — onde existia uma coisa vil e abominável chamada escravidão. Estava absolutamente decidido a não mais aceitar aquele estado de coisas, a lutar contra tal vilania.

Mas de onde viera essa súbita convicção?

O que, afinal, havia transformado Carlos em ferrenho abolicionista assim da noite para o dia?

O sermão de Castrinho?

Um sentimento de culpa?

O pesadelo?

Ou uma renovada e potente intuição de que finalmente encontrara seu monstro-titã, de que o adversário que deveria abater era o asqueroso sistema escravista que ainda vergonhosamente persistia quando já se estava a poucas décadas do século 20, legitimando, numa era que se queria supor civilizada, a exploração não só dos fracos pelos fortes, como também a dos pacíficos pelos sanguinários, dos puros pelos viciosos, dos bons pelos maus... O triunfo da crueldade.

Poderia Carlos ter sido desde sempre um abolicionista ardoroso e só dar-se conta disto aos vinte e um anos, e durante o intervalo de uma única noite? Ele mesmo, de início, se espantou, porém logo se encheu de convicções.

"É assim mesmo", pensou. "Está certinho. De repente, sem mandar aviso... Assim ocorrem as grandiosas epifanias: como relâmpagos. Assim deve ter sido com Buda, Maomé, Santo Agostinho, São Francisco de Assis e tantos outros."

Mais tarde Carlos terminaria por considerar sua iluminação como o resultado provocado por um abrangente conjunto de circunstâncias, mas, dentre elas, ele se lembraria sempre do discurso de Castrinho. E essa foi, portanto, a maior influência de Castro Alves sobre Carlos Ferreira.

Porém, na acalorada discussão daquela noite, em um ponto Carlos estivera certo. Não conseguiria jamais escrever, como Castrinho, poemas sobre escravidão. Simplesmente não lhe saíam, por mais que espremesse o cérebro. Mas que importância tinha isso, afinal? Se ele não conseguia combinar poesia com escravidão, escreveria em prosa, escreveria artigos para grandes jornais, faria panfletos incendiários... Ora, ele já havia sido, de qualquer modo, seduzido pelo jornalismo. Sabia que não podia voltar atrás.

Ademais, se era tão evidente seu extraordinário dom para a palavra escrita, se todos os seus companheiros, inclusive o genial, visionário e saudoso Castrinho, viviam afirmando isso, se esse dom havia sido louvado até mesmo por um imperador, então esse não seria um dos *sinais* de que falava Natália em seus sonhos? Não chegava a ser óbvia essa constatação? Não estaria sendo estupidamente irresponsável e covarde ao não se lançar de cabeça no jornalismo engajado? Afinal, *que direito* tinha ele de se fazer de surdo a esse chamado, de menosprezar esse dom? Como poderia ter a *audácia* de ignorar uma vocação que certamente o próprio Deus escolhera para ele?

Não, decididamente ele não tinha o direito de *não* escrever, de não denunciar o suplício dos que sofriam, e a fugaz passagem de Castro Alves (e de Luzardo também, justiça seja feita) por sua vida serviu como um farol, mostrando-lhe com clareza ainda maior que para ele só havia o caminho das letras a seguir, como um oráculo lhe confirmando um destino do qual ele já possuía, de qualquer modo, uma premonição indiscutível.

Carlos deveria escrever, sobretudo textos abolicionistas. Agora sua *causa*, sua *missão*, seu monstro-titã estava finalmente decifrado.

E assim, depois de breve período de desorientação após Luzardo ter sumido por vias tristes e obscuras, e Castrinho se elevado aos etéreos caminhos do *outro lado*, Carlos decidiu que já era hora de despertar de seu torpor e também ele seguir seu rumo.

Resolveu apostar tudo no jornalismo e na conversão deste em sua arma, sua lança.

Desde que chegara a São Paulo, Carlos tivera vários contatos com jornalistas do prestigioso "Correio Paulistano", chegando a ter até certa amizade com o editor-chefe, que por diversas vezes o havia convidado a fazer parte da redação do jornal. Carlos já havia escrito poemas e até mesmo alguns artigos para o jornal, mas dessa vez resolveu aceitar o convite. Foi prontamente admitido como editor-assistente do "Correio Paulistano".

Agora, sim, ele se sentia trilhando o caminho certo.

Agora poderia se aprimorar no manuseio de sua gloriosa arma: a palavra escrita.

Por algum tempo, Carlos dedicou-se com verdadeira paixão àquele trabalho, crendo que mais cedo ou mais tarde entraria em contato mais direto com sua grande missão por via daquele influente periódico paulistano, porém a verdade é que não havia naquele jornal muita oportunidade para ele se converter em um arauto do abolicionismo.

Até que chegou o momento em que Carlos começou a ser atraído por um chamado, persuasivo, sedutor, grandioso — o verdadeiro e definitivo chamado de sua *causa*.

Esse chamado acabou levando-o a uma florescente e promissora cidade, e mudaria todo o rumo de sua vida.

8

CAMPINAS

Ao saber que em Campinas havia um grupo de jovens idealistas fazendo uma poderosa e bem orquestrada campanha republicano-abolicionista, Carlos sentiu-se completamente seduzido.

Um desses jovens era amigo seu e convidou-o a juntar forças com ele e participar da heróica cruzada contra a "nódoa do escravagismo". Chamava-se Francisco Quirino dos Santos e era diretor e proprietário da "Gazeta de Campinas".

A "Gazeta", como Carlos logo ficou sabendo, era uma formidável coleção de raros talentos. Ali trabalhava e colaborava gente cujo nome era, em todo o País, idolatrado por uns e odiado por outros, gente que nunca deixava as pessoas indiferentes com sua explosiva munição literária, intransigentes e implacáveis em seus ideais de uma sociedade justa e democrática, de uma república perfeita, imaculada, completamente desvencilhada dos fantasmas decrépitos da monarquia e da escravidão.

Ali estavam, por exemplo, além de Quirino, Campos Sales, Francisco Glicério, Jorge de Miranda e Belfort Duarte, além de velhos companheiros de São Paulo, como Américo de Campos, Brasílio Machado e Ferreira de Menezes.

Carlos sentiu-se em casa. Ou melhor, sentiu-se em um templo sagrado. Ele não tinha a menor dúvida de que achara o local exato onde deveria iniciar sua missão. O ambiente ali era incrivelmente estimulante, inflamado, eletrizante, vibrando sempre com o ardor da propaganda das idéias da "República Ideal", da abolição incondicional da escravatura, dos direitos iguais para toda a gente.

A "sucursal" da Gazeta era no bar e mercearia de Apolônio Olival, um português de Braga que abrira o estabelecimento defronte ao jornal e foi logo colocando lá duas mesas de bilhar, que viraram a grande atração do local. Era ali que os animados jornalistas da "Gazeta", inclusive Carlos, passavam boa parte de suas horas de diversão. Como a concorrência para as mesas de bilhar era enorme e infelizmente não havia espaço para mais que duas, os que esperavam seu turno jogavam cartas ou dominó, ou simplesmente jogavam conversa fora, enquanto o esperto Olival os atochava de petiscos e aperitivos.

Quem passasse por lá desprevenido e visse a barulhenta algazarra em que freqüentemente se transformava o bar de Olival, aquelas expansões ruidosas dos jogadores, os berros quando as partidas se decidiam, os pulos que davam das cadeiras ou mesmo em pé, os insultos cabeludos que trocavam durante o calor do bilhar ou do carteado, as piadas e chistes de gosto pouco ortodoxo... Quem visse aqueles homens assim, tão irreverentes, jamais poderia imaginar que eram os mesmos que, horas antes, sérios, graves e audazes, planejavam, com idealismo guerreiro, a reforma da Humanidade.

Certas pessoas que conheciam o passado de Carlos achavam sua posição antimonárquica contraditória. Alguns chegavam a considerá-lo o oportunismo e a ingratidão personificados. Afinal, se não fosse pela generosidade do imperador, era bem provável que ele ainda estivesse nos fundos de uma modesta oficina em Porto Alegre. Mas, graças a Dom Pedro II, ele conhecera a corte, fora recebido em palácios, estudara em São Paulo, conhecera pessoas que foram — e que eram, agora mesmo — influências decisivas em sua vida.

E em que moeda ele pagara o imperador? Voltando-se contra

ele, seu mecenas, seu benfeitor. Apedrejava agora o trono real para que o monarca de lá tombasse, proclamando aos quatro ventos as mazelas daquele sistema de governo por meio de artigos virulentos que ele pretendia que fossem deliberadamente nocivos ao homem bondoso que tão generosamente o ajudara. Um "vira-casacas". Era assim que muita gente via Carlos Ferreira.

No entanto, para a consciência de Carlos, não havia aí nenhum conflito. Somente anos depois de conhecer o imperador e dele aceitar ajuda financeira é que começou a ver o sistema monárquico como algo incompatível com sua idéia de sociedade justa. De qualquer modo, quando isso ocorreu, ele já havia pedido ao barão Nogueira da Gama a suspensão de sua mesada. Não tinha sido, portanto, oportunista ou traidor.

Embora ele cada vez mais desejasse a queda da monarquia e a proclamação da república, jamais deixaria de ser grato à pessoa do imperador. Seus artigos eram contundentes e implacáveis, mas sempre em relação à *monarquia*, como sistema e instituição, nunca em relação ao *homem* Dom Pedro de Alcântara. Este *calhara* de ser imperador. *Nascera* herdeiro do trono, como poderia ter nascido índio, cigano ou escravo. Não usurpara o trono, não inventara o sistema monárquico, não fora ele a implantá-lo no Brasil. E, segundo Carlos, fizera o melhor que poderia ter feito em sua posição de monarca.

Assim, quem lia os artigos de Carlos era apresentado a uma torrente de razões pelas quais a monarquia no Brasil deveria dar lugar à república. Porém, por mais que se perscrutassem seus textos, era impossível encontrar uma única má palavra em relação a Dom Pedro II, o símbolo vivo dessa mesma monarquia.

Portanto, o fato de que muitos vissem em seu proceder uma inaceitável contradição não trazia a Carlos nenhum transtorno. Para ele, tratava-se apenas de ter o bom senso e o critério de separar o homem daquilo que ele simbolizava.

Não era necessário renegar seu passado para seguir adiante com sua missão.

E, assim, Carlos continuava, de consciência absolutamente limpa, a fazer propaganda republicana e, ao mesmo tempo, guardar eterna gratidão e profundo respeito ao monarca.

Os anos foram passando, turbulentos e cada vez mais sombrios para monarquistas e escravagistas. Enquanto isso, iam sempre crescendo o prestígio e a influência da "Gazeta de Campinas" nos rumos da Nação.

◇◇◇◇◇◇◇◇◇◇◇◇◇◇◇◇◇◇◇◇◇◇◇◇◇◇◇◇◇◇◇◇◇◇◇◇◇◇

Em maio de 1877, Carlos juntou todas as economias que fizera desde que começara a trabalhar em Campinas. Associou-se a um colega, o jornalista e político Alfredo Pujol, e juntos compraram a "Gazeta" de Quirino dos Santos. Carlos passou então a ser o diretor do jornal e um dos principais orientadores, no País, das campanhas pela abolição da escravatura e pela proclamação da república. Campos Sales e Francisco Glicério estavam entre os guerreiros mais influentes dessa batalha.

A "Gazeta de Campinas" lutaria até o fim, e jamais se contentaria com medidas parciais, como a proibição do tráfico de escravos, a Lei do Ventre Livre ou a dos Sexagenários, ou, ainda, a abolição apenas em algumas regiões do País. De modo algum. Era pela abolição total e incondicional da escravatura que aqueles homens lutavam.

O monstro titânico deveria ser abatido e reduzido a cinzas. Carlos não poderia se contentar em apenas fazer-lhe cócegas.

◇◇◇◇◇◇◇◇◇◇◇◇◇◇◇◇◇◇◇◇◇◇◇◇◇◇◇◇◇◇◇◇◇◇◇◇◇◇

Por mais entusiasmado e absorvido que Carlos estivesse em sua épica cruzada contra essa aberração social chamada escravidão e a inadequação cada vez mais óbvia do agonizante sistema monárquico, havia algo que o incomodava fazia tempos, um irritante intruso, que com abusada inconveniência se entremeava em seus pensamentos, desconcentrando-o de suas prioridades, desagradando sua consciência, chegando às vezes até a arruinar a tranqüilidade de que necessitava para burilar um sublime poema ou um cáustico artigo para o jornal.

É que já fazia meses que ele devia uma carta a Laura.

Até então havia conseguido varrer a inoportuna tarefa para os confins mais recônditos de sua mente, mas agora o pensamento retornava, incômodo e persistente. Finalmente Carlos se decidiu a escrever a Laura e assim se desembaraçar da maçante obrigação.

Com uma preguiça enorme, um tédio mortal, encheu linhas e mais linhas de banalidades e lugares-comuns, mas ao final achou necessário inserir algo mais romântico, mais forte, para causar impressão.

Após alguns instantes de extrema concentração, escreveu, de um só fôlego, o trecho que faltava na carta:

> *Transporto-me como num êxtase de delírio ao jardim da sua casa, e logo, em minha fantasia, estamos tendo mais uma de nossas deliciosas conversas. Tal pensamento me enleva e ao mesmo tempo me domina. Já não tenho nenhum controle sobre imaginação ou emoção. Sou agora mero observador. Conversamos. O assunto é o que menos interessa. O assunto é simples pretexto para mais uma de suas mágicas: você arranca de si pedaços de luz e os passa para mim; e, quanto mais luz me dá, mais luz emana, e de repente somos duas estrelas únicas em um céu escuro, e nada mais existe à nossa volta, porque nada mais precisa existir.*
>
> *Que o tempo voe e volte a nos unir muito, muito em breve, com a velocidade alucinante de dois cometas que se buscam e, numa colisão apoteótica, se fundem em um só corpo de luz cósmica e divina.*
>
> *Morrendo de saudade, despeço-me, sempre seu,*
>
> CARLOS

Releu o trecho. Sorriu satisfeito, pensando no efeito que faria no coração de Laura.

Subitamente, porém, um obscuro véu de arrependimento passou enevoando aquele vaidoso contentamento consigo mesmo. Ele não sentia sinceramente tudo aquilo. Afinal, se "nada mais precisasse existir" além de Laura, ele obviamente estaria em Porto Alegre, ao lado dela, de onde jamais teria saído, caso seu amor realmente fosse tão arrebatador. Não estaria em Campinas, a várias centenas de quilômetros da noiva, perseguindo seus ideais com uma paixão que jamais demonstrara em relação a ela.

Não, ele não estava sendo honesto com Laura. Mais uma vez releu a carta, e percebeu que sua grande motivação era a possessividade, era dominar e subjugar implacavelmente os sentimentos de Laura — apenas nisso estivera trabalhando sua mente enquanto escrevia aquelas linhas. Sentiu-se um homem horrível e bárbaro, um Gêngis Khan das emoções, um Átila Huno dos sentimentos dela, e o tinteiro com que escrevia era a arma impiedosa com que ia tomando, insaciável, mais e mais território do frágil coração de Laura.

Todavia, a imagem que rapidamente formara de si chegou a incomodá-lo e a assustá-lo demais. Para não chegar a maiores conflitos com sua própria pessoa, decidiu, como de costume, que outra vez estava sendo muito drástico e muito duro consigo mesmo.

Afinal, que culpa tinha ele se era um homem destinado a grandes feitos? E, francamente, o que teria sido a vida dos homens de grandes missões, se tivessem dado prioridade aos instintos e senso comum do bom marido e bom pai de família? O que seria de Jesus e da magnífica influência que exercera sobre seus discípulos, se entre eles estivesse a se interpor, a todo momento, uma esposa geniosa ou ciumenta? Correria o Filho do Homem todos os riscos que correu, desafiando as autoridades e as instituições, se também tivesse filhos seus, cuja vida, segurança e bem-estar dependeria, justamente, de que *não fossem desafiadas as autoridades e as instituições?*

E o que dizer, então, de Buda? Que dizer do homem, filho de rei, poderoso e riquíssimo, que um belo dia, já com quase trinta anos nas costas, abandona esposa e filho recém-nascido — pelos quais sente, todavia, extremado amor — e sai, descalço e seminu, pelo mundo afora, caminhando, mendigando e pregando os fundamentos daquilo que viria a se tornar uma das grandes religiões da Humanidade?

Sim, realmente Carlos fora muito duro consigo mesmo. Não havia por que ser tão radical, por que chegar a ponto de sentir-se culpado. Afinal, ele não abandonava Laura. Simplesmente adiava por algum tempo seus planos em comum, apenas para poder realizar outros planos, mais grandiosos e altruístas.

De maneira alguma o compromisso entre eles dois estava rompido. Sucedia, porém, que agora, mais que nunca, Carlos tinha a imperativa certeza de um compromisso com a Humanidade. Laura certamente compreenderia essa circunstância. Teria de compreender.

Ele dobrou caprichosamente a carta e colocou-a dentro de um bonito envelope, sobre o qual havia previamente evaporado algumas gotas de água de lavanda. Sorriu novamente, enquanto selava o envelope.

Mandou a carta naquela mesma tarde.

◇◇◇◇◇◇◇◇◇◇◇◇◇◇◇◇◇◇◇◇◇◇◇◇◇◇◇◇◇◇◇◇◇◇

Para Carlos, Laura se havia convertido em uma idéia. Não era nem mais uma pessoa, mas uma vaga idéia, que só existe se nos lembramos dela, imutável e congelada no tempo. Estaria sempre igual, sempre menina, e, sobretudo, para sempre esperando, resignada e paciente, o seu retorno.

Durante quase dez anos ela realmente manteve uma resignação paciente e tranqüila, de quem ainda guarda esperanças.

Então, subitamente, começaram a aparecer os sintomas de que psicologicamente Laura não estava bem.

A primeira notícia que Carlos teve a respeito das preocupantes alterações no comportamento de Laura chegou trazida por Lúcio, um amigo em comum.

Lúcio viera havia pouco de Porto Alegre, também decidido a lapidar sua formação em São Paulo, com a diferença de que ele não necessitara nenhum auxílio do imperador para fazer a mesma viagem que Carlos. Como João Luzardo, Lúcio era de uma riquíssima família do sul, os Castanhas de Oliveira, grandes proprietários de terras. Seu pai podia mandá-lo estudar onde quisesse, na Europa se fosse o caso, mas Lúcio, sabe-se lá por quê, preferiu São Paulo.

O pai de Lúcio, Olímpio Castanha de Oliveira, era também metido com política, e daí vinha uma amizade de anos com Góes Villaranda, pai de Laura. Villaranda era, inclusive, padrinho de batismo de Lúcio. Nas freqüentes visitas do Dr. Olímpio aos Villarandas, Lúcio, pouco mais novo que as gêmeas, sempre se dera muito bem com Laura e suas irmãs. Não era raro que, nessas visitas, Carlos também estivesse lá, e ele não topava muito *Lucinho*, como o chamava amorosamente Dona Placídia.

Na verdade, Carlos detestava-o naquela época, e fazia questão de deixar isso bem claro.

Mais tarde, no entanto, Carlos percebeu que a raiz de toda a antipatia eram os ciúmes que a proximidade de Lucinho com Laura lhe provocavam, o excesso de atenção e de zelo com que ela mimava aquele almofadinha, atenção que, na opinião de Carlos, ela não dava nem mesmo às próprias irmãzinhas.

Quando Carlos deixou Porto Alegre, no entanto, essas criancices já estavam havia muito tempo superadas, e ele e Lúcio eram então bons camaradas.

Justamente por conta desses laços de amizade que o uniam tanto a Carlos quanto a Laura, Lúcio, que era um rapaz de rígidos princípios, decidiu que uma das primeiras coisas a fazer após se instalar em São Paulo seria procurar Carlos em Campinas e informá-lo sobre o estado de saúde de Laura.

Certa manhã de sábado, bem cedo, Carlos acabara de despertar, ainda bastante atordoado pela noitada que se prolongara até altas horas na casa de um revisor da "Gazeta" que fazia aniversário. Tomava uma xícara de café com leite para retemperar o ânimo, quando alguém bateu à porta.

— Quem é? — perguntou Carlos, sem se levantar.

— É gente... — respondeu uma voz petulante porém familiar, seguida de uma risadinha fanhosa.

Não achando graça nenhuma, Carlos ergueu-se da cadeira pesadamente, com enfado, e foi ver o que poderia ser aquela amolação, assim tão cedo.

Para sua agradável surpresa, era Lúcio.

Abraçaram-se efusivamente. Carlos disse que Lúcio estava mais gordo, Lúcio achou Carlos magro. Carlos perguntou o que trouxera o amigo até Campinas, quando chegara, por que não avisou que vinha. Lúcio então falou de sua mudança para São Paulo. Carlos quis logo saber de seus planos: se já viera definitivamente, que faculdade pretendia cursar.

Porém, quando Carlos perguntou como estavam as coisas em

Porto Alegre, o semblante de Lúcio tornou-se repentinamente sombrio.

Chegara a hora de contar sobre Laura.

Sem saber muito bem como abordar o assunto, Lúcio perguntou de maneira quase brusca:

— Você não recebeu notícias de Laura nos últimos meses, suponho?

Carlos, um tanto alarmado, respondeu que não, que havia mais de seis meses que não lhe chegava carta de Porto Alegre.

— Pois era o que eu calculava — disse Lúcio, suspirando. — Laura está doente.

— Doente? — repetiu Carlos, perplexo.

— Infelizmente, meu amigo, infelizmente. Está tuberculosa. Fase inicial. Mas tuberculose, você sabe como é... — Apesar da expressão consternada de Carlos, Lúcio tomou coragem e continuou: — Também há outra coisa... Outra coisa que começou bem antes da tuberculose... Laura não está nada bem da cabeça.

Carlos recuou, incrédulo, alterado.

— Não, Lúcio, não é possível! Deve ser impressão sua. Laura pode estar tudo, menos louca. Ainda na última carta que recebi... Não é tão recente, mas algo já se perceberia. Não, não pode ser!

— Pois é, parece mentira. Justo ela, uma inteligência tão privilegiada, o bom senso em pessoa. Ainda pouco tempo atrás estava tranqüila, vivaz, sempre de bom humor, sempre rindo. Escrevia muita poesia. Havia emagrecido, é verdade, mas nada digno de alarme. No mais, parecia bem.

Lúcio passou então a contar a Carlos como tomara conhecimento da situação.

— Fiquei algum tempo sem visitar os Villarandas, pois estava muito atarefado, planejando minha viagem para São Paulo, fazendo preparatórios, correndo atrás de documentos. Até que um dia encontrei Dona Placídia e Heloísa na Confeitaria Central. Dona Placídia estava muito abatida, umas olheiras pisadíssimas, uma tristeza indisfarçável se estampava em seu rosto. Estava muito preocupada com Laura. Contou coisas estranhas, assustadoras. Implorou para que eu fosse lhes fazer uma visita, que poderia fazer bem a Laura. Mas avisou que eu fosse preparado, que a acharia muito mudada, quase irreconhecível, não só fisicamente, mas no comportamento também. Fiquei perplexo com o que ouvi na confeitaria. Era difícil acreditar piamente em tudo que Dona Placídia contara. Afinal, ela era mãe, era natural que houvesse em seu relato um excesso de zelo, uma preocupação algo desmedida. De qualquer modo, fui até lá no dia seguinte, conforme prometido. Assim que vi Laura, eu me reconfortei, pensando comigo mesmo que eu estivera certo em relação ao exagero de Dona Placídia. Laura, apesar de haver talvez emagrecido mais um pouco desde nosso último encontro, não parecia estar de forma alguma no estado tão crítico que sua mãe descrevera no dia anterior. Porém, logo que começamos a conversar, vi que a situação era pior do que aparentava. Laura estava em seu quarto e, pelo visto, não me reconheceu de imediato. Dona Placídia foi até a filha e disse, numa voz arquejante de amor e desespero:

— *Olhe, Laurinha, olhe quem está aqui. O Lucinho. Veio só para vê-la. Não vai cumprimentá-lo?*

— Após alguns instantes analisando fixamente meu rosto, Laura disse num modo muito artificial e estranhamente automático:

— *Boa tarde, Lúcio. Como vai? Você está bem? Eu estou muito bem. Obrigada pela visita.*

— Em seguida virou-se para Dona Placídia e pediu que nos deixasse a sós, pois tinha "um segredo" para me contar. Assim que Dona Placídia saiu, Laura sussurrou para mim:

— *Mamãe... Ermínia... Heloísa... Elas pensam que estou louca, Lúcio. Inventam histórias sobre mim... Ah, elas são tão criativas!*

— Depois, com um ar ainda mais secreto, revelou:

— *Sabe? Tomei hoje uma decisão definitiva. Não quero mais ver a luz do dia.*

— A princípio pensei que fosse apenas um modo de dizer, que ela simplesmente estivesse expressando o sentimento de extrema melancolia que a dominava. Mas logo começou a falar de uns planos que vinha tendo havia alguns dias, de cobrir todas as janelas e paredes de seu quarto com cortinas negras. E então, para meu total assombro, num impulso quase maníaco ela começou a puxar, rasgar e arrancar todas aquelas cortinas e rendas brancas e azuis que davam um ar de tão alegre tranqüilidade àquele aposento. Assustado, tentei fazer com que ela percebesse o absurdo da idéia, mas não houve jeito. Vencido por sua obstinação, acabei sugerindo:

— *Se você faz tanta questão... A idéia me parece abominável, mas, enfim, não há necessidade de destruir esses panos que já estão aí. Manda-se tingir; é muito mais fácil.*

— Laura olhou para mim como se eu tivesse acabado de lhe dirigir a maior das ofensas e bradou:

— *Não! Tingir não adianta!*

— Estava irritadíssima.

— *A cortina é de renda, é tecido fininho. A luz atravessa, vê?*

— Laura brandia nervosamente a barra da cortina diante do meu nariz.

— *Mesmo sendo preta, a luz vara. Eu quero um tecido encorpado, um veludo bem grosso, para que nunca possa saber se é dia ou noite.*

— Bastante abalado, murmurei timidamente:

— *Mas por que essa obsessão em ficar nas trevas?*

— Olhando para mim sempre espantadíssima, como se fosse eu o extravagante, ela exclamou, perplexa:

— Mas será que você não percebe? *Você não vê que eu* já vivo *nas trevas? Arraste-me para debaixo do sol mais radiante e estarei nas trevas mesmo assim. Para que, Lúcio,* para que *meus olhos deveriam ver a luz, se meu coração está na mais absoluta escuridão?*

— Vitimado pelo meu próprio espanto e pela total falta de argumentos diante de tamanha veemência, eu apenas escutava. Ela pareceu se acalmar e me disse com a voz mais triste do mundo:

— *Carlos é minha única luz, você não entende? Você, que também é poeta, não compreende isso? Enquanto eu não o tiver, não quero, não me conformo, com nenhuma outra luz, nem de sol, nem de luar, nem de uma estrelinha sequer. Minha única concessão serão as velas. As velas para que eu possa escrever a ele minhas cartas e poemas, e só.*

— Ainda conversamos um pouco, mas saí de lá muito impressionado, muito deprimido. Nunca esperei ver Laura naquele estado.

— A visita seguinte, porém, cerca de um mês depois, foi ainda pior. Já estavam instaladas em seu quarto as tétricas cortinas negras. Depois, Heloísa me contou que após uma resistência inicial por parte de Dona Placídia, que achou a idéia da filha de um terrível mau gosto e pensou que as cortinas negras poderiam inclusive agravar o estado melancólico de Laura, esta fincou pé em sua decisão e finalmente a idéia esdrúxula prevaleceu. Arranjou-se o tecido, que na verdade não era negro, mas um verde muito escuro, que acabava passando por negro, e o quarto de Laura tornou-se, conforme sua vontade, um aposento lúgubre, pavoroso, impermeável a qualquer fonte de luz externa.

— Laura concordou em me receber. Por essa época, ela já não permitia a entrada de ninguém em seu quarto além da mãe e das irmãs, mas eu, como melhor amigo, acabei sendo brindado com esse privilégio. Laura até acendeu uma vela em minha consideração, iluminando levemente seu mundo de trevas para nosso encontro.

— A chama da vela iluminava de modo muito tênue o quarto, e por isso meus olhos levaram certo tempo para se acostumarem à penumbra, pois eu acabava de vir da rua e lá fora fazia um sol radiante. Apenas comecei a discernir os contornos, fiquei chocado com o que vi...

— Laura estava vestida de noiva! No entanto, e apesar da pouca luz, era possível perceber que o vestido estava muito amarrotado, chegando a estar esgarçado nas mangas, dando a impressão de que ela não o trocara havia vários dias, mais de uma semana talvez. Depois eu soube, por Dona Placídia, que o vestido fora outra excêntrica e furiosa exigência de Laura, apenas alguns dias após a instalação das cortinas escuras.

— Estava muito, muito magra. E, de tão pálida, não se distinguia a cor de sua pele da cor do vestido. Havia um brilho mortiço de cera em seu rosto. Os olhos pareciam enormes, arregalados e estranhamente parados, como os de um peixe. Brilhavam muito, também. Talvez fosse o efeito da chama da vela, talvez eu estivesse perturbado e levemente delirante diante da cena espantosa que via, mas o fato é que, para mim, *toda ela parecia brilhar.* Não pense que também estou louco. Eu chegava a *sentir* um brilho sobrenatural emanando de Laura. *Uma santa!* Parecia uma santa, Carlos! Apesar daquela magreza extrema, das vestes enxovalhadas, das olheiras profundas, do olhar da tuberculose e da loucura, aquele olhar parado e ainda assim cheio de expressão, o olhar de *quem sabe que vai morrer...* Apesar de tudo isso, ou talvez até *por causa* disso... *Deus!* Laura estava linda. Linda como nunca! Abatida, esquelética, louca... E, mesmo assim, inexplicavelmente linda! Perdoe-me se estou me excedendo, mas estou contando exatamente o que senti naquele quarto.

— Ela estava sentada junto à escrivaninha e por alguns momentos permaneceu imóvel, rígida como uma estátua, inescrutável como uma esfinge. Finalmente indicou, num gesto estranhamente lento, letárgico, que eu me sentasse no sofá. Entre nós dois havia uma mesinha baixa de centro, onde bruxuleava a chama da vela, ora iluminando mais para o lado dela, ora para o meu. Mesmo assim, a escuridão dominava a maior parte daquele cômodo. Com certa dificuldade consegui distinguir, ao seu lado, uma grande pilha de papéis escritos. Ela notou minha curiosidade, pois com uma voz muito rouca disse logo em seguida:

— Ah, isso... *Isso são cartas para o Carlos. Eu poderia até aproveitar sua viagem a São Paulo para que você lhe entregasse pessoalmente, caso estivesse disposto a fazer a gentileza de ir até Campinas, que fica perto. Mas ainda não estão prontas. A maioria são cartas. Há também alguns poemas. Eu escrevo dias inteiros, mas ainda não tenho nada pronto.*

— Depois ela perguntou se eu estava bem, como estavam meus pais, minhas irmãs, quis saber se lá fora fazia sol. Por alguns minutos seguimos assim, em tom quase casual, trocando amenidades. Mas a fachada de normalidade da conversa durou pouco, pois ao cabo de meia hora ela já não era capaz de completar uma única frase inteiramente coerente. De repente, levou a mão direita à boca e começou a tossir, em acessos horríveis de se ver. *Hor-*

ríveis! Todo o seu corpo se convulsionava em espasmos. Pensei que ela estivesse prestes a morrer. Eu ia sair correndo para chamar alguém da casa, mas, no momento em que me aproximava da porta, o acesso parou, tão subitamente como havia começado. Laura estendeu a mão com que tapara a boca e ficou olhando para sua palma. Ali havia uma mancha grande de sangue, de um vermelho muito vivo, que ela aproximou da luz da vela para poder ver melhor. A partir desse momento, não percebeu mais minha presença. Observava fixamente aquela mancha de sangue na mão, completamente absorta, numa atitude que me pareceu uma combinação de serena resignação e curiosidade infantil.

— Ainda tentei falar-lhe várias vezes, mas ela não tomava o menor conhecimento, era como falar com uma parede. Pouco depois entrou no quarto Dona Placídia, para lhe dar um xarope. Trazia-me também uma xícara de café. Ao perceber meus esforços de restabelecer algum contato com Laura, a pobre mãe disse que era inútil, que quando ela caía nesse transe ficava assim por horas e às vezes até dias, alheia a tudo, não havendo o que a tirasse desse torpor. Dona Placídia abriu delicadamente a boca da filha, inclinou um pouco sua cabeça para trás e entornou uma colher cheia de xarope. Laura permaneceu com a boca entreaberta, até sua mãe fechá-la novamente. Sem impor resistência, engoliu o líquido, provavelmente numa ação reflexa e inconsciente, pois não deu a menor mostra de reconhecer a mãe, nem ao menos perceber que ela estava ali.

— Sendo inútil permanecer, saí do quarto com Dona Placídia. Sentamo-nos na varanda. Permaneci mudo, perplexo. Dona Placídia também ficou silenciosa por algum tempo, pensativa, e depois disse, em voz baixa, que sempre tivera muito medo de que algo assim acontecesse a uma de suas filhas e que vivera atormentada por esse sinistro presságio que agora se confirmava. Revelou que já houvera casos de distúrbios mentais na família. Contou-me então sobre uma irmã mais velha, que falecera havia muitos anos, ainda moça. Dona Placídia era uma menina na época. Essa irmã, que sempre parecera absolutamente normal, um dia encheu uma panela com leite e tomou tudo de uma só vez. A partir de então, tomava diariamente vários litros de leite, e de panelas passou a baldes. Sua motivação era a seguinte: achava que estava envelhecendo, e, de acordo com sua lógica, todos os animais, na fase inicial de suas vidas, inclusive o homem, tomavam leite em abundância. Era só quando paravam de tomar o precioso líquido, segundo ela, que começava — devagar no início, rapidamente depois — o processo de envelhecimento. A obcecada jovem começou inclusive a tentar doutrinar a irmã caçula em suas teorias. Chamava-a em seu quarto e dizia:

— *Olhe no espelho, Placidinha. Veja sua pele. Veja como, com apenas doze anos, você já não tem a pele de um bebê. Sabe por quê? Porque há anos você deixou de mamar, há anos já não se alimenta exclusivamente de leite.*

— A menina olhava para o espelho e não conseguia ver o que poderia haver de errado com sua pele. A irmã, no entanto, continuava:

— *É o leite, Placidinha! A chave da eterna juventude é o leite! Como algo pode ser tão óbvio e ao mesmo tempo tão ignorado por todos?*

— Obstinada e irredutível em suas convicções, foi tomando mais e mais leite. Se não ingerisse ao menos dez litros diários, ficava transtornada, e chegou ao ponto de consumir vinte e cinco litros em um único dia. Ficou obesa, monstruosamente disforme. Os médicos eram bem claros ao avisar que ela morreria se continuasse assim, mas ai de quem quisesse dissuadi-la! Virava uma fera, ficava possessa, incontrolável. Ela sabia tudo, *entendera tudo, descobrira a fonte da imortalidade,* os médicos não sabiam nada. Então começou a ter problemas de fígado, depois sofreu complicações renais e finalmente o coração não agüentou. Morreu com apenas vinte e seis anos, pesando mais de cento e sessenta quilos. Era o primeiro caso que se ouvia de alguém morrer de tanto beber *leite,* e entrou como raridade para os registros da medicina da época. Saiu até em jornais, sem nenhum consentimento, o que causou ainda mais desgosto e embaraço à família.

— Após esse pavoroso relato, Dona Placídia me confidenciou:

— *Às vezes olho para Laura e parece que estou vendo minha*

irmã. Uma tão gorda, outra tão magra... mas o olhar!... *O olhar é exatamente o mesmo. Idêntico. É assustadora a semelhança!*

— Eu ainda estava extremamente transtornado devido ao encontro com Laura, e essa história triste e grotesca não melhorou em nada meu estado. Dona Placídia percebeu minha aflição, tomou minha mão e, num olhar que combinava amor de mãe, sofrimento, sabedoria e resignação, agradeceu minha visita e afirmou comovida:

— *Deus sabe o que faz, Lucinho, e faz tudo para o melhor.*

— Eu disse adeus e saí praticamente correndo, para que aquela senhora tão forte e digna não me visse chorar. Além disso, diante da frase de Dona Placídia eu não conseguia dizer nada, pois pensava com revolta:

"*Se Deus sabe o que faz, então* por que continua fazendo? *Por que consentiu que uma mulher jovem e saudável, como a falecida irmã de Dona Placídia, passasse a tomar leite até praticamente estourar? Por que não poupava uma alma pura e cheia de bondade, como a de Laura, de tanto sofrimento e tanta degradação? Por que transformava uma moça radiante de alegria e inteligência em um triste farrapo humano, tossindo sangue em um quarto escuro, sem reconhecer nem mesmo a própria mãe?*"

— Só muito mais tarde, já em casa, é que consegui me acalmar e ver a situação de maneira menos injusta e despropositada. Mesmo assim, não consegui comer nada naquela noite, tamanho o nó que sentia na garganta. Minha mãe e minhas irmãs, preocupadíssimas, vieram várias vezes bater à minha porta trancada.

— No entanto, Dona Placídia, em sua profunda sabedoria de mãe, está certa: Deus *sabe* o que faz. Quem sou eu, *o que sou eu*, para concluir que o que acontece com Laura é um sofrimento sem sentido nem propósito? É que eu sou um exagerado, um emotivo de folhetim. E a verdade é que a cena me impressionou muito; nunca esperei ver Laura assim, balbuciando coisas desconexas, e depois aquela tosse horrível, e o sangue... Perdoe-me por parecer tão tétrico, perdoe-me mesmo. Eu fiquei muito abalado! Mudemos de assunto... No jornal, como vão as coisas? E João Luzardo, não deu mais notícias?

Passaram ainda um bom tempo conversando sobre o sumiço

de Luzardo, a desgraça de Castro Alves. Relembraram, com muito pesar, a inesperada morte do Dr. Góes Villaranda, ao cair do cavalo e bater a cabeça numa pedra do calçamento, havia cerca de três anos.

Lúcio suspeitava de que a perda do querido pai, sempre tão protetor, também tivera sua parte no desencadear da enfermidade de Laura.

Mas, enfim, quem poderia saber ao certo, se nem os médicos se atreviam a apontar causas?

Embora falando muito, de maneira automática, Carlos sentia como se em essência não estivesse ali, como se houvesse sido transportado para aquele quarto sinistro em Porto Alegre. Apesar de ter Lúcio diante de si, mal conseguia vê-lo. Um véu espesso parecia toldar sua visão. Um véu que era, de início, claro e brilhante como a palidez de Laura, depois ficava escuro como as cortinas que a isolavam da luz do mundo, e finalmente vermelho, como o sangue que ela expectorava em sua agonia.

9

CARTAS DE DOR

Pouco tempo após aquela visita de Lúcio, Carlos começou a ter notícias de Laura provenientes de outra fonte.

No início de setembro de 1878, recebeu uma carta de Heloísa, irmã de Laura.

Precisou tomar muita coragem até se decidir a abrir o envelope.

Com as mãos trêmulas e o coração aos pulos, iniciou a leitura...

Porto Alegre, 25 de agosto de 1878

Prezado Carlos,

Espero que esta carta o encontre bem de saúde e de espírito, ou ao menos melhor do que nós, pois aqui em casa as coisas estão cada vez mais tristes.

Laura está mal, muito mal.

Talvez o amigo Lúcio tenha lhe dito algo sobre o estado dela — ele esteve aqui nos visitando há cerca de um mês, mas desde então Laura piorou bastante.

Está tuberculosa. O Dr. Lopez Fabra constatou a doença já faz algum tempo, mas não pôde prever qual-

quer evolução; tudo depende de numerosas variáveis. Se ao menos ela se ajudasse um pouco... Mas perdeu toda a vontade de se cuidar e a morte não lhe parece inspirar medo algum. Está completamente indiferente à própria saúde.

Mamãe não sabe mais o que fazer. Envelheceu uns dez anos por conta da doença de Laura e às vezes parece estar a ponto de morrer de desgosto. Sorte de nosso pai, que se foi antes de ter que ver a filha nesse estado.

Na verdade, essa moça doente que temos aqui em casa não é mais a nossa Laura.

Está a cada dia mais alienada, mais estranha, mais longe de nós.

Às vezes age com certa naturalidade, parece normal e tranqüila, mas de repente o olhar se extravia, se torna distante, a expressão fica sinistra. Em certos momentos fala sozinha, em outros não responde quando lhe falam, como se perdida em um mundo só dela, inacessível às demais pessoas.

Chega a passar dias e dias sem comer, a ponto de sermos obrigadas a forçá-la, pedindo inclusive ajuda a amigos e vizinhos, pois, apesar de haver emagrecido muito e estar aparentemente muito frágil, quando se nega a aceitar alimento adquire forças sobre-humanas, que tira não se sabe de onde, pois quem quer que a veja dirá que tem esgotadas todas as suas reservas de energia. Provavelmente não estará pesando mais que quarenta quilos; no entanto, três homens fortes às vezes não são suficientes para contê-la, enquanto Ermínia e eu pelejamos para fazê-la ingerir algo. Nesses momentos, mamãe — coitada! — fecha-se em seu quarto aos prantos; não tem mais forças para assistir a essas cenas.

O desequilíbrio de Laura também se reflete em seu sono. Fica várias noites em claro, sem pregar olho, às vezes em pé junto à janela, às vezes sentada na cama com o olhar perdido no vazio. Finalmente, esgotada, dorme por dois dias seguidos ou mais, sendo praticamente impossível despertá-la desse tão estranho e profundo adormecimento.

Também nos humores alterna extremos assustadores, pois, após esses dois ou três dias que dorme, passa ainda um ou dois em uma apatia indescritível, mas depois esse torpor vai embora e ela começa subitamente a se agitar. Entra então em uma hiperatividade frenética, escrevendo obsessivamente cartas que chegam a ter trinta ou quarenta páginas! Quando está nessa situação, ela acha que você irá chegar a qualquer momento e se desespera com a aparência, pois então tem a repentina consciência de que está com mau aspecto. Passa a escovar furiosamente os cabelos e, se não lhe escondemos a escova, chega a ferir a cabeça. Acha que está muito pálida e tenta de tudo para dar um pouco de cor às faces e disfarçar as olheiras, que mais parecem hematomas. Outro dia Ermínia a viu furando os dedos com uma agulha e esfregando as gotas de sangue pelo rosto. Diante da cena, Ermínia gritou, horrorizada, porém Laura não desviou os olhos do espelho e, com o rosto manchado de maneira grotesca, se limitou a perguntar se estava mais corada, como se fosse a coisa mais corriqueira passar sangue pelo rosto.

Após horas diante do espelho, sai para a varanda e passa muito tempo olhando para o horizonte à sua espera. Às vezes se impacienta e sai vagando pelos campos, e caminharia até sabe-se lá onde se não a trouxéssemos de volta. Nessas circunstâncias fica muito violenta, dá murros com força de homem e berra impropérios tão escandalosos que a maioria deles eu até mesmo desconheço. Por isso, se vemos que sua intenção não é ir muito longe e se a noite não está fria demais, deixamos que ela fique fora mesmo, à sua vontade, pois conduzi-la à força para dentro de casa, nessas ocasiões, chega a ser perigoso para todos nós, sobretudo para ela, pois volta se debatendo e esperneando, morde, arranha, esmurra, se bate contra os móveis, destrói objetos, de maneira que no outro dia estamos todas cobertas de hematomas e feridas no corpo, para não falar das feridas que essas cenas nos abrem na alma.

Quando faz frio, porém, não temos alternativa. Não

podemos arriscar a que ela saia no sereno, muitas vezes descalça e com roupas ligeiras, e é aí que temos de nos aproveitar de um cochilo seu e amarrá-la à cama. Às vezes fica uma onça, vociferando ofensas e ameaças. Outras vezes, simplesmente dorme.

Uma vez, no entanto, mesmo estando amarrada com corda grossa e nós duplos, conseguiu escapar, saiu de casa, e fomos encontrá-la de manhã, adormecida entre os salgueiros do terreno atrás de casa. Tinha as roupas e os cabelos úmidos e tremia muito. Estávamos no início de julho, à noite fez um frio terrível e geou de madrugada. Laura passou dias de cama, fraquíssima, ardendo em febre. Creio que foi então que a doença se instalou, pois nesses dias é que começou a tosse e logo em seguida vieram as hemoptises.

São vários os amigos e conhecidos — e até parentes! — que sugerem que a ingressemos em um hospício, que ali teriam condições de lidar melhor com ela.

Mamãe, obviamente, abomina essa idéia. Jamais teria o sangue-frio de despachar Laura a um lugar desses.

Está claro que em casa não podemos dar a ela o melhor tratamento do mundo, mas certamente em um hospício ela não passaria de dias.

Se sua vida se aproxima do fim, então que esse fim a encontre em casa, em família, e não em um lúgubre e gélido catre de hospício.

Agora é esperar, Carlos. Estamos fazendo tudo que está ao nosso alcance, mas parece que não é suficiente.

O doutor passa aqui quase que diariamente. Um anjo, como sempre, mas não se arrisca a fazer previsões; diz que essa doença "é manhosa e tem muitas caras".

É triste nossa situação. Desculpe se estou lhe arruinando o dia, ou talvez a semana, com detalhes de tal aspereza, mas penso que você deveria saber de tudo, tendo em vista a forte amizade que sempre o ligou à nossa pobre Laura.

Reze por ela, Carlos.

Prometo mantê-lo informado.
Um abraço saudoso de toda a família.

HELOÍSA G. VILLARANDA

Carlos estava aterrado.

Cada frase, cada *palavra* daquela carta feria seu coração como espinhos de uma planta infernal, como ferroadas de uns bichos peçonhentos, letais.

Havia doze anos ele partira de Porto Alegre. Em doze anos, jamais voltara a ver Laura, e a imagem que dela guardava era a da menina que deixara lá em 1866.

Agora, no entanto, essas palavras terríveis que ele acabara de ler, e ainda o relato de Lúcio — tudo isso produzia um choque tão violento entre as lembranças e a realidade.

Esses doze anos haviam passado tão rápido! Mais pareciam doze dias. Lembrava-se como se fosse ontem do triste almoço de despedida na casa de Laura, da viagem de navio até o Rio e dos enjôos que sentira, das embaraçosas visitas ao imperador. Depois São Paulo, a faculdade, os amigos, Castrinho, Luzardo...

Doze anos! Como puderam se escoar assim, com tal velocidade, num piscar de olhos? Pela primeira vez Carlos experimentava a verdade brutal contida nesta expressão tão corriqueira — "num piscar de olhos" —, pois efetivamente era como se ele houvesse cerrado as pálpebras por uma fração de segundo e, ao voltar a abri-las, *zás!* — doze anos se haviam passado como uma rajada de vento.

Contudo, bem em seu íntimo, Carlos sabia que, para Laura, havia acontecido exatamente o inverso. Agora, sob o impacto das deprimentes notícias que tivera, ele podia adivinhar que, para ela, cada hora desses doze anos havia se arrastado com uma torturante e enlouquecedora lentidão.

E por culpa dele!

Claro que não se podia determinar com certeza a causa da loucura de Laura e de seu conseqüente esgotamento físico, resultando provavelmente na tuberculose. Mas tudo apontava para ele. Lúcio mencionara as longas cartas e poemas que ela lhe escrevia, e Heloísa contara que, em meio a seus desvarios, Laura ainda esperava, com ansiedade maníaca, pelo seu retorno!

Carlos sentia-se miserável, sentia uma culpa gigantesca a lhe esmagar a consciência, e, no entanto, que outro caminho poderia ele ter tomado? Como poderia ter resistido ao imperioso chamado que o arrebatava, que o conduzia à luta por uma nação melhor e mais justa?

A missão! Sempre a missão!

Teria sido impossível travar essa batalha em Porto Alegre. Não era lá que as coisas ferviam.

Tampouco poderia ter trazido Laura para São Paulo e depois Campinas. Se ele mal ganhava para sustentar a si próprio! E, depois, que tempo teria ele para dedicar a uma esposa, se tão freqüentemente varava noites na redação, pouco se importando se era sábado, domingo ou dia santo? E, quando não estava no jornal, estava em reunião com outros republicanos, divisando metas, bolando estratégias, às vezes até cogitando golpes e revoltas!

Não podia ainda, de maneira nenhuma, dar-se o cômodo luxo burguês de ser um homem casado. Era um risco para seu fervor revolucionário, era um risco para a missão, e era um risco para Laura.

E assim seguiram para Carlos dias tormentosos, nos quais ele vivia a se debater entre a culpa que o oprimia e as racionalizações que o justificavam.

Certa tarde, ele chegou em casa e encontrou duas cartas de Porto Alegre.

Embora tivessem sido expedidas com cerca de uma semana de diferença, haviam chegado no mesmo dia. Uma era de Heloísa. A outra, de Lúcio.

Carlos teve medo. Os mais sombrios pensamentos dominaram sua mente.

Aquelas duas cartas o apavoravam mais que bombas prestes a explodir. Houve um momento de puro desespero, em que ele pensou em ignorar as cartas, em jogá-las fora, ou, melhor ainda, queimá-las, e jamais ficar sabendo de seu conteúdo.

Mas logo caiu em si. Era impossível fugir à realidade. Não podia destruir os fatos simplesmente destruindo as cartas.

No entanto, não dispunha de coragem para abri-las.

Deu voltas pela casa, caminhando incessantemente de um lado para o outro. Repetia a si mesmo que não podia fugir à realidade, e ao mesmo tempo tinha vontade de correr para a cama, meter-se debaixo das cobertas e dormir por anos a fio, só despertando quando aquelas cartas estivessem velhas e amareladas, e então o impacto que aquelas palavras pudessem conter teriam perdido, talvez, parte de sua força, de sua carga emocional, e teriam sobre ele um efeito menos dramático.

Mas, desgraçadamente, dormir durante anos tampouco era uma possibilidade.

Finalmente, para se livrar daquela tensão insuportável, agarrou as cartas, enquanto um suor gelado porejava por sua fronte.

Verificou que a de Heloísa fora mandada antes. Começaria, portanto, por ela.

Perturbadíssimo, rasgou o envelope com dedos incertos e trêmulos. Abriu a carta. Começou a ler.

Porto Alegre, 18 de setembro de 1878

Carlos,

Neste momento em que lhe escrevo, Laura se encontra em estado muito grave. O Dr. Lopez Fabra esteve aqui anteontem e nos deu pouquíssimas esperanças. Ou, antes, não nos deu nenhuma, a não ser esperar por um milagre.

Laura passa agora a maior parte do tempo imersa em um sono profundo e, paradoxalmente, agitado. Não acorda nem quando temos que lavá-la ou trocar-lhe as roupas e os lençóis. Despertá-la para ministrar algum remédio ou para fazê-la tomar algo é um custo. No entanto, fala muito durante o sono. Não sabemos se sonha ou se delira. Nesses momentos, repete muito seu nome.

Nas raras ocasiões em que está desperta, não reconhece nenhum de nós, nem mesmo nossa pobre mãe, que se está consumindo num tal desespero que tememos que não sobreviva a Laura ou, até mesmo, que se vá antes dela. Como naquele ditado: "Quem cuida se vai, e o doente fica".

Laura já está assim, sem reconhecer as pessoas, há

cerca de cinco dias. Há uma semana tive com ela nossa última conversa, e essa foi, realmente, a principal razão por estar lhe escrevendo esta carta.

Laura me chamou junto ao seu leito e afirmou que sabia que ia morrer. Tentei convencê-la do contrário, mas ela contou que sonhara com um anjo enorme, todo branco e dourado, que a levava para o Além, e garantiu que seus sonhos jamais a enganavam.

Então ela apertou bem forte minha mão, apoiou-se sobre o cotovelo e aproximou, o máximo que pôde, sua boca do meu ouvido. Começou a sussurrar, como se fosse me revelar um segredo: "Quando eu morrer, faça com que o Carlos saiba que..." Ela fez uma pausa muito compenetrada, como se estivesse aquilatando o peso de cada palavra. Como a pausa se prolongasse tanto, perguntei: "Saiba o quê, Laura?" Ela então me lançou um olhar de profunda dor, de uma tristeza imensa, deixou a cabeça cair pesadamente sobre o travesseiro e, fechando os olhos, murmurou: "Nada. Nada, Heloísa". Achei melhor deixá-la descansar. Quando eu já estava saindo do quarto, ela disse num impulso: "Diga simplesmente que o perdôo". Pouco mais tarde, eu trouxe a ela uma xícara de chá. Laura continuava com os olhos cerrados, mas pude ver que ela havia chorado.

Como ela o amou, Carlos! Quanto sofreu por isso!

Sei que seria absurdo pedir que você viesse vê-la uma última vez, como uma espécie de último desejo.

Campinas está muito longe de Porto Alegre, e você agora tem seus afazeres importantíssimos. Você tem agora, enfim, a sua vida, a vida que procurou e que tanto divergiu daquela que você sonhou um dia viver com Laura. (Baseio-me no que ela me contava).

De qualquer modo, seria tarde demais.

Ainda que você resolvesse, no exato momento em que lesse esta carta, vir a Porto Alegre, poucas chances teria de encontrar Laura ainda com vida (isso não o digo eu, mas o médico).

Mas mesmo que, por um capricho do destino, você viesse até nossa casa, e que Laura ainda estivesse viva...

Mesmo assim, Carlos, seria tarde demais.

Poupe-se o trabalho e as preocupações de tão longa, triste e cansativa viagem. E, no mais, seja feliz. Durma sempre tranqüilo e de consciência leve. Não acredito que isso lhe vá ser difícil.

Afinal, Laura o perdoa, de todas as suas possíveis culpas, estejam elas em atos ou em omissões.

É isso — creio eu — que ela desejou que eu lhe transmitisse, nos últimos instantes de lucidez que teve comigo.

Atenciosamente,

HELOÍSA G. VILLARANDA

Nauseado de culpa e desgosto, aniquilado pela dureza do que acabara de ler, Carlos fez um esforço sobre-humano, tomou fôlego e passou à carta seguinte, a de Lúcio.

Leu:

Porto Alegre, 26 de setembro de 1878

Prezado Carlos!

Meu ilustre amigo e conselheiro!

Com que grande pesar escrevo-lhe estas sentidas linhas!

De quantas outras dolorosas missões preferiria eu ser incumbido, antes de ter de comunicar-lhe o triste passamento da nossa cara e inolvidável amiga Laura Villaranda.

Sim, meu bom amigo, é terrível, mas é a verdade: Laura morreu anteontem, mal tendo completado os trinta anos, sucumbindo ao flagelo branco da tuberculose, que parece ter uma perversa predileção pelos poetas e pelos amorosos; e a pobre Laura, como você bem sabe, pertencia a ambas as categorias.

Privilegiada alma que Deus chamou para junto de si... e para longe de nós!

Como sabe, já estou radicado em São Paulo, a estudos. Vim, porém, passar uma semana em Porto Alegre, pois era casamento de minha irmã Luciana. E justamente nesta ocasião, que deveria ser de festa e alegria, ocorreu o triste desenlace.

Ontem à tarde acompanhei o seu enterro. Quis escrever-lhe logo em seguida, porém faltaram-me as forças.

Laura, linda, repousava serenissima em seu caixão. Estava vestida de noiva (um novo vestido, comprado na véspera), com um finíssimo, diáfano véu cobrindo-lhe o rosto. Uma grinalda de flores de laranjeira emoldurava aquele semblante tranqüilo. Sob as delicadas mãos havia um pequeno buquê de rosas, brancas como tudo o mais que havia ali de vestimenta e adornos. Seria até belo, se não fosse tão triste, se apenas ela estivesse adormecida!

Pouco antes que a família, inconsolável, desse ordem de baixar o ataúde, recitei em memória dela aquele poema que você bem conhece e que termina por esta estrofe:

> *"Se por ti perguntarem-me algum dia,*
> *Responderei, chorando de saudade:*
> *Deixou na terra a flor — da poesia,*
> *Levou p'ra o céu a flor — da virgindade."*

Causou-me espanto a desolação no silencioso cemitério. Além da pequena família e mais meia dúzia de amigos da casa, estávamos lá apenas minhas irmãs e eu. Ninguém mais! Como foi duro ver a gélida mortalha do esquecimento estendida sobre uma das mais talentosas poetisas do Rio Grande do Sul!

Enfim, meu pobre Carlos, nossa Laura se foi para sempre.

Nós, porém, devemos continuar a árdua batalha neste vale de lágrimas! Não consinto, portanto, que você oculte em seu peito quaisquer sensações de culpas ou arrependimentos. Você fez da vida o que tinha de fazer. O destino amiúde nos deixa pouca opção. Sabe do que falo.

Esteja certo, porém, de que Laura morreu serena e que ao exalar seu último suspiro já havia feito as pazes com o próprio destino.

E termino por dizer-lhe, meu amigo, que a mim, a quem Laura sempre confiou os íntimos segredos de seu coração de noiva e de sua alma de poetisa, se me houvesse sido dada a honra de escrever um epitáfio para o túmulo dela, eu sem dúvida alguma escreveria aquilo que Ramalho Ortigão disse a respeito de Casimiro de Abreu: "Viveu sofrendo, amou esperando e morreu sorrindo".

Coragem, estimado irmão!

Receba um grande abraço de toda a alma do seu eterno amigo,

LÚCIO

Um recorte de jornal, dobrado duas vezes ao meio, acompanhava a carta.

Era de um diário de Porto Alegre e estava datado também de 26 de setembro. Era o necrológio de Laura, que Carlos começou a ler enquanto grossas lágrimas lhe escorriam pela face.

Baixou ontem ao túmulo Dona Laura de Góes Villaranda, a inspirada poetisa rio-grandense, que colaborou em quase todos os jornais e revistas desta capital.

Publicou em 1871 um belo livro de versos, recebido com aplausos pela imprensa de todo o Brasil.

Em muitos de seus lindos poemas, Laura Villaranda havia muito vinha salientando o pressentimento da morte prematura, o que mais uma vez nos convence de que os antigos tinham razão quando denominavam os poetas de vates, sinônimo de vaticinadores, aqueles que fazem vaticínios, que sabem ler no misterioso livro do futuro. Assim ela antevia, resignada e desiludida, seu fim próximo, o que mais lhe aumentava a tristeza d'alma e os padecimentos físicos.

Sofreu muito a desditosa moça!

Ultimamente, no mais profundo isolamento, como quem procurava ir aos poucos se afastando do mundo, onde percebeu que não podia demorar, suspirava, talvez, pela aproximação do outro, em esfera mais dilatada, onde pudesse encontrar compensação às mágoas que lhe enlutavam o coração, arrancando-lhe da lira harmoniosa os mais pungentes soluços.

Paz à sua alma de mártir, para quem a sorte foi tão desapiedada.

Assim que leu as últimas linhas, Carlos atirou para longe as cartas, levando as mãos à cabeça e explodindo em um pranto convulsivo, incontrolável, que mal lhe permitia respirar.

Não sabia se aquele peso que lhe oprimia o peito era o pesar ou a culpa.

Correu para o quarto, atirou-se à cama e ali continuou chorando durante horas, enquanto visões de Laura bailavam diante de seus olhos, ora a Laura menina e saudável de quem ele ficara noivo, ora a Laura abatida e consumida pela doença e pelo sofrimento, magoada com seu descaso, com sua ausência de anos, com sua vergonhosa quebra de compromisso. Algumas imagens eram nítidas, outras eram borrões fantasmagóricos.

Por fim, exausto de tanto chorar, Carlos adormeceu.

Laura o acompanhou, adentrando com ele o mundo dos sonhos.

Na manhã seguinte, ele tomou uma drástica decisão.

Daquele momento em diante, ele viveria apenas para sua missão e para a memória de Laura. Nada mais ocuparia espaço em sua mente ou em seu coração. Jamais se casaria. Jamais teria filhos. Jamais teria amantes ou amigas.

Pensou na possibilidade de se recolher a um mosteiro, em ser monge ou padre, mas isso dificultaria muito sua missão social. Ademais, em um mosteiro se está apartado do mundo, quase não se convive com a tentação, há menos mérito na castidade. Era *no mundo*, era na vida vibrante das cidades prósperas que ele provaria sua lealdade a Laura.

◇◇◇◇◇◇◇◇◇◇◇◇◇◇◇◇◇◇◇◇◇◇◇◇◇◇◇◇◇◇◇◇◇

Por quatro longos anos, a vida de Carlos realmente transcorreu em um ascetismo monástico.

Vivia só para duas coisas: a campanha republicano-abolicionista e a idolatria à memória de Laura.

E o altar onde idolatrava Laura eram seus sonhos.

Durante o dia, e às vezes também varando noites, trabalhava como um possesso em prol de suas causas, sem se preocupar se ganhava dinheiro ou se escrevia de graça, por puro idealismo, sem se importar se arruinava sua saúde em noites em claro, em refeições desregradas, feitas apressadamente, ali mesmo na redação. O que importava era a abolição, era a República, e, se ele tivesse que consumir todas as suas energias vitais nessa batalha, que assim fosse.

Quando adormecia, porém, o mundo de seus sonhos era todo dedicado a Laura, e, ao despertar, ainda tinha por alguns instantes dificuldades em identificar qual o mundo "real", se o do audaz jornalista que lutava fervorosamente para melhorar a sociedade em que vivia ou o do incurável e devoto apaixonado que adorava sua amada como a uma santa e não tinha olhos nem pensamentos para nenhuma outra.

Foi num desses momentos nebulosos, nessa zona cinzenta que não é nem sono nem vigília, que Laura apareceu a ele de maneira muito diferente.

Ao contrário da docilidade serena com que vinha lhe visitando ultimamente, agora ela era a própria imagem da revolta. Agressiva, brusca... Não dizia nada, nem precisava. Apenas o encarava, furiosa. Aquele olhar febril, flamejante, de um rancor quase homicida, falava mais que mil palavras, e exigia respostas, ou melhor, exigia *a resposta*. Por que ele nunca voltara? Por que esquecera sua promessa, seu compromisso, sua responsabilidade em relação a ela?

Carlos, acuado, ameaçado por aquela Laura transtornada que pela primeira vez lhe aparecia assim tão cheia de ódio, tentava se justificar:

— Você sabe: eu tenho a minha missão. Fui chamado para grandes coisas, coisas importantíssimas às quais não posso virar as costas. Não posso me comprometer com ninguém em particular, porque já estou comprometido com o Mundo, com a Humanidade! Eu me sacrifiquei, sacrifiquei nosso amor, minha felicidade, minha própria vida... Teria sido irresponsável se não houvesse agido assim. Tenho tantas vidas para levar ao caminho da Luz, Laura, tantas vidas para salvar!

Toda a fúria desapareceu de repente do olhar de Laura, substituída por pura tristeza. Grossas lágrimas começaram a escorrer por seu rosto. Ela finalmente indagou, num doloroso lamento:

— Vidas para salvar? *Vidas para salvar!* E a minha? Por que você não quis salvar *a minha vida?* Teria sido tão fácil...

Carlos pensou em explicar, mas foi impossível. Não havia explicação, não havia justificativa. Assim que ele abriu a boca na tentativa de balbuciar qualquer resposta, Laura desapareceu diante de seus olhos, como por mágica.

Ele não sabia se estava acordado ou se sonhava.

De qualquer modo, a visão abalou-o demais. Lembrava-se constantemente de Laura interrogando-o:

— *E minha vida? Por que você não quis salvar minha vida?*

No entanto, conforme os sonhos e visões subseqüentes foram se sobrepondo à memória daquele, e novamente Laura aparecia tranqüila, serena, feliz, Carlos foi aos poucos acalmando sua consciência.

E assim ele chegou a alcançar certa paz de espírito, dedicando seus momentos de vigília à missão, ao amor altruísta à causa, à sociedade, à Humanidade, e seus momentos de sonho a Laura, seu amor eterno, absoluto, insubstituível.

Acostumou-se a essa vida, amoldou-se com perfeição a essa rotina.

Acomodou-se.

Até que conheceu Joaquina.

10

JOAQUINA

Havia em Campinas uma senhora da alta sociedade, Dona Prisciliana Santos, muito famosa principalmente por dois motivos: sua grande fortuna em dinheiro e terras, e os soberbos saraus literários e musicais que promovia.

De idéias avançadas, apaixonada pelas grandes viagens à Europa, Dona Prisciliana parecia ser muito a favor da causa republicana, apesar de, paradoxalmente, utilizar mão-de-obra escrava aos montes em suas fazendas.

Enfim, quando Carlos foi convidado a um dos saraus de Dona Prisciliana, não poderia perder a oportunidade de arrebanhar para a causa uma aliada tão influente e endinheirada.

O sarau era no palacete em estilo neoclássico da deslumbrante Fazenda Aroeiras, de propriedade de Dona Prisciliana e seu irmão, também ele dono de muita terra e poderoso político da região, capitão Juca Bento.

Carlos ficou assombrado com a opulência do local.

O salão de Dona Prisciliana continha, indubitavelmente, uma fortuna incalculável.

Telas e esculturas dos maiores nomes da arte, num exuberante ecletismo em que o antigo se misturava com o moderno, o ocidental com o oriental, o sóbrio com o extravagante, fazendo daquele ambiente uma estonteante democracia de gostos e estilos.

Dona Prisciliana, toda sorrisos, resplandecia cravejada de brilhantes, e as pérolas escorriam-lhe pelo pescoço e colo como uma inverossímil cascata. Os dedos, pequeninos, quase sumiam sob o brilho das safiras, dos diamantes, das esmeraldas. Era o mostruário vivo de uma grande joalheria.

Também os convidados causaram em Carlos grande impressão.

Ali havia muita gente importante: ricos fazendeiros, políticos poderosos, grandes nomes do clero, figuras influentes e proeminentes da sociedade, medalhões, enfim, das mais diversas áreas e atividades.

Indiferente ao que esses típicos representantes da elite conservadora pudessem pensar, Dona Prisciliana logo fez questão de deixar clara sua postura progressista a Carlos, e já no início do sarau, antes de começarem a ser declamados poemas, a senhora se acercou ao combativo jornalista, ignorando completamente certos olhares cheios de rancor que a ele dirigiam alguns monarquistas.

— Que honra tê-lo em minha casa, Sr. Carlos Ferreira! — exclamou ela com calorosa sinceridade.

Carlos começava a retrucar, muito circunspecto:

— A honra é toda minha, cara senhora, por estar...

Entretanto, Dona Prisciliana interrompeu-o:

— Não, não... O senhor me desculpe, mas é *minha* a honra de receber aqui um dos mais brilhantes jornalistas do nosso país.

— Exagero seu, minha senhora — respondeu ele, ruborizado.

Ela continuava:

— Saiba que não deixo de ler um único artigo seu, ouviu? Separo todos eles e os guardo em meu álbum de recortes! — Depois, aproximando-se ainda mais de Carlos: — Isso de escravidão realmente deve terminar. É algo medieval, é de um atraso inaceitável! Imagine o senhor: estamos prestes a adentrar o século 20, e somos obrigados a conviver com essas nódoas de Antigüidade! Meu irmão, o capitão, detesta que eu mencione esse assunto durante nossos saraus, mas onde mais posso expor minhas idéias? Pelas ruas da cidade? Na igreja, na missa de domingo? Era até capaz que eu fosse excomungada! Aquele ali, por exemplo... — discretamente ela indicou a Carlos um homem de sotainas negras, de idade indefinida, seco como um graveto. — Aquele é o padre Alonso. É daqui da paróquia. Não há um domingo em que este homem perca a oportunidade de dizer que a escravidão está na Bíblia, que é apoiada pela palavra de Deus, que é a Sua Vontade. Naturalmente, a família é proprietária de vários escravos. Meu irmão diz que eu falo demais, que sou uma *mulher perigosa*. Mas diga-me, Sr. Carlos, qual é a novidade do que estou dizendo?

Do outro lado do salão, o capitão já lançava à irmã uns olhares apreensivos.

Ela prosseguia, imperturbável:

— Qual é o escândalo do que estou dizendo? Qual é a novidade? Após a Lei do Tráfico, e depois, em 71, a do Ventre Livre, tudo se resume a uma questão de tempo, não acha?

Carlos apenas acedia com a cabeça, dominado por aquela torrente verborrágica.

— E, depois, todas essas levas de imigrantes europeus que há anos estão vindo trabalhar como assalariados... Tantos italianos! O senhor sabia que já há cidades, aqui no sudeste e no sul, com mais italianos do que brasileiros? É claro que o Brasil ainda é um país movido mormente por trabalho escravo, mas escreva o que eu lhe digo, e se quiser pode até publicar: em dez anos, no máximo quinze, não haverá mais escravos no Brasil. Aqui mesmo, na fazenda, já temos muitos europeus trabalhando. Mas que vergonha, Sr. Carlos! A maioria de meus trabalhadores ainda são escravos! Confesso-o, com a cara no chão: ainda tenho escravos! Muito bem tratados, isso sim, cada qual tem a sua cama, a sua manta, não é como há por aí, que se vê escravo dormindo direto sobre o chão de terra batida, ou sobre um pouco de palha, como gado... Não, senhor, aqui não! E castigos físicos, nem pensar! Há ainda aí umas relíquias macabras, uns aparelhos toscos de ferro, do tempo de meu avô, para castigar escravos, mas agora já não são usados, nem mesmo nas faltas mais graves. Aqui, nós apenas aconselhamos, advertimos, e se o escravo não se emenda, é posto em leilão e vendido pela melhor oferta. Mas isso de chibata, de tronco, de bacalhau, isso nunca!

Dona Prisciliana já deixava Carlos zonzo com tanta palavra, e mesmo assim ressaltava:

— Eu, se dependesse só da minha vontade, não teria mais escravos. Apenas trabalhadores assalariados. Mas meu irmão diz que a transição deve ser gradual, senão o País entra em colapso, e dessas coisas ele entende melhor que eu. Parece que ainda não podemos dispensar tanta mão-de-obra de uma só vez. Mas em minhas viagens, quando vou a Paris, a Londres, a Viena, jamais, *jamais*, digo que tenho escravos trabalhando em minhas terras. Cruzes! Isso na Europa são selvagerias de país atrasado! Tomar-me-iam por uma bruta, uma tosca, uma incivilizada! Não, isso lá fora é segredo de Estado! Senão, viram-me as costas, eu que sou tão bem recebida nos melhores salões da Europa! Imagine se isso cai nos ouvidos de um Rothschild, um Esterhazy, um Bornemisza? — Dona Prisciliana juntou as palmas das mãos, num gesto dramático e aflito, e assegurou: — Mas verá, Sr. Carlos: dentro de uma década, no mais tardar, já não haverá escravos aqui na Fazenda Aroeiras. Dou minha palavra de honra!

Nesse momento, aproximou-se de Carlos, pousando-lhe a mão no ombro, seu salvador, o capitão Juca Bento. Lançando um olhar reprovador a Dona Prisciliana, o capitão disse a Carlos:

— O que acontece é que minha irmã se preocupa mais com os salões da Europa do que com o nosso gravíssimo problema de mão-de-obra.

Dona Prisciliana calou-se, contrariada.

O capitão apertou a mão de Carlos e salientou:

— Creia-me, eu também, por incrível que pareça, sou contra a escravidão, mas essas transições não se fazem da noite para o dia, como seria a vontade de minha irmã. — Dardejando outro olhar terrível a Dona Prisciliana, o capitão arrematou: — Tampouco acho que esse seja assunto para um sarau tão agradável, não é mesmo, mana? Venha, Sr. Carlos, a orquestra vai começar. O senhor já experimentou esses doces divinos que o coronel Batista trouxe das Minas Gerais?

O capitão olhou em volta e, não vendo a bandeja de doces, gritou para o salão contíguo:

— Joaquina, traga para cá os quitutes do coronel!

Imediatamente apareceu diante deles uma menina adorável, toda sorrisos, equilibrando na mão direita uma grande bandeja de prata, cheia de doces.

— Sr. Carlos, esta é minha filha Joaquina — apresentou o capitão.

— Encantado — balbuciou Carlos, enfeitiçado pelo sorriso da moça. Ela se inclinou suavemente e fez um leve meneio de cabeça, retribuindo o cumprimento.

— Agora coma esses doces, Sr. Carlos. Coma esses doces e me diga se já provou coisa melhor — incentivava o capitão.

Nesse momento a orquestra começou a tocar uma polca, enquanto o capitão puxava Dona Prisciliana para o outro lado do salão. Joaquina continuou ao lado de Carlos e perguntou, muito solícita:

— E então? Gostou?

Carlos observava-a sem nada dizer, com uma expressão muito confusa.

— Os doces... Gostou dos doces? — emendou Joaquina.

— Ah, sim, os doces! Maravilhosos! Um manjar dos céus!

Carlos estava vermelhíssimo, e sentiu-se insuportavelmente ridículo por estar assim tão embaraçado pela simples presença de uma menina que tinha idade para ser sua filha.

— É a primeira vez que vem aos nossos saraus? — indagou ela.

Logo Carlos sentiu-se mais à vontade, e os dois então entabularam entusiasmada conversa que se prolongou até o fim do sarau, que foi encerrado com uma esfuziante quadrilha.

Mais tarde, em casa, Carlos pouco se lembraria dos assuntos sobre os quais haviam conversado. O que lhe ficava na memória era o sorriso doce e cativante de Joaquina.

Daquela noite em diante, ele começou a marcar presença

naquele solar, não só nos saraus como também em jantares mais reservados...

Principalmente depois que tomara muita coragem e deixara claras ao capitão suas sérias intenções em relação a Joaquina.

Juca Bento sabia que Carlos não tinha muito dinheiro nem propriedades, a não ser a sociedade na "Gazeta de Campinas", mas via a república como algo inevitável no futuro próximo do País, e vaticinava que Carlos Ferreira, nome tão prestigioso da campanha republicana, teria um posto de grande relevo quando o novo regime substituísse a monarquia. O capitão continuaria astutamente cultivando, por precaução, a amizade dos conservadores mais poderosos, mas, com um genro como Carlos, estaria de bem também com os republicanos.

Por cerca de dois meses Carlos foi o freqüentador mais assíduo das reuniões sociais da Fazenda Aroeiras.

Ao se iniciar o terceiro mês, oficializou-se o noivado de Carlos e Joaquina, para júbilo do capitão e especialmente de Dona Prisciliana, eterna admiradora do valente e talentoso jornalista.

Às vezes Carlos receava um conflito, um choque entre suas próprias emoções.

Afinal, o que seria agora da memória de Laura?

Como conciliaria ele a convivência com essas duas mulheres — uma dominando, soberana, para sempre o seu passado; a outra colorindo seu presente e já se insinuando em seu futuro?

Não havia a possibilidade de comparações.

Laura era para Carlos o mito.

O mito do primeiro e eterno amor, da mártir da paixão, da total devoção ao ser amado. Era a lenda de Penélope esperando eternamente por Ulisses, tricotando o manto de dia e desfazendo-o à noite, para enganar seus afoitos e numerosos pretendentes, da mesma maneira que Laura havia recusado diversas e vantajosas propostas de casamento nos doze anos que transcorreram da partida de Carlos até a morte dela. Laura era o mito dos amantes separados pelas enormes distâncias, pelas duras circunstâncias da vida, pelas reviravoltas do destino e, finalmente, pela morte.

Desde sua partida do sul havia sido assim: primeiro o tempo sempre escasso, o ritmo frenético que sua vida tomara, que não lhe deixava tempo nem para responder às cartas de Laura; a distância sempre gigantesca, a incompatibilidade cada vez mais completa dele com a bucólica vidinha de Porto Alegre, longe dos grandes acontecimentos da política, longe da vibrante vida cultural e das rodas literárias de São Paulo e, mais tarde, de Campinas. Depois vieram a doença, a loucura, a morte. Toda essa impossibilidade do retorno só fizera aumentar em Carlos o mito de Laura, tornar mais forte e resplandecente a aura do sonho nostálgico e inalcançável, do paraíso perdido.

Joaquina, em contrapartida, era a realidade.

Decerto não era nenhuma beleza perturbadora, mas tinha lá seus encantos. Bem-feita de corpo, tinha também um belo sorriso, uns dentes que pareciam pérolas. Muito elegantezinha, tinha gosto para se vestir, e tudo parecia lhe cair bem. Sua voz era melodiosa, cativante. Carlos adorava sua inocência, seu entusiasmo quase infantil diante das coisas mais corriqueiras, a graciosidade com que cantava e dançava nos saraus de Dona Prisciliana, a habilidade com que tocava o piano.

Sim, Carlos a adorava.

Mas a amava?

Ele próprio se perguntava isso numerosas vezes, e nunca chegava a conclusões definitivas, pois o que era amar, afinal? Seria sentir, na presença de Joaquina, o mesmo que sentia na presença de Laura? Ora, isso era impossível! Não porque não a amasse, mas porque não podia, aos trinta e seis anos, ter com Joaquina todo o deslumbramento, a emoção, a ilusão que tivera com Laura entre os quinze e os dezenove anos. Não porque Joaquina fosse menos que Laura, mas simplesmente porque ele, Carlos, era agora um homem maduro, não tinha mais a capacidade de ilusão e de deslumbramento de seus quinze anos.

A ingenuidade do menino teria forçosamente que dar lugar ao senso comum do homem feito, e Carlos não julgava que isso fosse bom ou mau, era apenas natural, um processo que, segundo ele, ocorria de modo mais ou menos igual com todos os seres humanos — ao menos com os normais.

É claro que ele seria cínico se negasse que também o impressionavam as centenas de alqueires em fazendas de gado e de café pertencentes à família de Joaquina e que se esparramavam por Campinas e por mais três municípios adjacentes. Além das terras, o célebre capitão Juca Bento possuía propriedades às dúzias na cidade, de residências para aluguel a estabelecimentos comerciais. E, apesar de oficialmente ser só vereador, sabia-se que ele mandava mais na política de Campinas que o próprio prefeito.

Claro que jamais fora pretensão de Carlos usufruir de algo que não fosse seu, mas o próprio capitão já lhe dissera que se concentrasse em suas campanhas, em seu jornal, em seus contatos políticos. Juca Bento dizia, com sinceridade quase brutal, que Carlos jamais se preocupasse com dinheiro, pois isso ele, Juca Bento, tinha já de sobra. O que ele desejava em um genro não era fortuna, mas sim influência política naqueles tempos incertos de profundas mudanças se configurando para qualquer momento. Para completar, o capitão já prometera ao casal um de seus melhores casarões na cidade, como presente de casamento.

Com Joaquina, portanto, ele poderia ter um casamento que lhe proporcionaria não só os meios como também o tempo para se dedicar integralmente à sua missão, às suas idéias, ao seu jornal.

Em contraste, Carlos adivinhava com horror de que forma deprimente e indigna ele teria sido obrigado a viver, caso tivesse permanecido em Porto Alegre e se casado com Laura. Ele pobre, ela pobre... Carlos fazia um esforço fantasioso, e imaginava o impossível: se Laura miraculosamente ressuscitasse, se ele voltasse a Porto Alegre e se casasse com ela. Onde ficariam seus ideais? O que seria de sua missão? Teria, para sobreviver, que violar sua integridade moral e ideológica escrevendo artigos para jornais com os quais não simpatizava, como sórdido mercenário da escrita, escravo absoluto dos imperativos financeiros, tão escravo quanto os negros pelos quais ele combatia em sua cruzada abolicionista. Casado com Laura, ele teria que se prostituir intelectualmente, alugar seu cérebro ao primeiro dono de jornal ou editor que lhe atirasse à fuça algumas moedas.

Encurralado pelas necessidades materiais, com seus ideais frustrados, sua missão falida, ele se tornaria um homem amargo, mau marido, mau pai para os filhos que inevitavelmente viriam e aumentariam seus gastos ainda mais, reduzindo-o a um mero *provedor*, rompendo o último fio de esperança que porventura ainda existisse nele de realizar em sua vida algo do que um dia concebera como "seus ideais".

Como perfume de um frasco que se quebra, todo o amor evaporar-se-ia de seu coração, pois *não pode amar a ninguém o homem que, por ter falhado na vida, odeia a si próprio*. E, como num contágio mórbido e virulento, Laura também passaria a odiá-lo, e os filhos passariam a odiá-lo. E, quando ele morresse, muito cedo — pois os homens que odeiam muito a si próprios em geral morrem cedo —, quando ele enfim encerrasse seu infeliz ciclo de fracassos, todos suspirariam, não de tristeza, mas de alívio.

Era a essas imagens que Carlos sempre recorria para espantar a possibilidade de que em algum doentio acesso de culpa, em um momento de insanidade furiosa ou imperdoável estupidez, cedesse à sua fraqueza pelo mito de Laura, o mito do primeiro amor, e cometesse o disparate de romper relações com Joaquina somente para passar o resto de seus dias idolatrando a memória de Laura, idolatrando *um fantasma*, envolvido gradualmente, também ele, pelas brumas da loucura.

Mas Joaquina... Joaquina era seu porto seguro. E, mesmo que ele ainda não conseguisse ver nos olhos da menina aquela força mágica, mística quase, que irradiava do olhar de Laura, que magnetizava e subjugava... Mesmo que a sensibilidade de Joaquina não fosse capaz de produzir jamais poemas tão sublimes como os que Laura escrevia em minutos, era com Joaquina que ele se via sendo bom marido e bom pai de numerosos filhos, porque com Joaquina, *ele teria meios*.

E, é claro, ele a adorava.

O ano e pouco de noivado transcorreu como uma onda mansa de paz idílica e bons sentimentos.

Nenhuma briga, nem uma discussão sequer, nada de ciumeiras, infantilidades ou das fatídicas expansões melodramáticas que tanto repugnavam Carlos. Nada além de paz, harmonia e um sóbrio e sólido afeto, um sentimento equilibrado e maduro, o mais apropriado para a fase da vida que Carlos desejava agora iniciar.

Com toda a família de Joaquina, aliás, o relacionamento era excepcional. Jamais houvera um atrito, um mal-entendido, uma palavra mais brusca. Nunca, nunca a menor contrariedade entre ele e os futuros parentes.

Tudo caminhava naturalmente para uma união.

Por fim, foi marcada uma data.

O casamento seria aos vinte e seis dias de abril de 1884, às nove horas da noite, na Igreja Matriz de Nossa Senhora da Conceição, em Campinas.

◇◇◇◇◇◇◇◇◇◇◇◇◇◇◇◇◇◇◇◇◇◇◇◇◇◇◇◇◇◇◇◇◇◇◇◇

O destino reservava uma estranha surpresa para Carlos no dia de seu casamento. Algo que ele jamais esqueceria, e que para o resto de sua vida superaria as lembranças da própria cerimônia.

Tudo começou como de praxe. Mesmo estando entre familiares e amigos, Carlos sentia-se bastante nervoso ali postado, de pé diante do altar, mas tranqüilizou-se um pouco ao pensar que era assim mesmo que a maioria dos noivos devia sentir-se. Estava também ansioso com a demora de Joaquina, mas pensou, novamente, que a maioria das noivas atrasava, ou pelo menos assim se dizia.

Para alívio dele, entretanto, Joaquina resolveu não se exceder em seu "atraso", e logo o noivo a via entrando na igreja, conduzida pelo braço do capitão Juca Bento e acompanhada por damas de companhia tão lourinhas e luxuosamente vestidas que pareciam princesinhas russas.

A noiva, magnífica em um vestido que custara mais caro que o orçamento do município (diziam os maldosos), pesado de brilhantes e outras preciosidades, foi se aproximando ao som de uma sublime e afinadíssima orquestra com mais de quarenta músicos e um coro, vindos especialmente de São Paulo.

Toda aquela alvura do vestido, do véu, da grinalda, do buquê de lírios e rosas brancas parecia irradiar uma luminosidade mágica, tão potente que por alguns instantes Carlos sentiu-se cegado por aquela estranha luz. Aos poucos, porém, ele começou a distinguir, através do véu diáfano, as feições de sua futura esposa.

Mas não era Joaquina quem ele via diante de si.

Era Laura.

Como aquilo era possível?

Laura estava morta havia quase seis anos.

No entanto, era ela quem caminhava na direção de Carlos, de braço dado com o pai de Joaquina. Mas por que o capitão estaria conduzindo Laura, se eles nem mesmo se conheciam? E Joaquina, onde estava? E os convidados? Por que nenhuma daquelas pessoas se surpreendia? Afinal, era Joaquina quem deveria estar ali.

Carlos via tudo girar; o único ponto fixo era o rosto de Laura. Suava, tremia, sentia as pernas fracas, achou que fosse desmaiar. Laura mirava-o com um olhar fixo e penetrante, mas triste, muito triste, com aquele mesmo pesar do dia em que ela ficara sabendo que ele partiria de Porto Alegre, havia quase vinte anos. E, realmente, era como se o tempo para ela houvesse parado naquela época, porque quem estava ali não era a mulher madura que Laura deveria ser hoje, mas a menina de quinze anos a quem um dia ele propusera noivado.

Quantos anos se haviam passado! Quanto tempo sem se falarem! E agora, o que dizer a ela? Como explicar a ausência de tantos anos? Como explicar por que nunca voltara para buscá-la, por que a iludira com tantas promessas escritas nas cartas, por que se comprometera com outra? Como explicar tudo aquilo a Laura, se agora, vendo-a frente a frente outra vez, ele não conseguia responder essas questões nem a si próprio?

Como ele pudera deixá-la?

Uma sensação de pânico ia crescendo em Carlos à medida que Laura se aproximava do altar, com aqueles grandes olhos brilhantes cada vez mais melancólicos, mais magoados. Carlos tinha que lutar contra as lágrimas que insistiam em escapar de seus próprios olhos e sentia um impulso fortíssimo de se atirar, aos prantos, aos pés de Laura, agarrando-se àquelas pernas, beijando aquele vestido, suplicando seu perdão. Fez um supremo esforço para se controlar no momento em que Laura finalmente subiu ao altar, ao lado dele, e os dois então se viram a menos de um palmo de distância, olhos nos olhos, após tantos anos.

Ao estarem assim tão próximos, Carlos notou que a imensa tristeza nos olhos de Laura ia se tornando menos pesada. Algo começava a neutralizar aquele ar de mágoa, que lentamente se modificou em um contentamento sereno e enfim passou à mais pura alegria.

Para seu total espanto, porém, Carlos observava que não era só o olhar ou a expressão que se transformavam. Era todo o rosto. E então, em questão de segundos, ele viu que a noiva que tinha diante de si, sorrindo, com os olhos transbordantes de emoção e felicidade, não era Laura, mas Joaquina.

Inicialmente seu desapontamento foi sem tamanho.

Sentiu uma dor tão aguda que por um instante preferiu estar em seu próprio velório em vez de casamento. Logo em seguida, em compensação, teve uma grande sensação de alívio. Afinal, Joaquina era a realidade, Laura estava morta havia anos, e, se ele continuasse vendo Laura onde deveria ver Joaquina, isso só podia significar que ele ficara completamente louco!

No entanto, durante vários minutos, ele *realmente* vira Laura.

Não fora uma leve impressão, ou uma lembrança, ou um cisco no olho! Fora *Laura* quem estivera diante dele poucos segundos atrás.

Enquanto tentava perceber se estava ou não ficando louco, Carlos se esforçava para ao menos *parecer* razoavelmente normal diante de Joaquina, do padre e de todos aqueles convidados. Após todo aquele turbilhão de emoções confusas, ele devia estar oferecendo uma cena bastante estranha aos olhares mais atentos. Graças aos céus, porém, era já algo esperado de um noivo que este ficasse nervoso em seu casamento.

O padre começou seu palavrório, enquanto Carlos ia pouco a pouco se acalmando.

Apesar de tudo, a cerimônia terminou em perfeita tranqüilidade, sem desmaios nem descontroles da parte de Carlos. Quando o casal ia deixando a igreja, entre as congratulações de toda aquela gente, ele já decidira que a visão que tivera não passara de um breve delírio, sem nenhuma significância nem conseqüência, perfeitamente justificável diante do grande nervosismo de estar se casando, afinal todos ficavam nervosos nesse momento tão solene da vida.

Os recém-casados se dirigiram a uma imponente carruagem, toda ornamentada de flores, puxada por uma magnífica parelha de cavalos brancos, que os levaria até o palacete do capitão Juca Bento, que ali ofereceria suntuosa recepção aos convidados.

Carlos e Joaquina subiram na carruagem ante os aplausos de todos os presentes. Com um breve assobio, o cocheiro logo fez com que os cavalos começassem a puxar.

A carruagem foi se afastando e Carlos olhou para trás, notando que, embora muitos dos convidados já rumavam para a recepção, uma multidão ainda saía de dentro da igreja. Durante a cerimônia, estivera tão nervoso que nem percebera que havia ali tanta gente. E então ele viu, entre as pessoas que saíam, mais uma noiva. Estava parada junto à porta da igreja. Era estranhíssimo, pois certamente não haveria nenhum casamento naquele momento. E, mesmo que houvesse, o que a noiva estaria fazendo ali na porta, sozinha, naquela atitude tão estranha? Não se movia, não dava um passo, não fazia um mínimo gesto. Na mão direita segurava algo que a Carlos pareceu, inicialmente, um buquê de flores, mas a uma observação mais atenta revelava-se algo que se ia desfazendo, como um amontoado de folhas secas que aos poucos a brisa noturna ia levando embora. A misteriosa moça parecia olhar na direção da carruagem e estava completamente alheia àquelas pessoas que, para sair, iam passando por ela, e estas tampouco pareciam notar aquela estranha presença.

A carruagem ia se afastando da igreja cada vez mais rapidamente, e os convidados, que continuavam saindo aos montes, obstruíam a visão. Muito intrigado, Carlos espichou o pescoço, depois todo o corpo, quase se debruçando sobre Joaquina, que se espantou diante de toda aquela afobação e reclamou com o marido:

— Veja só o que você está fazendo, Carlos! Que descuidado! Está amassando todo o meu vestido! O que você está olhando, afinal?

Ele tentou disfarçar:

— Estou olhando para a igreja. Parece que seu pai ainda não saiu.

— Imagine! Como ainda não saiu? Se ele foi um dos primeiros a sair, foi voando para o casarão, para estar lá antes que comecem a chegar os convidados! — estranhou Joaquina.

— Ah, sim! Foi um dos primeiros... Pois então é por isso que não o vi sair — emendou ele, muito desconcertado.

Joaquina balançou a cabeça num gesto de irritação, alisando com as duas mãos a parte amarrotada do vestido. Dissimuladamente, Carlos lançou um último olhar à porta da igreja. A figura de branco não estava mais ali.

A recepção foi um espetáculo, uma gala de proporções nababescas. O capitão não descuidara do menor detalhe, do opíparo banquete à excelente orquestra que animava o ambiente, da suntuosa decoração aos delicados brindes para os convidados — pequenos corações de prata com a data e as iniciais dos noivos gravadas em ouro.

E todos, absolutamente todos, haviam sido convidados. Alguns não puderam ir, como os parentes de Porto Alegre, por exemplo. Mas quantas pessoas, quantos amigos que Carlos não via fazia anos. Havia ali até colegas dos tempos de Direito na São Francisco!

Quando, altas horas da madrugada, a festa acabou com uma espetacular queima de fogos, Carlos estava contente, satisfeito consigo mesmo.

Acreditava ter feito a coisa certa. Total convicção não tinha, nem esperava ter, afinal nunca fora um homem de certezas absolutas. Achava — simplesmente achava — ter feito a coisa certa, e isso já devia ser suficiente.

Uma reconfortante esperança de normalidade burguesa repelia as estranhas visões daquela noite — primeiro Laura subindo ao altar, depois aquela inexplicável noiva postada junto à porta da igreja. Aquelas cenas deveriam ser trancadas nos mais obscuros confins de sua mente, classificadas como nervosismos pueris de homem sozinho e solteiro, agitações neuróticas decorrentes de sua vida desregrada e boêmia de poeta e jornalista, desarranjos emocionais que, com a bênção de Deus, não mais teriam lugar em sua vida de agora em diante, agora que ele era um homem casado, um homem-família.

Conforme Carlos imaginara, sua vida de casado transcorreu num mar de tranqüilidade.

O tempo passava, e cada vez mais ele se convencia de que Joaquina era a companheira perfeita. Que inigualável sensação de bem-estar quando estavam juntos!

Depois do casamento, Carlos não precisou modificar absolutamente nada em seu estilo de vida. Joaquina, ao contrário, se amoldara completamente à sua maneira de ser, aos seus modos, às suas manias.

Como ele trabalhava cada vez mais intensamente no jornal, já fazia muito tempo que não tinha horários fixos ou previsíveis, e felizmente Joaquina não era o tipo de mulher que ficasse controlando horários, muito menos farejando sua roupa usada à procura de um perfume diferente ou uma mancha de batom. Ela parecia não ter a mínima preocupação com esses detalhes. Nem deveria: Carlos nunca dera motivos para tal. Podia chegar em casa a altas horas, que invariavelmente encontrava Joaquina sorridente e a postos, sem perguntas inoportunas e com o jantarzinho pronto, que ia correndo trazer ao marido numa bandeja de prata.

Como era bom o conforto de um lar sempre impecável e uma esposa dedicada!

Agora, sim, tinha certeza de que tomara a decisão correta casando-se com Joaquina.

De dentro do sossego doce e cálido de sua vida de casado, Carlos percebia, com bastante clareza, que, se dedicasse sua vida à memória de Laura, como considerara num primeiro momento de desespero, teria escolhido seu fim. Passaria a se arrastar numa existência de sofrimento, com a saudade e a solidão a corroer-lhe a alma, levando-o talvez aos extremos do suicídio ou ao refúgio da loucura, incapaz de encontrar paz na vida ou sequer vislumbrá-la na morte.

Carlos escolhera não viver no passado e nas lembranças. Escolhera a realidade, escolhera Joaquina.

E agora, como conseqüência, a realidade o premiava: em fevereiro de 1885, com apenas dezessete anos, Joaquina dava a Carlos sua primeira filha: Maria José.

Ele ficou extasiado diante da experiência de ser pai.

Enlevou-se a tal ponto que, por alguns dias, esqueceu o jornal, esqueceu a panfletagem republicana, esqueceu a escravidão, e passava horas a fio apenas a observar aquele novo ser humano que se originara de si. Via-se completamente enfeitiçado diante daquele mistério que é a continuidade da vida dos pais em seus filhos. Ficava a reparar no formato daquelas mãozinhas tão diminutas, na suave curvatura do narizinho, no contorno dos olhos, no desenho das orelhas, e ia identificando semelhanças com ele e com Joaquina. Estava totalmente subjugado pela fascinação que lhe causava aquele pequenino ser humano, que mal chegava a pesar três quilos, tão frágil e ao mesmo tempo tão promissor!

Durante três dias não pôs os pés no jornal, não saiu de casa, não se afastou do berço de sua Maria José.

Ao quarto dia Carlos voltou à redação, e pouco a pouco as coisas entraram novamente na rotina.

Agora, no entanto, ele tentava sempre chegar um pouco mais cedo em casa, e a primeira coisa que fazia era correr ao berço de Maria José, enchê-la de beijos e deliciar-se com seus primeiros sorrisos e balbucios.

O tempo corria, Maria José crescia forte e saudável, loura e gorda. Em meados de 1887, Carlos e Joaquina passaram outra vez por aquela alegria incomparável, quando lhes nasceu a segunda filha: Noêmia.

Desta vez, porém, Carlos não teria tanta tranqüilidade e tempo para dedicar-se à sua recém-nascida, por mais que quisesse.

A escravatura parecia estar por um fio. A monarquia estertorava, agonizante. Os grupos republicanos se punham em polvorosa e já se falava até na composição de grupos de governo, em possíveis presidentes da República, em ministérios.

Os jornais republicanos trabalhavam agora a todo vapor. Jornalistas empregavam todas as suas energias num esforço épico, derradeiro e definitivo, para derrubar estrondosamente os obstáculos a seus grandiosos objetivos.

Era agora ou nunca.

11

APELO AO MINISTRO

Finalmente, em maio de 1888, foi promulgada a abolição da escravatura no Brasil, oficializada por lei assinada pela princesa Isabel.

Carlos estava exultante, e chegou mesmo a considerar, num arroubo de entusiasmo e ingenuidade, sua missão cumprida no ano seguinte, 1889, quando foi proclamada a República. Ledo engano.

Mas, se a escravidão estava totalmente abolida, a monarquia derrubada e a república instituída, que mais Carlos poderia desejar naquele momento? No entanto, já em seu nascedouro aquela instituição foi tomando feições diferentes da república que Carlos tanto idealizara.

Logo de início, ele considerou um ato brutal e vingativo o de expulsar a família real do Brasil. O imperador havia se comportado de maneira estóica ante sua deposição, não houve resistências importantes, muito menos derramamentos de sangue na queda daquela monarquia. Além disso, não parecia haver concretas perspectivas de contragolpes, retaliações ou conspirações por parte dos monarquistas.

— Para que escorraçar do País este homem já idoso, pacífico e conformado perante a nova situação, completamente inofensivo? — argumentava Carlos, dirigindo-se a seus colegas de campanha favoráveis ao exílio de Dom Pedro II.

Um dos apóstolos da república retrucava com veemência:

— Realmente, meu bom Carlos, Dom Pedro é um homem idoso e cansado. É também um homem bom, respeitável e sensato. Não há dúvidas. Tudo isso eu lhe concedo. Mas *completamente inofensivo?* Sabe-se lá! Quem pode garantir? Na minha cautelosa opinião, *ninguém* é completamente inofensivo. E, depois, a questão não é tão simples. Dom Pedro é o símbolo desta monarquia defunta, e não é saudável manter este símbolo numa república recém-nascida. Não deixemos que o cadáver em decomposição da monarquia tenha a possibilidade de infectar nossa ainda frágil república, que dá seus primeiros passos, que ainda inspira cuidados. É nosso dever remover este féretro tresandando a peste para o mais longe possível.

Muitos republicanos chegavam a deduzir, e alguns até o diziam abertamente, que aquele sentimentalismo meloso de Carlos em relação ao imperador deposto devia-se unicamente ao episódio da mesada imperial, de mais de duas décadas atrás. Carlos ressentia-se da injustiça dos que faziam tais insinuações. Ele era contra o exílio da família real por princípios, e o seria mesmo que jamais houvesse recebido algo do imperador, mesmo que jamais houvesse trocado palavra com o monarca ou posto os olhos naquela figura de expressão bondosa, barbas douradas e casacas sempre impecáveis. Simplesmente achava aquele exílio um exagero injustificado e vingativo, uma brutalidade desnecessária que já de entrada passaria a macular de mesquinhez a república sublime e grandiosa com que ele tanto sonhara e pela qual tanto lutara. Mas, enfim, por mais que Carlos fosse contra, essa decisão não estava em suas mãos. Imediatamente após a proclamação da república, a família real foi despachada em um navio com destino à Europa.

Assim que a situação se oficializou, Campos Sales e Francisco Glicério depuseram suas armas na "Gazeta de Campinas" e foram para o Rio de Janeiro compor o governo provisório. Ali, Campos Sales assumiu o Ministério da Justiça e Francisco

Glicério o da Agricultura. Carlos decidiu ainda continuar por algum tempo na "Gazeta" dando apoio propagandístico a esse novíssimo governo, e mais tarde planejava ir também para o Rio, juntar-se aos colegas e ver em que cargo poderia servir melhor aos interesses da república.

Porém, as decepções continuavam.

À medida que os meses se sucediam, Carlos constatava repetidamente, com profunda mágoa, o pouco caso do governo em relação à situação dos escravos libertos.

Em todos aqueles anos de campanha abolicionista, ali mesmo, naquela redação, com aqueles mesmos colegas que agora se alçavam ao poder, ele havia traçado tantos planos, havia tido tantas idéias e cuidados em relação ao futuro dos negros libertos. E o que ele via agora? Os negros no mais completo abandono, sem a mínima condição de uma transição menos brusca da escravidão para a "liberdade", sem uma pensão, sem instrução, sem oportunidades de emprego assalariado. Não havia projetos reais, não havia um plano sério sendo posto em prática. Os negros estavam totalmente ao deus-dará, muitos passando fome, alguns suplicando para voltar a trabalhar, de graça, a seus antigos senhores, apenas em troca de comida, outros já não vendo outro remédio que não o de enveredar pelo mundo do crime, aumentando ainda mais as maltas e os bandos de capoeiragem existentes já bem antes da abolição, que causavam muita dor de cabeça à polícia e medo à população. No Rio, um jornal publicara recentemente a carta indignada de um renomado advogado, denunciando o *"escabroso aumento de menores abandonados, jovens, crianças e até bebês que eram deixados nas portas de casas de família ou simplesmente largados pelas ruas, frutos de ex-escravos ensandecidos pelo total desamparo, pela miséria e pelo desespero"*.

Certo dia Carlos resolveu escrever a Campos Sales sobre esses descalabros. Mandou-lhe uma breve carta de conteúdo sério, porém de forma muito cordial e amigável, chamando-o em tom de brincadeira de "marquês", que era como ele o tratava na redação da "Gazeta". (Campos Sales, por sua vez, chamava Carlos de "conde".)

Dizia assim:

Meu caro senhor marquês,

Não acha vossa senhoria vergonhosa a situação em que se encontram os negros do Brasil, eles por quem tanto lutamos, eles a quem dedicamos tantas idéias brilhantes, que teriam por fim ir, gradualmente, soterrando o obsceno abismo existente entre o negro escravo e o branco livre, idéias estas que, agora, em que pese a conquista da abolição, eu não vejo ainda, nenhuma delas, serem postas em prática?

Aqui mesmo, em Campinas, vossa ilustrada e próspera cidade natal, um dos berços da campanha abolicionista, morreu no mês passado, ao relento, um negro de mais de sessenta anos, numa destas madrugadas gélidas, de frio e de fome, após ter batido em várias portas e não ter encontrado nenhuma assistência. O que a mim me parece mais extraordinário é o seguinte: esta pobre alma nasceu em cativeiro, porém só após conhecer a liberdade é que veio a conhecer também a fome. Estranho, não? Cruel ironia do destino ou inconseqüência das autoridades?

Mas a coisa ainda piora, caro marquês. Vereis: esta semana, outro ex-escravo, quase um menino ainda, foi surpreendido quando tentava roubar um saco de farinha em uma venda. Como resultado, foi morto a pauladas por dois rapagões filhos do dono do negócio. Tentou roubar para não morrer de fome, mas acabou morto mesmo assim. Por um saco de farinha! Parece (estão a dizer por aí) que uma pequena multidão se apinhou à porta da venda para assistir à cena brutal, e consta que não apenas ninguém ousou sair em auxílio do jovem faminto e já agonizante, como ainda aplaudiram quando, com as costas de uma enxada, lhe foi assestado no crânio o golpe final. Obviamente, no que diz respeito aos aplausos, só podem ser exagerações de umas mentes mais fantasiosas, pois eu não posso crer (ou não quero, talvez) que representantes do povo brasileiro tenham uma índole compatível com tal dureza de coração.

Enfim, estes são apenas dois tristes exemplos do que vem ocorrendo cotidianamente, em números crescentes e alarmantes, por todo o País, a toda uma gente que está deploravelmente abandonada à própria sorte, como cães de rua, passando fome, frio e outras necessidades, e ainda por cima levando pauladas!

Agora permita que lhe pergunte, meu caro amigo: é ISSO a república que sonhamos? Foram para ISSO todos esses anos de luta?

Enquanto eu continuo aqui, na labuta diária do jornal, e vossa senhoria, meu bom marquês, vai aumentando a cada dia, e de maneira prodigiosa, o alcance de vosso poder, peço encarecidamente, e com urgência, uma vigorosa reação a esta situação lamentável, que nem em meus piores pesadelos eu poderia antever: os negros sofrendo mais na liberdade do que no cativeiro! Sinistro, não é mesmo?

Um abraço do amigo fraterno,

CARLOS FERREIRA

A resposta veio breve, curta e sem nenhum traço da antiga camaradagem:

Caro Carlos,

São tantos os meus afazeres no momento em prol de nossa gloriosa república, que infelizmente não posso lhe dedicar mais que umas poucas linhas.

Saiba o amigo que o problema que tanto desgosto lhe causa (o dos ex-escravos) a mim também me turba o sono por noites a fio.

No entanto, devo esclarecer que não está dentro de minhas atribuições atuais a solução deste problema específico, e nem eu poderia atropelar as atribuições de colegas, querendo tomar para mim a solução de todos os problemas desta nação de que tanto me orgulho.

Mas tranqüilize-se: a questão dos negros está em mãos muito capazes, e tudo se resolverá em seu devido tempo.

A paciência é uma virtude e sinal de sabedoria.

Atenciosamente,

CAMPOS SALES

Cada vez mais aumentava em Carlos a sensação de que aquela república, a tão sonhada república, já havia começado tragicamente equivocada, e cada vez menos ele tinha vontade de participar diretamente daquele seu sonho desvirtuado.

Mas, bem no fundo, ele jamais acreditava que seus colegas de redação, que o "marquês" Campos Sales ou o general Francisco Glicério não estivessem se esforçando por dar o melhor de si. Talvez — isso, sim — estivessem momentaneamente de mãos atadas, esperando por uma configuração mais favorável no intrincado tabuleiro da política, quando então eles passariam a impor as suas condições, as condições planejadas e sonhadas com ele, Carlos, ali mesmo entre as paredes da "Gazeta".

Quem sabe se, afinal, Campos Sales não estava coberto de razão, e mesmo de esperança, quando lhe aconselhava paciência?

Sim, a hora deles haveria de chegar, e com ela viria a república dos sonhos, a missão definitiva de Carlos, a razão de sua existência terrena!

◇◇◇◇◇◇◇◇◇◇◇◇◇◇◇◇◇◇◇◇◇◇◇◇◇◇◇◇◇◇◇◇◇◇◇◇

Os anos foram se passando.

Em 1891, Carlos soube que, como ministro da Justiça, era cada vez maior a influência de Campos Sales nos rumos da política.

Carlos teve uma idéia, e sentiu-se trespassado por um raio de esperança. Quem sabe se, finalmente deixando o jornal e participando ativamente do governo, ele não conseguiria instilar novamente em seus colegas que estavam agora no poder, e principalmente em Campos Sales, um dos homens mais poderosos do País, aquele velho idealismo de uma década atrás, aquele idealismo em estado bruto, guerreiro, que não admitia concessões, conchavos e meias medidas?

Num arroubo de impulsividade, transbordando de otimismo, Carlos desabalou para São Paulo, decidido a se candidatar a uma cadeira na Assembléia Estadual.

12

SURPRESAS

Dias após a chegada a São Paulo, Carlos viajou ao Rio para solicitar uma audiência com Campos Sales (aliás, *Sua Excelência o Ministro Campos Sales*, como se deveria dizer agora). Queria a opinião do velho amigo e, acima de tudo, seu apoio.

Dois dias depois, foi atendido. Campos Sales recebeu Carlos em sua própria residência.

O ministro foi cordial e atencioso, falou dos "velhos tempos" — que, afinal, ainda eram bem recentes —, mas, definitivamente, não era mais a mesma pessoa. Uma distância de mil abismos se havia aberto entre aqueles dois homens que um dia tinham sido como irmãos em sua romântica e utópica luta contra todos os titãs da injustiça social. Não havia, absolutamente, o menor traço de hostilidade, nem mesmo de frieza, mas algo quase indefinível no atual todo-poderoso ministro da Justiça acusava aquele distanciamento intransponível de sutil superioridade.

Carlos, porém, não ficou desapontado ou ressentido com esse novo Campos Sales. Achou a mudança natural, até mesmo previsível. De fato, achava praticamente impossível um ser humano alcançar os cumes do poder sem sofrer certas transformações. Alguém chegar ao poder com a personalidade intacta deve ser coisa para um em um milhão, refletiu Carlos. E o ministro, claramente, não era este "um".

De qualquer modo, Campos Sales pareceu bem favorável e até mesmo levemente entusiasmado com a candidatura de Carlos à Assembléia, e dias depois o nome de Carlos Ferreira era incluído na chapa oficial de candidatos do Partido Republicano.

Faltavam ainda vários meses para as eleições, mas Carlos já fervilhava de mirabolantes idéias nas quais começava a entrever finalmente sua esperada república, com oportunidades iguais para todos, medidas de inclusão social para os ex-escravos, limitações do abusivo poder político de certas figuras-chave do governo, melhorias na situação sanitária vergonhosa, animalesca, de certas vizinhanças pobres, programas impecáveis de educação e alfabetização, enfim, uma república muito mais perfeita do que a imaginada por Platão.

Certo dia, ao dirigir-se à sede do partido, em São Paulo, encontrou, postado em frente à escadaria do casarão, esperando por ele, um colega de chapa, Azevedo, muitíssimo sério, quase sombrio. Azevedo pediu que eles se dirigissem a um largo que havia próximo dali, para que pudessem falar em privacidade.

Azevedo parecia muito nervoso. Tinha o rosto vermelho, suava, limpava repetidamente um pigarro inexistente, claramente tentando encontrar coragem para revelar a Carlos a bomba que haviam jogado em suas mãos.

— O amigo Carlos, como jornalista, deve conhecer bem como às vezes as coisas podem parecer injustas na política... — arriscou Azevedo, timidamente.

— De fato, de fato — respondeu Carlos secamente, tentando dominar a irritação e a impaciência que lhe causou aquela introdução vaga.

— Então certamente o amigo saberá que, vez por outra, infelizmente, é necessário fazer concessões a certas injunções políticas...

— Conchavos! — retrucou Carlos, contrariado.

— Bem... A mim, a palavra me parece um pouco forte, mas, se o amigo assim o diz... Sim, alguns chamam de conchavos.

— A mim tampouco me agrada a palavra, mas abomino ainda mais a idéia. Sendo, portanto, o assunto tão desconfortável, peço-lhe que abrevie esta conversa e me diga logo onde é que eu entro nesse conchavo — atalhou Carlos rispidamente.

Nesse momento o rosto do Azevedo ficou branco como giz e, sem coragem de olhar Carlos nos olhos, ele baixou a cabeça, respirou fundo e anunciou:

— Aí é que está, amigo Carlos. Você não entra.

— O quê? — Carlos, transfigurado, pensou não ter ouvido corretamente.

— Você teve que sair da chapa. Em razão da concessão que o partido foi absolutamente obrigado a fazer, dois novos nomes foram incluídos e, em conseqüência, dois dos que já estavam tiveram de ser sacrificados. Infelizmente, um deles foi o seu.

— O *meu nome?* O meu nome foi riscado da chapa? Você está muito enganado. Isso não pode ser possível!

— Infelizmente, meu caro, infelizmente — limitou-se a dizer Azevedo, muito cabisbaixo, muito embaraçado.

— Mas sem que eu ao menos fosse consultado? E de que modo foram escolhidos os nomes que seriam excluídos? Qual foi o critério? Foi um sorteio ou algo assim?

— A determinação partiu diretamente do ministro da Justiça — revelou Azevedo, levando um lenço à testa para enxugar uma orla de suor nervoso que ali se formava.

Carlos sentiu uma pontada no coração e levou as duas mãos ao peito, em profundo choque.

— O ministro da Justiça?! O *Campos Sales?* O *Campos Sales mandou riscar meu nome?*

Carlos sentia um princípio de vertigem. Olhou ao redor procurando algo em que pudesse sentar-se. Não achou.

Entretanto, Azevedo continuava:

— Estou certo de que deve ter sido um grande sofrimento para Sua Excelência tomar essa decisão, afinal todos sabem que vocês são amigos de longa data, ainda dos tempos de início de campanha, mas na política, meu caro, às vezes é necessário que...

— *Isso* não é política! — explodiu Carlos. — Isso só pode ser algo pessoal. Você tem idéia das noites em claro, *dos anos*, aliás, que eu passei em claro naquele jornal, ao lado de "Sua

Excelência", fazendo campanha republicana? Tem idéia de quanto dinheiro eu já tirei do meu próprio bolso para manter aquele jornal alardeando a necessidade imperativa da república, até que ela fosse proclamada e "Sua Excelência" se tornasse ministro da Justiça e estivesse agora já pavimentando o caminho dele rumo ao governo do Estado e depois provavelmente à presidência da República? Noventa por cento dos candidatos da chapa não fizeram metade, nem um terço, nem *dez por cento* do que eu fiz, e o *meu* nome é que é riscado? Isto é inacreditável! É inacreditável, é inaceitável, é monstruoso!

Carlos parecia estar à beira de um ataque apoplético.

— Sim, realmente talvez não seja muito justo, mas a vida é assim. Que mais posso lhe dizer? Acredite o amigo: foi um pesadelo ter sido eu o incumbido de lhe dar a notícia. Também para mim isto tudo é muito triste, afinal sua reputação de guerreiro, sua lealdade incondicional à causa, sua coragem, honestidade a toda prova... Mas, enfim, é isto. Espero que o amigo não guarde ressentimentos de mim, por ter sido a ave de mau agouro a portar a notícia infeliz. Mas achei melhor avisá-lo a sós, aqui fora. Creio que fiz bem, não?

Azevedo fitava o rosto de Carlos, esperando uma resposta, mas este permaneceu calado, os olhos faiscando como carvões em brasa, num esforço sobre-humano de conter as lágrimas represadas da indignação. Azevedo então continuou, claramente aliviado por ter se desembaraçado rapidamente e com sucesso da desagradável incumbência:

— Bem, então já está avisado. Eu sinto muito, não sou capaz nem de dizer quanto. Meu conselho agora é que dê umas voltas por este largo tão aprazível, respire fundo, reflita, se acalme. Depois, se quiser ainda entrar na sede, conversar com outros colegas, esclarecer alguma dúvida ou mesmo comprovar a veracidade da notícia que acabo de lhe dar... Não se acanhe, fique absolutamente à vontade. — Fez uma pausa e arrematou com um sorriso forçado, patético: — Afinal, as portas do partido estarão sempre abertas para o amigo, como não?

— Muita bondade, muita bondade. Obrigado mesmo, Azevedo — retorquiu Carlos, trincando os dentes.

— Bem, é isso. Sorte, então, meu amigo. Para um homem de tamanho talento não faltarão oportunidades, talvez até melhores, de representar a Pátria. Agora tenho que ir. Os trabalhos hoje estão em ritmo alucinante, e com este calor de matar... Sabe que já estou quase invejando a sua tranqüilidade, a salvo desta roda viva da política, sossegadinho... Mas, enfim, se o dever me chama, que fazer? Até logo, meu caro!

Carlos julgou sentir no tom daquele "até logo" uma maligna satisfação. Nem respondeu.

Desorientado, perdeu a noção de quanto tempo ficou ainda ali no largo, sentado em um desconfortável banco de pedra. Meia hora? Duas horas? Não saberia dizer. O tempo passara a ser uma dimensão totalmente elástica e fugidia, deformada e obscurecida diante da brutalidade daquela nova situação.

Uma traição como aquela... Quando na vida Carlos poderia ter imaginado? Aquilo ia além dos piores pesadelos, era praticamente impossível aceitar aquele fato como real.

Por quê?

Por que, dentre tantos, tantos que haviam sido muito menos dedicados e leais à causa republicana, que jamais haviam privado, como ele, de uma intimidade verdadeiramente fraterna com Campos Sales, justo ele fora excluído a mando *do próprio,* com quem durante anos havia trabalhado ombro a ombro, vendo-se os dois diariamente, convivendo mais que marido e mulher, partilhando tanto ideais políticos quanto confidências pessoais e secretíssimas, dessas que geralmente se levam para o túmulo? Era incompreensível, era absurdo. Campos Sales só podia ter enlouquecido!

Ou então...

A suspeita a princípio foi sumariamente descartada por Carlos.

Não, Campos Sales não seria tão suscetível, tão melindroso, tão mesquinho... Mas, pensando bem, que outra razão poderia haver além *da carta?* Sim, a carta que Carlos havia mandado a Campos Sales anos atrás, sobre o problema dos escravos libertos, referindo-se à situação como sinistra e vergonhosa, e às autoridades como omissas e inconseqüentes. Na certa "Sua Excelência", com a personalidade inflada pela ilusão do poder, havia se ofendido, não soubera perdoar o amigo e agora se vingava.

Carlos chegou a pensar em pedir nova audiência com o ministro, colocar tudo em pratos limpos, mas de que adiantaria? O que ele ganharia com isso além de uma desculpa inverossímil de Campos Sales, a disfarçar um frívolo ressentimento, mal e mal oculto sob um verniz de fria polidez? Nessas condições, antes não ir.

E agora, diante da inesperada impossibilidade de uma vaga na Assembléia, o que ele deveria fazer? Voltar para Campinas, voltar para a "Gazeta" e continuar escrevendo artigos apoiando essa mesma república que o traía? *Como dar continuidade à missão?* Claro que ele não poderia agir também com mesquinhez e, por conta de um contratempo pessoal, passar a condenar toda a república, todos os seus ideais, ainda mais se a república era boa para o povo, era boa para a Nação. Mas seria mesmo?

A república que estava ali acaso continuava correspondendo, ainda que minimamente, à república com a qual ele sonhara, àquela república que ele, o general Glicério e o próprio Campos Sales arquitetavam anos atrás nas salas da "Gazeta"?

Afinal, a situação dos ex-escravos continuava sem nenhum reparo, indo de mau a pior. As contínuas concessões políticas, os vergonhosos conchavos, as escandalosas especulações financeiras já a partir de 1890, que ficariam conhecidas como o "encilhamento" — tudo isso mostrava uma república permissiva, para não usar palavra mais contundente. A família imperial havia sido expulsa do País de forma implacável e impiedosa, e Dom Pedro II, aquele homem bom e generoso a quem Carlos tanto devia, faleceria no exílio, doente e profundamente infeliz longe da terra que amava.

Carlos lembrava também a tirania do marechal Floriano durante o episódio da Revolta da Armada. Floriano prendera José do Patrocínio e planejou fazer o mesmo com Olavo Bilac e Rui Barbosa, coisa que só não levou a cabo porque os dois conseguiram fugir a tempo.

Outra injustiça que incomodava Carlos profundamente dizia respeito a um grande amigo seu, quase um irmão, um gênio de coração de ouro e caráter excepcional.

Tratava-se do artista de fama mundial Carlos Gomes, autor, entre outras composições, da ópera "O Guarani", aplaudido entusiasticamente no Scala de Milão, o templo máximo da ópera.

Carlos não se conformava com o total desprezo que a república vinha dispensando àquela glória nacional, que se encontrava em espinhosas dificuldades.

Ainda muito jovem, o fulgor e a promessa de seus talentos haviam chegado ao conhecimento de Dom Pedro II, que, sempre dedicado protetor das artes e dos artistas, também a Carlos Gomes ofereceu uma mesada, para que ele fosse lapidar seu prodigioso talento na Itália, terra dos grandes poetas da música. Assim, em fins de 1863, Carlos Gomes partia rumo a Milão.

Foram absolutamente bombásticos e feéricos os produtivos anos de glória de Carlos Gomes na Europa. Porém, em fins dos anos 80, enquanto aqui no Brasil produziam seus últimos estertores as instituições da escravidão e da monarquia, lá na Itália o genial artista passava por uma crise financeira sem precedentes, devida em grande parte, se rumorejava, a dívidas que contraíra na construção de um suntuoso casarão às margens do lago de Como.

O protetor e mecenas dos velhos tempos, o imperador, já havia sido implacavelmente deposto e escorraçado do País. Portanto, ocorreu a Carlos Gomes a saída mais lógica: pedir auxílio financeiro ao novo governo, a utopicamente sonhada república, na qual tomavam parte, agora, vários e velhos amigos seus. Afinal, Gomes também era um filho de Campinas e convivera muito com Carlos, Campos Sales e todo o pessoal da "Gazeta". Sabia que muitos poderosos desta recém-instaurada república eram fervorosos admiradores de seu trabalho. Certamente não teria maiores dificuldades em conseguir alguma ajuda, afinal sua obra enchia de glórias e reconhecimento o nome do Brasil pelos quatro cantos do mundo. O seu "Guarani" havia colocado este país na primeira grandeza da constelação musical do planeta.

Assim, em fins de 1889, num ímpeto de esperança, Carlos Gomes retornava ao Brasil para fazer o pedido de auxílio aos representantes do novo governo. Qual não foi sua triste surpresa ao receber das sumidades políticas apenas promessas vagas, apenas indiferença. Mas ele precisava voltar logo a Milão; deixara lá compromissos importantíssimos. O pedido havia sido feito; ele agora daria continuidade a seus contatos políticos por meio de cartas, incerto quanto a seu futuro, mas, apesar de tudo, mantendo as esperanças.

Pouco após o retorno de Gomes à Itália, Carlos recebeu uma carta do célebre compositor.

Milão, 8 de fevereiro de 1890

Meu bom Carlos!

Escrevo-lhe na certeza de que será, como sempre, amável em me responder com a possível brevidade.

Motivos imperiosos me obrigaram a partir do Rio para Milão, quase repentinamente.

Américo, nosso velho amigo, me acompanhou até o Rio e foi testemunha ocular das repetidas e formais promessas do nosso conterrâneo Campos Sales.

Américo, que ficara no Rio além do dia dez de dezembro, me escreveu na mesma data assegurando-me que Rui Barbosa, Aristides Lobo, Quintino Bocaiúva e outros estavam de acordo em meu favor.

Quanto à boa vontade do povo campineiro guiado pelo nosso conterrâneo Francisco Glicério, você já sabia desde o princípio.

Agora, porém, que estamos a oito de fevereiro, e tendo escrito a quase todos sem receber resposta, venho lhe pedir de escrever ou falar com o amigo Glicério, fazendo-lhe também lembrar a promessa que me foi feita formal e publicamente.

Os jornais da Europa até publicaram que a demonstração das senhoras de Campinas em São Paulo foi com o fim de pedir ao governo uma pensão para o maestro Carlos Gomes! Paciência. Se a fama correspondesse à realidade...

Enfim, venho lhe pedir, como já pedi aos amigos, quase todos de Campinas, de obter do cidadão Francisco Glicério uma resposta decisiva.

Se a resposta for negativa, serei obrigado a abandonar imediatamente a Itália e voltar... para onde?

Deus me há de ajudar.

Perdoe, meu Carlos, os contínuos incômodos que lhe dou, mas creia: sou injustamente esquecido!

Adeus, adeus! Até breve, talvez.

Sempre seu grato amigo

CARLOS GOMES

Carlos Ferreira, consternado, revoltado com o pouco-caso de seus colegas no poder, fez tudo que estava a seu alcance. Escrevia aos influentes do governo, expunha publicamente a trágica situação por meio das colunas da "Gazeta de Campinas", lançando idéias e apelos, abraçando de corpo e alma a causa daquele genial compositor em apuros.

Tudo em vão. Carlos pregava no deserto. Os homens do poder, inacreditavelmente, lavavam suas mãos.

Dois meses após a primeira carta, Carlos Ferreira recebia uma segunda e amargurada correspondência de Carlos Gomes.

Milão, 9 de abril de 1890

Amigo Carlos Ferreira,

Passei ao meu irmão a incumbência de lhe mostrar a fiel cópia da carta que o ilustrado cidadão e amigo Francisco Glicério me escreveu para aqui em data de oito de março, do Rio de Janeiro.

Não faço, e seria tempo perdido fazer, comentários sobre a resolução do governo.

O principal sentido desta carta é pedir a você que previna todos os seus colegas de imprensa, isto é, que peça a todos de minha parte que nada digam pelos jornais a meu respeito.

Seria para mim dupla mágoa ler pelos jornais a notícia do vexame e humilhação que estou injustamente sofrendo do governo.

Tendo-lhe escrito repetidas vezes, peço também desculpa do incômodo que sem dúvida lhe deram as minhas inúteis cartas. Foi, porém, boa-fé, pois não esperava pela carta absolutamente negativa do amigo Francisco Glicério.

Se, porém, você souber que Glicério está propenso a voltar atrás, ou ele ou alguém de peso no atual governo, se em vista disso você entender a probabilidade de bom êxito, mande-me um telegrama de três palavras, dizendo: GOMES, MILÃO, ESPERE.

Então esperarei aqui o tempo de chegar uma carta sua detalhada.

Sem isto, ou seja, sem o telegrama, esperarei em Milão até catorze de maio; a quinze partirei.

N.B.: Os vapores de Gênova para a América do Sul partem regularmente a um e quinze de cada mês. Esta carta chegará a Campinas nos primeiros dias de maio, com tempo de eu aqui receber o telegrama, o qual, repito, só espero até o dia catorze.

Adeus, adeus.

Perdoe a monotonia, as maçadas e o "tom menor" do
Seu infeliz amigo

CARLOS GOMES

A outra carta que acompanhava, contendo a resposta de Francisco Glicério, dizia que a proposta de pensão a Carlos Gomes fora rejeitada "na conferência ministerial de 7 de março de 1890" e terminava dizendo que o maestro não tinha "o *direito* de esmorecer por alguns mesquinhos contratempos pecuniários, pois seu nome pertence à Pátria e à glória, duas coisas que, segundo minha modesta opinião, algum sacrifício devem merecer!"

Carlos lia e relia, estupefato, a resposta de Glicério. Para mostrar sabedoria e destreza na área econômica, este inexperiente governo se dispunha a cortar implacavelmente as despesas, as famigeradas despesas criadas pela "perdulária monarquia" — incluindo aí as mesadas a artistas — e deixava completamente sem auxílio um patrimônio nacional do porte de Carlos Gomes, que agora seria obrigado a retornar de Milão após quase quatro décadas de trabalho obsessivo e ininterrupto brindando a humanidade com criações geniais, sublimes composições!

Carlos Gomes voltou para o Brasil humilhado e abatido

pela enorme decepção. Morreria poucos anos depois, vitimado por um câncer, mas principalmente — diziam os que lhe conheciam bem — pelo desgosto. Alguns dias após sua morte, Carlos publicaria no "Correio Paulistano" uma nota de homenagem ao grande maestro do "Guarani", que terminava assim:

> *As mediocridades políticas que lhe causaram danos e desgostos hão de passar, na onda do tempo inexorável, em caminho da vala comum, ao passo que ele — o simples e o bom, o opulento da inteligência — ficará pertencendo ao panteão das glórias universais.*
>
> *Não morrerá!*

Enfim, tudo foi se somando na imensa decepção de Carlos Ferreira com a república. Não era pequena a lista: a truculenta expulsão da família imperial, o desprezo em relação ao destino do extraordinário maestro, o descaso com que vinha sendo tratada a questão dos negros... E agora, para completar, a punhalada no coração — seu nome riscado da chapa de candidatos à Assembléia Estadual a mando do próprio Campos Sales!

Não! Era demais! Carlos não voltaria a pôr os pés na "Gazeta de Campinas", um dos maiores porta-vozes da república, esta república que o traía, que deixava morrer à míngua um gênio da música universal e, como Pilatos, lavava de suas mãos todo e qualquer respingo de sangue dos negros.

Estava acabada sua participação nesta república malograda e também na "Gazeta de Campinas". Venderia sua parte e daria novo rumo à vida.

Quanto a isso, não havia mais a menor dúvida. Porém, quando Carlos começava a pensar em qual seria esse novo rumo, sentia-se mais perdido do que nunca. E se sua tarefa hercúlea e de transcendental importância não tinha sido a república, como durante décadas ele acreditara, qual seria então? *Onde, quando, como* ele finalmente descobriria o monstro titânico que deveria combater, a fera devoradora de estrelas que um dia, em algum lugar, a misteriosa Natália lhe havia apresentado como sua missão neste planeta? O que vinha a simbolizar aquele monstro? E onde entraria, nessa história, aquele indecifrável exército de crianças? *Por que crianças?*

Perplexo e desnorteado, Carlos caiu em estado de profunda melancolia.

Por mais de dois dias, para desespero de Joaquina, esteve sem comer nem dormir. Ao terceiro dia não teve forças para se levantar da cama. A esposa tentou fazê-lo comer algo, mas em vão. À tarde ela chamou um vizinho que era médico. Este, infelizmente demonstrou uma descarada falta de compromisso com o nobre ofício que escolhera. Mal examinou Carlos e foi logo declarando:

— Isso são apenas desequilíbrios de nervos sobrecarregados. Seu marido só precisa continuar assim, na cama, sossegado. Melhora sozinho. Deixe-o em paz e tenha paciência.

O médico cobrou um absurdo pela breve visita e, ao embolsar o dinheiro, virou as costas a Joaquina e foi embora sem se despedir.

Naquela noite, Carlos teve febre. Delirava. Repetia incessantemente que aquilo tudo, a política, a indiferença, as especulações, as traições, tudo aquilo era irreal, que o ser humano não podia ser assim mesquinho. Sentava-se na cama com um olhar alucinado e punha-se a declarar, para grande espanto das crianças:

— Meus filhos! Meus pobres filhos! Não percam nunca as esperanças! Apesar do que se vê por aí, há ainda algo de bom e inofensivo nos seres humanos! *Santos mistérios!*

Em seguida desabava pesadamente sobre o leito, exaurido pelo delírio.

Joaquina ia de um lado para o outro, aflita, desdobrando-se entre os filhos pequenos e o marido doente.

Quando Carlos melhorava um pouco, ele tinha pena ao sentir a mão trêmula da esposa em sua testa a medir-lhe a temperatura, a preocupação e o desamparo naqueles grandes olhos maternais.

Joaquina foi à cozinha buscar algo e fechou a porta do quarto atrás de si para evitar que o marido pegasse uma corrente de ar.

Pouco depois, a porta começou a abrir-se lentamente, muito lentamente.

Um vulto insinuava-se na estreita abertura. Com a visão muito embaçada, Carlos enxergava apenas o cintilar de dois olhos. Seria uma das crianças? Ou era Joaquina, retornando da cozinha? Nesse caso, por que estava parada junto à porta entreaberta?

Como uma resposta a essas indagações, a porta abriu-se subitamente, de um só golpe, e ele, perplexo, viu ninguém menos que o Dr. Góes Villaranda diante de si. O que estaria fazendo ali? Ele se aproximava aos poucos, sem dizer nada. Carlos também permanecia calado, mudo de espanto. Quando o homem chegou ao lado da cama, bem perto de Carlos, este percebeu que as mãos do outro, flexionadas de forma estranha atrás das costas, seguravam algo.

Em um movimento elástico, o Dr. Villaranda ergueu os braços, e então Carlos viu que ele segurava uma grande pedra.

Góes Villaranda continuava segurando a pedra o mais alto que podia, acima da cabeça de Carlos. Ficou assim, parado, por alguns segundos.

Depois, usando toda a sua força, golpeou com a pedra a cabeça do enfermo.

Tudo escureceu.

Ao recobrar os sentidos, Carlos sentiu uma estranha umidade na testa.

Abriu os olhos e instintivamente recuou, assustado.

— O que foi, Carlos? Que olhar estranho é esse? — perguntou Joaquina.

— Ahnnn... Nada... Acho que estive sonhando.

Joaquina comprimia uns panos úmidos sobre a testa e as têmporas do marido e comentava em tom de alívio:

— Parece que a febre já cedeu. Será que você não consegue

comer nem um pouquinho? Talvez tomar uma canja? Um copo de leite, pelo menos?

Carlos tomou a canja, bebeu água e, por fim, adormeceu sentindo-se melhor.

Na manhã seguinte, acordou quase bom. No entanto, não conseguia tirar da cabeça a terrível visão do Dr. Villaranda esmigalhando-lhe o crânio com a pedra.

Ao cabo de dois dias, levantou-se mais bem-disposto, tomou banho, quis sair, passear, ver gente.

Porém a grande dúvida continuava a atormentá-lo.

O que seria de sua vida daquele momento em diante, depois das irremediáveis decepções com os "pais da república"?

Qual seria seu próximo passo?

O que deveria fazer?

Qual era sua missão?

Por mais de uma década, Carlos sentiu-se terrivelmente perdido.

Escreveu muito, escreveu poemas, ficções, alguns artigos. Escreveu peças teatrais, tanto dramas quanto comédias, que chegaram até a ser levadas ao palco com relativo sucesso. Mas ele sabia que toda aquela atividade nada tinha a ver com sua missão.

Tudo que ele fazia ultimamente era apenas para seu sustento — o seu próprio e, acima de tudo, o da família, agora ainda mais numerosa com a chegada de Luís em 1891, Eduardo em 1892, Ana em 1896 e José Bento, o Juca — assim batizado em homenagem ao avô —, em 1898.

O capitão Juca Bento, o rico e poderoso capitão Juca Bento, pouco poderia fazer agora para ajudar na criação dos netos. Perdera tudo nas últimas crises do café, inclusive as fazendas. Dona Prisciliana, a requintada e europeizada tia de Joaquina, morrera dez dias após a liquidação em leilão da Fazenda Aroeiras. Os médicos atribuíram sua morte a uma repentina pneumonia, mas o velho Juca Bento garantia que a irmã se finara de puro desgosto.

Apesar dos apertos financeiros, poucas coisas davam tanta satisfação a Carlos quanto a família, os filhos. Mas ele estava longe, muito longe de alcançar a felicidade.

Aguardava ansiosamente um sinal.

Às portas do século 20, mais do que nunca, Carlos implorava aos céus que lhe enviassem um aviso.

O ano de 1900 abriu o novo século e chegou ao fim sem trazer a Carlos o que ele tanto esperava.

E esperava...

"A paciência é amarga, mas seu fruto é doce", consolava-se Carlos, sem saber que o tal fruto estava, finalmente, a ponto de amadurecer.

13

PROFESSOR

Seria novamente por meio de um sonho que Carlos teria contato com o ser enigmático que já o acompanhava havia anos e a quem ele conhecia apenas por Natália.

No sonho, Carlos encontrava-se em um quarto escuro, em local que ignorava, e esperava uma visita desconhecida. Após o que pareceu ser muito tempo — anos, ou mesmo séculos — a porta se abriu. Ainda assim, a escuridão permanecia quase total. Ele sentiu a aproximação de seu visitante, mas só quando este apertou sua mão é que ele percebeu tratar-se de Natália.

De mãos dadas, saíram do quarto. Natália foi conduzindo Carlos por um corredor, também bastante escuro, que parecia ser interminavelmente longo. O corredor era cheio de curvas e contornos labirínticos. Certamente Carlos teria se perdido ali se não contasse com Natália como guia.

Após andarem muito, pararam diante de uma porta fechada. Na penumbra, Natália sussurrou:

— Aqui está a entrada. Eu volto daqui. Você segue adiante. Espero que encontre o que está buscando.

Após pronunciar tais palavras, desapareceu diante dos olhos dele.

— Escuridão, labirintos e portas fechadas... — resmungou Carlos. — Bem arranjado me deixou essa senhora!

No entanto, não lhe restava opção além de abrir aquela porta. Ele já esperava encontrar mais um quarto escuro ou outro labirinto, portanto não houve surpresa alguma quando, ao abrir a porta, encontrou-se em um aposento idêntico ao do início do sonho. Talvez fosse até o mesmo e ele tivesse estado andando em círculos durante todo aquele tempo. Logo ao entrar, ele sentiu uma mão tocar suas costas por um instante. Seria Natália que retornara? O toque se repetiu e desta vez foi mais brusco, quase um empurrão. Outra mão agarrou-o pelas pernas, tentando puxá-lo para baixo, e algo como uma grande garra, com unhas recurvas, prendeu seu ombro direito como um gancho. Gemidos e gritos grotescos começavam a vir de todos os lados e rapidamente aumentavam em intensidade e horror. Carlos sentiu um forte golpe nas costas, outro logo em seguida no abdome e mais um na altura do rosto.

"É uma armadilha", pensou, aterrorizado, e começou a correr o mais depressa que pôde. Subitamente sentiu o chão faltar sob seus pés, e foi engolido por uma espécie de túnel ainda mais escuro, espiralado, como uma serpentina de trevas. Dali foi despejado em uma sala penumbrosa e poeirenta. Era escuro, mas ao menos ali se enxergavam alguns contornos do ambiente.

Num extremo da sala havia uma mesa e uma cadeira, onde estava sentado um homem muito velho e todo vestido de preto, com cara de corvo. Um toco de vela iluminava fracamente um caderninho no qual, a lápis, o velho ia fazendo anotações. Ao notar a presença de Carlos, o cara-de-corvo parou de escrever e com a ponta do lápis indicou mais uma porta, que ficava a alguns metros de sua mesa.

— Se foste capaz de chegar até aqui, não deverás hesitar em transpor a última porta — disse o velho, que estranhamente tinha a voz de uma criança. Ao ver que Carlos não se decidia, ele insistiu:
— Transpõe essa porta, meu caro. Certamente não haverias de querer passar o resto da vida em minha companhia. Eu sou a carcaça da tua vida política fracassada. Afasta-te de mim enquanto podes, meu velho. Em pouco tempo não suportarás o cheiro de carniça!

Foi o bastante para que Carlos corresse até a porta e a abrisse.

Nesse novo recinto, Carlos sentiu-se cego por alguns instantes, tamanho o fulgor da luz que dominava o ambiente.

Finalmente a luz! E em que intensidade! Tudo ali dentro que não emanava luz, refletia-a. Eram superfícies luminosas, espelhadas ou transparentes, algo como um palácio de luz, cristal e água. Havia uma escada de vidro que dava acesso a um piso superior, ainda mais luminoso que o de baixo, e dali provinham risinhos infantis, balbucios de crianças pequenas. Curioso, Carlos subiu a escada e ali viu vários bercinhos de cristal. Em cada berço havia uma criança de no máximo um ou dois meses de idade. Na parte de dentro os berços apresentavam uma concavidade transparente, lisa e maleável, que se amoldava ao corpo dos bebês e se mantinha sempre em uma temperatura agradável a eles.

Do fundo dessa sala, Carlos viu uma enfermeira, toda de branco, também ela muito pálida, quase translúcida, trazendo mais uma criança e colocando-a em um dos berços. Dirigindo-se a Carlos, a enfermeira disse, com uma voz suave e quase etérea:

— Estas são as crianças da Luz e do Cristal. Não permita que sejam corrompidas pela impureza do mundo. Este é seu trabalho a partir de agora.

Em seguida, a pálida mulher se retirou. Nesse momento, Carlos ouviu uma voz a chamá-lo. Era uma voz bastante conhecida.

— Carlos! Carlos! Sou eu, colega! Então, não me reconhece?

Completamente atordoado, Carlos descobriu que era um dos bebês quem lhe falava.

— Sou eu, o Campos Sales! Ora, deixe de ressentimentos e venha cá me dar um abraço!

Logo outro bebê começava a falar também.

— Por que fingir que não me viu? Sou eu, o Glicério. Vamos, homem, deixe de frescuras e troque logo minhas fraldas!

Um bebê vestido de azul começava a fazer cara de choro e protestava:

— Francamente, Carlos, deixar a mim, Deodoro da Fonseca, passando fome! Onde está minha mamadeira?

Em alguns instantes eram já centenas de bebês — políticos, estadistas, militares, jornalistas, advogados, escritores — que reclamavam que Carlos lhes trocasse as fraldas ou lhes desse uma mamadeira ou lhes balançasse o bercinho até que dormissem.

A gritaria foi aumentando, tornando-se ensurdecedora, insuportável, até que Carlos, desesperado, levou as duas mãos à cabeça e perdeu os sentidos.

Quando abriu os olhos, estava em sua cama.

— *Meu Deus, que sonho!*

Horas após despertar, a lembrança de todos aqueles bebês implorando ruidosamente por seus cuidados ainda dava a Carlos uma difusa, intrigante, persistente sensação de angústia.

Porém, dos obscuros labirintos dessa angústia emergiu a luz de uma revelação.

Ele realmente deveria cuidar daquelas crianças.

Finalmente, agora ele via a verdade tão claramente como nunca antes em sua vida. A recordação da cena em que ele guiava crianças contra aquela gigantesca fera atingia-o agora como uma inequívoca profecia.

O exército de crianças que salvaria o universo.

Aquela era sua missão.

De nada adiantava ele ficar remoendo ressentimentos e colecionando decepções contra os homens que estavam agora na política e no poder. Muitos já se haviam corrompido por sentimentos de egoísmo, ganância, orgulho, arrogância. De pouco valia pegar o bonde andando. Era no *início* que estava sua missão: *nas crianças!*

Nada mais inútil e patético do que um homem sem nenhum poder nem influência, tal como ele se achava agora, tentar se arrojar contra a funesta roda-viva das ambições políticas na esperança de destruí-la, como um Dom Quixote se batendo contra gigantes imaginários. Loucura semelhante ou pior que a do herói de Cervantes seria ele tentar atingir os corações endurecidos e cascudos desses homens de rapina, cujo luminoso ideal da juventude, havia muito tempo, já tinha sido aniquilado pela crueza dos interesses mais egoístas e torpes.

Não! Ele deveria agir *antes* que a sordidez aflorasse! Deveria agir na infância — só aí ele teria chances de inculcar nas criaturas valores tão indispensáveis quanto desprezados nesses dias atuais. Só assim poderia dispersar para sempre o tenebroso bando de vampiros que se encontram na cabeça de todas as nações, sugando-lhes o sangue, espoliando-lhes as forças, tornando anêmicos os povos, débil a Humanidade.

Carlos sufocava de emoção, sentia as vertigens de um princípio de êxtase místico, profético.

Revelara-se finalmente sua missão!

Enfim ele compreendia aquela visão da besta que engolia astros, enfim ele entendia *o exército.*

Seu trabalho, ao qual ele se dedicaria a partir de agora e até o último de seus dias, seria formar as crianças que seriam um dia os arrimos da Humanidade, educar os primogênitos de um novo mundo, de uma nova era de paz e amor eternos.

Sim! Educar! Como Carlos não percebera antes a clareza de sua missão? Afinal, de certa maneira ele sempre estivera convicto de que a criação e educação de um ser humano, tal como eram conduzidas, contribuíam para produzir verdadeiras aberrações, desvios grotescos. Ao chegar à idade adulta, a quase totalidade das pessoas se achava convertida em monstros, por meio de atos individuais e coletivos, obscuros e gigantescos, que chegavam, em sua opinião, às proporções de uma enorme conspiração malévola visando mal direcionar o livre-arbítrio das criaturas. Havia o caso de muitas pessoas que estavam, inclusive, bem conscientes da própria abominação e se refestelavam, satisfeitíssimas, no próprio lodo de sua consciência corrompida até a decomposição.

Mas eis então que alguns desses monstros, ao constatarem a própria sordidez, sentiam-se repugnados e, fazendo bom uso de sua vontade e autonomia, resolviam fazer em si mesmos uma severa operação cirúrgica, extirpando as partes infectadas, tentando salvar o que ainda havia de bom e de puro.

Nada mais nobre e, ao mesmo tempo, nada mais difícil. Pois essas pessoas, além de suas boas intenções, teriam de dispor dos afiadíssimos e precisos bisturis da coragem, das mais tenazes e duráveis pinças da persistência e de fios de sutura de um material especialíssimo, que só a própria pessoa poderia produzir, conhecido como *originalidade*.

Pouquíssimos, no entanto, estavam dispostos a passar por essa cirurgia. Ao contrário das demais cirurgias, a dor não poderia ser minorada ou neutralizada por vapores anestésicos, como o éter ou o clorofórmio. Além disso, é operação muito demorada, e os resultados nunca são imediatos, tampouco garantidos — como, afinal, nada o é nesta vida.

Por que, então, não cortar o mal pela raiz, ou, muito melhor, plantar o bem antes que o mal chegue mesmo a germinar, e por meio do amor ao próximo, à verdade, aos princípios nobres e elevados, do desejo de paz, harmonia e comunhão entre as criaturas, do respeito à natureza e à pátria, começar a criar *anjos* ao invés de *monstros?*

Por que não?

Carlos estava entusiasmadíssimo. Enormes expectativas e esperanças vinham bruscamente lhe chacoalhar a alma.

Precisou ir até a cozinha e tomar um copo d'água para se acalmar. Talvez melhor fosse um chá de flor de laranjeira: sentia-se febril, teve medo de convulsões ou até mesmo de um ataque apoplético.

No entanto, mal tomou dois goles d'água e já se pôs a escrevinhar freneticamente em um caderninho de notas as idéias que lhe chegavam à mente, em violenta enxurrada criativa.

Durante mais de dois anos Carlos andou em atividade quase maníaca, dando à luz diariamente idéias revolucionárias e inovadoras, contatando as mentes mais capazes e originais que estavam a seu alcance para que dessem aulas em seu colégio — que ele já batizara de Colégio Sant'Ana (em homenagem à santa à qual era muito apegado e que inspirara inclusive o nome de sua quinta filha). Pesquisava já qual seria a melhor cidade para seu colégio, e, na cidade, qual seria a melhor casa, e se deveria funcionar em sistema de internato ou externato, etc.

Desse período, esteve os últimos meses como um alucinado, pensando e providenciando cada detalhe para a abertura não de um simples colégio, mas de um ninho de espíritos elevados, uma incubadora de gênios, e não apenas gênios intelectuais (pois os gênios podem ser verdadeiros monstros de vaidade e egoísmo), mas também gênios do sentimento, gênios morais, gênios da luz e do amor. Carlos vislumbrava algo fabuloso que englobasse, em um único estabelecimento, a contundente e estimulante didática de Sócrates, a influência aglutinadora, amorosa e carismática de Cristo, a iluminada camaradagem dos jardins de Epicuro e toda a sabedoria da legendária biblioteca de Alexandria.

Estaria indo longe demais, pensando muito alto, fazendo castelos no ar? Talvez. No entanto, diante do sombrio estado das coisas atuais, ele não via alternativa a não ser pensar alto. Já havíamos caído baixo demais. Guerras, escravidão, exploração, ganância, indiferença, sangue derramado pelos quatro cantos do planeta. Agora, como uma indispensável compensação, fazia-se necessário pensar alto.

E Carlos pensou tão alto e com tamanha intensidade que chegou a cair de cama, exausto dos nervos, por ocasião do Natal.

Porém logo se recuperou e, para inícios de 1904, já estava tudo decidido: a cidade, a casa, as condições de admissão, os professores e funcionários, etc.

Nos últimos dias de janeiro circulavam por vários jornais da região de Campinas anúncios com o seguinte teor:

> COLÉGIO SANT'ANA
>
> *Chamamos a atenção dos senhores pais de família e do público em geral para a inauguração deste novo colégio que nosso distinto amigo e ilustre colega de imprensa Carlos Ferreira, escritor de nome vantajosamente conhecido no Brasil e em Portugal, vai abrir na próspera cidade de Pedreira, no dia cinco do próximo mês de fevereiro.*

Logo abaixo, seguia uma lista com os nomes dos professores, as condições de admissão, o material necessário e o endereço do colégio.

14

PEDREIRA

5 de fevereiro de 1904

Carlos dava início à missão de conduzir a Humanidade a uma nova Era de Luzes, a uma apoteose do Amor e da Harmonia.

Apesar de ter incorporado ao corpo docente do colégio extraordinários professores — médicos, advogados, padres, jornalistas, filósofos —, mentes brilhantes garimpadas nos mais diversos ambientes, Carlos fez questão de lecionar, ele mesmo, boa parte das matérias. Chegou a dar mais de quinze aulas diárias e seguidas, além de não descuidar de cada detalhe de seus afazeres na direção e administração do Sant'Ana. Tudo estava permanentemente sob seu rigoroso controle. Desde cada questão do ensino propriamente dito ao cardápio dos alunos e à limpeza da roupa de cama dos internos, ele se ocupava para que sempre estivesse perfeitamente azeitada cada engrenagem daquela formidável máquina de lapidar homens, de fazer aflorar a toda luz a centelha divina que residia oculta na essência de cada um daqueles jovens.

Era um trabalho prazeroso porém extenuante. Alunos de outros colégios, alguns mesmo de outros Estados, eram atraídos pelo elogioso boca-a-boca, e muitos ainda chegavam na segunda e terceira semanas de fevereiro.

Em meados de março fez-se a contabilidade definitiva. O número dos internos chegava a duzentos — a capacidade máxima —, enquanto aqueles em sistema de externato somavam quase quinhentos.

Para Carlos, o excesso de trabalho e de atribuições no colégio, ao invés de cansá-lo, o estimulavam.

A cada aula dada, a cada progresso percebido nos alunos, a cada novo conceito assimilado por um grupo, a cada hora, enfim, passada junto àquelas crianças, Carlos via mais possível e concreto seu sonho e missão.

Era uma idéia fixa e quase obsessiva de Carlos esta de que, dentro de cada uma daquelas crianças, havia um tesouro escondido, como nessas histórias de piratas, às vezes enterrado nos recônditos mais secretos e inacessíveis. Mas ele, com persistência quase maníaca, como se sua própria vida dependesse disso, punha-se a escavar loucamente aqueles espíritos e não se dava por vencido enquanto não trazia à luz o tesouro de cada um.

As mudanças nas idéias, na personalidade, no sistema moral daquelas crianças e jovens eram fantásticas. Ocorriam na maneira como aqueles futuros pais da Nação viam e se relacionavam com o mundo, transformações quase sobrenaturais.

Ali naquele colégio, os sentimentos mesquinhos e egoístas eram implacavelmente combatidos, como uma moléstia terrível e contagiosa, com o balsâmico antídoto do amor altruísta e incondicional. Meninos que, educados em outro lugar, estariam, ao cabo de uma década, treinados e perfeitamente amestrados para pensar e agir como selvagens e insaciáveis capitalistas, venerando o dinheiro e a matéria acima do próprio Deus, ali no Colégio Sant'Ana iam tomando idéias e feições luminosas, que em certos momentos até lembravam a dos santos e dos profetas.

O livre-arbítrio daqueles jovens se consagrava continuamente naquela fonte límpida, cristalina e inesgotável de bons exemplos e se direcionava cada vez mais ao caminho da Luz, que é a tendência das coisas de Deus.

Se um dia realmente existiu a gloriosa e superior civilização chamada Atlântida, pensava Carlos, então seu colégio era uma nova Atlântida, com a diferença de que esta, a *sua* Atlântida, não seria jamais contaminada pela cobiça que, segundo diziam os mitos, havia sido responsável pela destruição da Atlântida original, pois ali, no Colégio Sant'Ana, onde já passava a ser quase palpável uma atmosfera mágica de local sagrado, ali o amor e o saber se esparramavam a toda luz e os mais puros e elevados ideais desabrochavam com uma exuberância de vontade — uma vontade de fazer, de transformar, de revolucionar.

Carlos realizava seu sonho.

Carlos cumpria sua missão.

E saboreava cada segundo dessa sublime sensação de estar no caminho certo, alinhado com Deus, integrado com a Inteligência Cósmica, pertencendo de modo absoluto ao Todo e nele influindo, finalmente usando sua lança redentora — afiada e poderosíssima agora — contra o horrendo monstro titânico que desde sempre o desafiara naqueles transes enigmáticos que ele nunca chegara a considerar meros sonhos. Com estocadas providenciais, implacáveis, devastadoras, ele ia ordenando o *vade retro* ao ignóbil titã quando o pressentia perto de suas crianças, afastando-as do mau caminho e escorraçando a maligna besta a golpes de bons exemplos e de muita luz.

Para lembrá-lo de estar sempre atento e inspirado, colocou na sala da diretoria, sobre uma estante de mogno, uma esplêndida peça de gesso, feita a seu pedido por um velho amigo, artista talentosíssimo.

Era um São Jorge investindo contra o dragão.

Quando terminava a labuta do dia e os alunos internos já haviam se recolhido a seus leitos, quando o silêncio e a penumbra reinavam no Colégio Sant'Ana após mais um dia de ruidosa e iluminada atividade, Carlos ficava ainda naquela sala por mais de uma hora, recostado em sua cadeira de diretor, observando com deleite aquela imagem épica e numinosa, sentindo-se como que um gêmeo espiritual daquele santo galante e audaz.

Nesses momentos tranqüilos e solitários, ele era um homem feliz, como nunca fora antes.

Era o início de 1905 e aproximava-se o primeiro aniversário do Colégio Sant'Ana.

Apesar de Carlos ter sido inicialmente contrário à idéia, os professores, funcionários e até alguns alunos acabaram por convencê-lo de que aquela data deveria ser celebrada com uma festa. Ele acabou concordando, com a condição de que a comemoração fosse sóbria e modesta, uma pequena confraternização, apenas para marcar a data.

Porém, na noite de 5 de fevereiro, a "modesta comemoração" revelou-se uma enorme extravagância, com cerca de três mil convidados, entre professores, funcionários, alunos, pais, parentes diversos, vários jornalistas. Também marcaram presença o prefeito e muitos vereadores de Pedreira, além de políticos e autoridades de cidades próximas, como Amparo e Campinas, e não tão próximas, como São Paulo e Santos. Alguns velhos amigos dessas cidades também vieram a Pedreira parabenizar Carlos por um ano tão cheio de êxitos e realizações.

— A mera existência deste colégio é uma honra para a raça humana — declarou com muita solenidade o prefeito ao apertar as mãos de Carlos.

Foi uma noite feérica, da qual Carlos jamais se esqueceria. Ele, homem tão avesso ao *glamour* e à opulência, viu-se diante de um desfile de casacas e vestidos finos, de bebidas caras que acompanhavam as mais requintadas iguarias numa mesa decorada com refinada elegância, onde poderia se banquetear toda aquela gente até a absoluta saciedade. Na cabeceira havia, discretamente marcados, lugares de honra para ele, Joaquina e os filhos.

Uma vaga sensação de nostalgia parecia arrastá-lo à lembrança daquele baile onde tudo começara, aquele baile no Teatro São Pedro onde ele havia tido seu primeiro encontro com o imperador. Para Carlos, na época um rapazola, um menino praticamente, Dom Pedro parecera um homem já mais que maduro: velho, quase. Agora, porém, trinta anos depois, revisando sua memória, ele se apercebia que aquele homem imponente, barbudo e louro era tão jovem ainda na noite daquele baile! Muito mais jovem do que ele próprio era agora! Agora, era ele o velho, e o imperador já fazia muito tempo se havia alado a regiões menos tormentosas, lá para onde não existem essas ilusões que são por este baixo mundo tão poderosas, chamadas *juventude* e *velhice*.

Carlos se perdia em divagações, e toda aquela animação ruidosa, a comilança opípara, as bebidas borbulhantes, aquilo tudo na verdade já o enfadava um pouco. Todos sabiam que ele era um homem sóbrio, sabiam que não havia nada mais distante de sua natureza que as expansões exageradas, tanto as de sentimentos quanto as de gestos, e no entanto ele se via desatendido em seu pedido de moderação.

Mas, enfim, se todos estavam genuinamente felizes, e por bons motivos, que mal poderia haver? Talvez ele realmente estivesse ficando velho. Melhor mesmo era relaxar e juntar-se à confraternização, antes de parecer rabugento demais.

— Carlos! Carlos! Mestre!

Chamavam-no.

Vinham em sua direção o padre Braga, professor de latim e de religião; Horácio Prado, jornalista do "Correio de Campinas"; e alguns alunos.

O padre Braga se adiantou, o rosto vermelho de bom champanhe, as palavras ainda mais bajuladoras que de costume:

— Meu caro mestre, já é quase meia-noite. Uma ocasião assim não se pode encerrar sem algumas das suas sábias palavras!

Horácio Prado concordava:

— Uma matéria no jornal sobre esta noite de glória fica incompleta sem a íntegra de um discurso seu!

— Discurso! Discurso! — pediam os alunos.

Carlos fora pego de surpresa. Ainda tentou argumentar:

— Mas assim? De improviso não fica bem. Se eu soubesse, teria preparado alguma coisa.

O padre discordou vigorosamente:

— De jeito nenhum! De improviso é muito melhor! Tem mais sentimento, tem mais alma! Vem daqui, ó! — garantia, batendo a mão direita, cheia de reluzentes anéis, no meio do peito obeso.

Mais e mais gente se juntava ao grupo exigindo o discurso. Finalmente, Carlos deu-se por vencido:

— Está bem. Se vocês fazem tanta questão... Discurso!

Pegou um copo d'água numa mesa próxima e tomou alguns goles para molhar a garganta e aclarar a voz. Em seguida, em meio a uma grande algazarra, foi conduzido ao centro da sala de teatro, e lá subiu no pequeno palco usado nas aulas de interpretação.

Aprumou-se, limpou um suposto pigarro e começou:

— Aos ilustrados colegas, amigos, pais e alunos, confesso-me sumamente agradecido pelo cavalheirismo e pela gentileza com que sempre me distinguiram...

Uma diminuta pausa foi pretexto para uma saraivada de palmas. Carlos fez um elegante meneio de cabeça em agradecimento, e nesse instante, para seu horror, percebeu que ainda segurava na mão direita o copo d'água que pegara momentos antes. Que vexame — discursar com um copo na mão! E se algum jornalista malicioso deduzisse ser aguardente o conteúdo do copo e no dia seguinte viesse publicado nos jornais que o professor Carlos Ferreira discursara na festa de aniversário do Colégio Sant'Ana entre goles de *cachaça?* Que abalo para o prestígio do colégio! Mas agora que já estava encarapitado em cima do palco, sob o implacável escrutínio de cada olhar daquela multidão, desfazer-se do copo só chamaria ainda mais atenção, pareceria mais suspeito.

Ah! Aquilo não tinha remédio! Com mais de meio século de vida, ele era ainda o mesmo menino distraído e desajeitado que causara risos no baile de Dom Pedro II.

Como fosse sua única opção continuar o discurso de copo na mão, prosseguia:

— Tão espontânea e delicada lembrança, que muitíssimo eleva minha obscura individualidade...

A coisa ia de mal a pior, pois a mão que segurava o copo dera de começar a tremer visivelmente, e decerto só uma pessoa muito míope não perceberia aquela agitação.

"Agora, sim, vão dizer que é cachaça!", pensou Carlos mortificado.

Só lhe restava abreviar o discurso, terminá-lo o quanto antes, para que o escândalo não fosse maior. Fazendo das fraquezas forças, ele continuou:

— E nesta bela e florescente cidade prometo continuar meus trabalhos com as crianças, futuro da Humanidade, e em prol de todas as idéias e de todos os elementos que possam concorrer para o aperfeiçoamento social e o bem da Pátria. Estarei sempre à disposição dos que me honram com sua consideração. Obrigado, meus amigos!

Sob ruidosa chuva de aplausos, aliviado, mas bastante atordoado, Carlos rapidamente desceu do palco.

O que acontecera, afinal? Qual o motivo de toda aquela tremedeira? Ele não subira ao palco nervoso. É verdade que não havia partido dele a idéia do discurso, mas concordara logo e subira tranqüilo, sereno, estava entre amigos. Um pouquinho emocionado talvez, mas nada que justificasse aqueles tremores.

Antes que terminasse a festa, ainda levantaram inúmeros brindes em sua homenagem, recebeu lembranças dos alunos, o prefeito discursou, o padre Braga também.

Graças aos céus, pelo visto, ninguém havia notado a gafe do copo e da tremedeira. Ou ao menos não se havia comentado.

Enfim, a festa terminou maravilhosamente para Carlos, com um coro de crianças recitando poesias suas. Quando, já altas horas da madrugada, foi gentilmente conduzido pelo prefeito de volta para casa, tinha a mente rodopiando de tanta emoção, o coração pleno, transbordando de esperanças e idéias geniais para mais um ano de glória do Colégio Sant'Ana, que já adquiria um *status* de local mítico do saber, de catedral do conhecimento.

Em casa, momentos depois, já deitado, tão absorto prosseguia em seus pensamentos, que nem chegava a perceber que, sob o fino lençol com que se cobria naquela noite quente de fim de verão, um leve tremor continuava agitando suas mãos. Suave, quase nada, porém constante, ininterrupto.

15

O FIM DE UM SONHO

Foi pouco mais de uma semana após a festa, numa segunda-feira.

Ao preparar a primeira aula do dia, Carlos notou que a pena tremia inoportunamente em sua mão. Fez o teste: passou a pena para a outra mão. O tremor era ainda mais evidente.

— Ah, a velhice, quando chega! Parece que começa tudo a enguiçar!

Carlos tentava em vão responsabilizar a idade por suas mãos estranhamente trêmulas, mas a verdade é que não conseguia convencer a si próprio com um motivo tão prosaico. Afinal, ele não era nenhum mocinho, mas um homem de cinqüenta anos ainda está, via de regra, bem longe da decrepitude. Quantos homens ele conhecia, com mais de setenta anos, e rijos como toras... O padre Braga mesmo, tinha setenta e quatro e estava como um touro.

No domingo seguinte, pela manhã, Carlos chegou até a ir ver o velho Braga dizer a missa aos alunos, e observou com pertinaz atenção o gesto do padre de estender a mão, segurando a hóstia, e depositá-la delicadamente na boca de cada aluno. Firme como uma rocha. Não se percebia o menor tremor naquelas mãos sacras e gordas.

Não, a idade não era desculpa para aqueles tremores, que para seu horror, conforme ele notara no almoço de sábado, agora lhe agitavam também as pernas. Chegou a pensar que talvez fosse apenas maluquice sua, uma obsessão hipocondríaca, porém nesse mesmo almoço Joaquina lhe perguntara se algo o estava deixando nervoso, pois ela também notava como os talheres tremiam em suas mãos.

Deveria procurar um médico?

Decidiu que sim, mas não agora. Talvez tudo não passasse de uma sobrecarga nervosa, um excesso de expectativas e de responsabilidades no planejamento do ano letivo que estava por começar. Parecia-lhe razoável esperar até a Páscoa. Se até lá os sintomas não passassem, marcaria uma consulta com o Dr. Vidigal, médico de sua absoluta confiança, conhecido de anos e sem papas na língua, que, se tivesse de lhe contar algo desagradável, não hesitaria e diria tudo sem meias palavras.

Portanto, decidiu que até a Páscoa não pensaria no assunto e manteria firme e inalterada sua promessa de levar a sagrada chama do conhecimento às suas crianças e fazer brilhar mais e mais, na constelação do Saber, o nome do Colégio Sant'Ana.

Porém, quando a Páscoa chegou, já não dependia de sua decisão consultar um médico.

Os tremores haviam piorado de modo alarmante. Era impossível que alguém que convivesse com ele, fosse aluno, colega ou família, não percebesse aquela estranha agitação, por mais distraído que fosse.

Já não eram só os membros; a cabeça também passara a apresentar uma sinistra trepidação, como se o corpo houvesse decidido de repente que era a coisa mais bizarra do mundo equilibrá-la sobre o pescoço.

As dificuldades iam aumentando. Parecia-lhe um trabalho de Hércules terminar uma refeição sem que, como uma criança de um ou dois anos, ele se emporcalhasse todo. Já era impossível manter limpo o enorme guardanapo de pano, quase tão grande quanto uma toalha de banho, que lhe cobria todo, do pescoço até os joelhos, e que ele passara a usar, por cautela, durante as refeições. Estas, obviamente, ele agora só as fazia em casa.

Abolira totalmente os almoços no colégio e os jantares em casas de amigos, pelo puro pavor de ser um constrangimento tão grotesco para si e para os outros. O mero ato de tomar um copo d'água passara a ser um espetáculo dos mais degradantes. E, se até bem pouco tempo atrás ele se irritava com os garranchos horríveis em que se ia transformando sua escrita, agora tinha saudades de quando ainda podia ao menos segurar um lápis entre os dedos.

O Dr. Vidigal foi de uma sinceridade extrema, quase cruel:

— Meu caro professor — começou o médico, fixando em Carlos um olhar duro e implacável —, não posso lhe dar esperanças. Veja bem: não é que não quero; é que realmente *não posso*. A condição de que está padecendo é irreversível e progressiva. Seus nervos e músculos estão se degenerando dia a dia. Não se sabe ao certo a causa dessa condição. Não há tratamento eficaz e não se sabe, na medicina, de casos de cura. Agora, meu velho, é só ladeira abaixo. E não me peça para fazer previsões. Depois que a enfermidade se manifesta, há doentes que mal agüentam um ano, outros passam de vinte, se bem que — e aqui vou ser franco como sempre — em situação deplorável.

Carlos permanecia mudo e quase alheio à explicação, como se o médico estivesse falando de outra pessoa, de alguém que ele mal conhecesse.

— De que adiantaria eu lhe esconder a verdade nua e crua? Depois você diria que eu, não só como médico, mas também como amigo, lhe enganei deslavadamente. Não, isso nunca! A verdade, acima de tudo a verdade! E a verdade é uma só: as dores irão piorar, os tremores e a paralisia também, e chegará o momento em que alguém terá que tomar cargo de si como se fosse um recém-nascido, pois sua autonomia será nula, até para as tarefas mais básicas e corriqueiras, compreende?

Neste momento, o Dr. Vidigal fez uma pausa e lançou a Carlos um olhar de extrema malignidade, apesar da voz aveludada e melíflua com que disse a seguinte frase:

— Os bebês novinhos, vulneráveis e indefesos, são tão adoráveis... Mas um bebê de cinqüenta anos parece uma abominação, não acha, professor? Um constrangimento para os amigos, um fardo para os filhos, um desafio à paciência da mais santa das esposas...

A crueza de tais palavras fez com que Carlos despertasse de seu estado quase catatônico e passasse a observar, com crescente pavor, a maneira sereníssima e quase doce com que o Dr. Vidigal dizia aquelas coisas tremendas. O médico prosseguia, inalterável:

— Como nós, humanos aparentemente civilizados, já em pleno século 20, somos ainda primitivos! Como somos intolerantes com a doença e a velhice, com os fracos e os necessitados! Às vezes me pergunto, meu caro professor... Será que realmente já saímos das cavernas? Se ser mais civilizado é ser mais humano, é ser mais cristão, será que realmente somos mais civilizados que os selvagens que secam e encolhem as cabeças dos inimigos e depois as guardam como finos *souvenirs*, ou que os botocudos da Amazônia, que acham uma beleza estonteante em alargar seus lábios com rodelas de madeira do tamanho de pratos? Essa pergunta freqüentemente me aflige, sabe, meu velho, e por vezes até em sonhos ela vem me atormentar: *já saímos das cavernas?*

Sem esperar resposta, o médico teve um gesto de irritação e levantou-se subitamente.

— Ah, meu caro professor, você sempre me faz falar demais. Fico estimulado na presença de uma mente tão ilustrada como a sua e começo a crer que sou filósofo em vez de médico. Mas a verdade é que sou médico, e dentro de quinze minutos tenho que estar na casa do velho Coutinho, pai do Coutinho desembargador. O homem está com uma hérnia a ponto de explodir! Venha, professor, vamos, eu lhe acompanho até a rua.

Na rua, o médico ainda aconselhou:

— Uma coisa mais, um conselho de amigo: se tiver por aí assuntos pendentes, débitos na praça, papeladas para pôr em ordem... É bom não deixar essas coisas para a última hora, hein?

Tanta insensibilidade atingiu Carlos como uma bofetada na cara. *Débitos na praça?* Então o Dr. Vidigal não sabia que nessas questões ele era um homem imaculado? Que *nunca* tivera uma dívida? Que insulto, que frieza! E ele que pensara que o Dr. Vidigal pudesse ter a seu respeito algum sentimento de sincera amizade, alguma simpatia fraterna, em virtude dos longos anos que se conheciam! Mas obviamente o coração do médico já adquirira uma crosta córnea e indevassável, de textura similar ao casco de uma tartaruga, resultado de toda uma vida ganhando o pão de cada dia por via das desgraças dos homens — ainda que fosse com a intenção de amenizá-las.

Ao se despedir, no entanto, o Dr. Vidigal teve o primeiro olhar, em todo aquele encontro, em que Carlos acreditou entrever algo vagamente similar à compaixão. O médico tentou animá-lo.

— Coragem, hein, meu velho? Nada de sentir peninha de si mesmo. Em maior ou menor grau, acontece com todos e com tudo. Tudo nesta vida caminha para o desastre. E não se esqueça: quero vê-lo sempre. Quero acompanhar seu caso de perto. Afinal, para todos eu sou o médico, mas para você, antes de tudo, eu sou o amigo. E, agora, com licença. Vou correndo, que o pai do desembargador deve estar a ponto de rebentar. Enfim, vida de médico é isso... Até mais, meu velho. E ânimo! Volte logo para vermos como está indo a coisa.

Carlos viu o Dr. Vidigal afastar-se e permaneceu parado no meio da rua, perdido, atordoado. Empacou ali, embasbacado, como se não houvesse o menor sentido no esforço de dar um único passo a mais. Para que andar? Para que ainda comer, tomar um copo d'água ou mesmo respirar? Afinal, o médico não havia acabado de dizer que agora era só "ladeira abaixo"?

O que fazer?

Constrangimento para os amigos...

Fardo para os filhos... para a esposa...

As duras palavras do Dr. Vidigal o aterrorizavam.

Se ele ao menos tivesse *coragem*, não seria difícil arranjar um veneno rápido e eficaz, ou pedir emprestada a alguém uma arma de fogo, ou então se aquelas mãos trêmulas tivessem ainda a força de apertar uma corda ao redor do pescoço... Mas não, ele tinha escrúpulos demais, e agora, também, forças de menos.

Se fosse possível acabar com a vida com um simples desejo, por meio de um mero pensamento, ou com uma única ordem dada em voz alta ao espírito:

— Suma-se, vá embora deste corpo, imediatamente e sem fazer alarde!

Mas as coisas não funcionavam assim, e a crua realidade era que nem para dar um fim à própria miséria ele tinha mais utilidade. Essas coisas, afinal, ou se faz na certeza ou não se faz absolutamente, pois no caso de uma tentativa falhada a tragédia acaba virando a mais barata comédia.

Assim acontecera havia meses com Jeremias, o açougueiro, que, por um desgosto com a mulher, tentou acabar com a própria vida enforcando-se no alto da igreja onde se casara dois anos antes. Amarrou uma ponta da corda na cruz da igreja. Com a outra extremidade deu um laço no próprio pescoço e saltou para a morte. Mas a corda arrebentou e o infeliz só conseguiu quebrar o pé. Virou a chacota da cidade, os moleques viviam agora pulando em volta dele, às gargalhadas, os próprios amigos faziam piadas, e a mulher o largara de vez, não tolerando o ridículo da situação.

Carlos recordava o incidente com amargura. Talvez, se o fato houvesse ocorrido na Europa ou em longínquas terras orientais, alguém tivesse tido compreensão ou mesmo compaixão. Ou talvez não... Mas aqui, aqui no Brasil, analisava Carlos, o suicídio falhado é uma das coisas mais humorísticas que pode haver. Prevalece o temperamento jocoso do brasileiro, e as pessoas riem até não poder mais.

Não, ele não seria o novo palhaço da cidade, não seria mais um Jeremias açougueiro. Se não tinha o sangue-frio nem a destreza de proporcionar a si um fim rápido e indolor e poupar Joaquina do *fardo*, então se entregaria nas mãos de Deus, e Ele que decidisse sua hora. Afinal de contas, ele sempre fora — pelo menos até então — radicalmente contra o suicídio. Mesmo agora, não era sem certo espanto que se via considerando tal possibilidade. É bem verdade que era tentadora a idéia de escapar da "ladeira abaixo", cheia de tormentos, desconfortos, dores, indignidades, através de um sono um pouco mais profundo que o usual.

Mas, agindo assim, que exemplo ele estaria dando a seus filhos? Que exemplo a seus alunos? Que horrível lição final deixaria às crianças! E o que seria de tudo que ele havia sempre ensinado sobre o valor da resignação, da paciência, da fé e confiança em Deus?

Dizer todos aqueles inflamados sermões e depois fugir assim da vida, pela porta dos fundos, era o mesmo que recomendar àqueles jovens, em idade tão impressionável, que ao menor sinal de desconforto ou contrariedade debandassem da vida sem pensar duas vezes, que se matassem por uma enxaqueca, uma unha encravada, uma espinha no nariz!

Não! Antes de tudo, ele era o professor!

Acima do homem, frágil e efêmero, devia estar *o exemplo,* absoluto, magnífico, *eterno.*

Ele era o professor e, enquanto Deus mantivesse um mínimo de forças em suas fibras e claridade em seu pensamento, *ele continuaria sendo o professor. E o exemplo!*

◇◇◇◇◇◇◇◇◇◇◇◇◇◇◇◇◇◇◇◇◇◇◇◇◇◇◇◇◇◇◇◇◇◇◇◇

Não era com facilidade, portanto, que Carlos Ferreira continuava dirigindo seu amado Colégio Sant'Ana e ministrando suas aulas. Decidiu que não poderia esconder dos alunos a verdade, mas ainda assim tentava, na medida do possível, manter as aparências.

Como já não podia escrever, ditava em casa, em estado de enorme esforço mental, as aulas inteiras ao filho Juca, e este passava as palavras em grandes folhas de almaço, em letras garrafais, porque também a visão do pai já se deteriorava. Depois, no colégio, lendo com dificuldade, Carlos ditava novamente o texto aos alunos.

Em classe, mantinha as mãos sempre debaixo da mesa, para evitar aos alunos a visão daqueles embaraçosos tremores, mas às vezes a mão esquerda tremia de maneira tão medonha (a esquerda sempre tremia mais, convulsionando de vez em quando todo o braço, até a altura do ombro), que ele precisava segurá-la com a direita. As pernas também costumavam se agitar muito quando ele estava sentado por muito tempo, e então era necessário cruzá-las, o que aumentava o desconforto e a dor, mas ao menos diminuía o descontrole dos movimentos.

Mas todas as tentativas de disfarçar a rápida degeneração

de seu organismo e sobretudo a expressão imutável, de pedra, que se obrigava a usar como uma máscara para não denunciar as dores cada vez mais mordazes, só faziam com que sua situação se tornasse resplandecentemente óbvia aos olhos de todos.

Suas forças o abandonavam dia a dia, mas ele não se entregava, movido por uma tenacidade olímpica, uma persistência quase sobrenatural.

Finalmente chegou o mês de julho.

Com as férias, ele poderia descansar e, recuperando ao menos parte de suas energias, voltar renovado, em agosto, para o resto do ano letivo.

Em meados do mês, no entanto, os tremores continuavam fortíssimos, as dores pioravam, os movimentos voluntários se limitavam ainda mais. No dia vinte ele chamou à sua casa o padre Braga e pediu-lhe que redefinisse o cronograma das aulas, que pelo menos para o mês de agosto transferisse suas matérias a outros professores e até, se fosse o caso, buscasse temporariamente um substituto. O padre, leal como um cão de guarda e muito penalizado de ver Carlos naquele estado, prometeu que resolveria a questão da melhor maneira possível e, estimando melhoras, foi-se embora, muito cabisbaixo.

O cronograma foi redefinido e o substituto, um ex-seminarista, veio de Campinas. Naquele ano de 1905, o segundo semestre letivo do Colégio Sant'Ana começou sem a presença de seu diretor e principal professor.

O padre Braga tomou para si, a pedido do próprio Carlos, as atribuições de diretoria, além de continuar dando suas aulas de latim e religião. Também o francês, que estava antes por conta de Carlos, teve de ir para o padre, pois o substituto falava de tudo, do aramaico ao tupi-guarani, mas justo no francês era uma negação.

Já no meio de agosto os outros professores comentavam, entre sussurros, que Braga parecia estranho, que estava muito irritadiço, às vezes explodia em raivas tremendas pelos motivos mais banais, às vezes era visto resmungando sozinho. Freqüentemente era tomado por uma revolta repentina e misteriosa, e agora, quando lhe perguntavam: "Como vai, padre?", ele tinha sempre a mesma resposta brusca: "Como vou? E como quer que eu vá? Vou como Cristo, carregando minha cruz até o Calvário!"

Andava vermelho como um pimentão, até os olhos pareciam ingurgitados de sangue, e se percebia no meio da testa, principalmente quando baixava a cabeça, uma pulsação de vasos sanguíneos repletos, sobrecarregados. Suava muito, especialmente no fim da tarde, apesar do frio rigoroso e constante daquele agosto. Sua fala passou a estar sempre ofegante, como se ele acabasse de subir escadas. Era evidente que estava acumulando demasiadas funções, ainda mais sendo um homem já idoso e cujo excesso de peso, que tanto divertia os alunos, em nada contribuía para que ele levasse adiante tanta atividade.

Certa tarde o professor Araújo, de química, chegou a ir falar com ele na diretoria e sugerir a inclusão de mais um substituto, para que ele, Braga, não ficasse com tanta carga. Mas o padre se enfureceu e pôs o coitado para fora da diretoria praticamente a patadas, bradando que ordens de Carlos Ferreira não se questionavam e que ele tinha a saúde de um touro e disposição para dar aulas até de ginástica, se fosse preciso. Berrou ainda lá de dentro que, se soubesse química, passaria a dar também essa matéria, e Araújo ia para a rua, só pela insolência. Por fim, bateu a porta com estrondo.

No último dia do mês, logo depois do almoço, o padre se atrasou para uma aula de latim e, ao se passarem dez minutos do início, um dos alunos foi encarregado pelo inspetor de ir à diretoria avisá-lo da hora.

Logo em seguida ouviram-se os berros do menino.

Todos os professores rapidamente deram ordens para que os alunos permanecessem em suas salas e correram para a diretoria.

Ali, sentado junto à porta entreaberta, encontraram Henrique, o menino que havia ido chamar o padre. Entre soluços, ele declarou:

— Eu bati várias vezes na porta, e depois ainda chamei três vezes:

— *Padre, a aula de latim! Já são duas e dez! Padre!*

— Mas ninguém respondia, então empurrei a porta, que só estava encostada, e encontrei... *Isso!*

O menino rompeu em soluços e escondeu o rosto com uma mão, enquanto com a outra apontava para dentro da sala da diretoria.

A cena era horrível.

O corpulento padre estava caído junto à estante de mogno e sua cabeça repousava sobre uma grande poça de sangue. Por toda parte, em volta do seu corpo, se encontravam cacos do São Jorge de gesso, que estava completamente em pedaços.

— Ninguém mexa em nada! Aqui há crime! Golpearam o padre Braga com São Jorge! — bradou com escândalo o professor Tobias, de física, enquanto fixava um olhar acusador no professor Araújo.

A cozinheira vinha correndo, esbaforida, com uma colher de pau ainda fumegante na mão, e chegou no exato momento em que Tobias fazia a tétrica declaração. A mulher, aterrorizada, jogou longe a colher, levou as duas mãos à cabeça e, num estado de franca histeria, começou a puxar os próprios cabelos, a se jogar contra as paredes e a lançar gritos que ecoavam pelo corredor:

— Sacrilégio! Sacrilégio! Maldição! Estamos todos perdidos! Satanás está entre nós!

O professor substituto, que era o mais jovem e forte, tentou conter a mulher, fazê-la se acalmar e parar com a gritaria, mas ela se comportava como se estivesse efetivamente possuída, e logo o inspetor de ensino e mais os outros professores tiveram de ajudar. A cozinheira ainda se debateu, gritou e esperneou por uns bons minutos, até que subitamente desmaiou, exaurida.

Os gritos a plenos pulmões aterrorizaram as crianças, que começaram a se apinhar nos corredores. O inspetor teve de novamente ordenar que todos voltassem às suas salas e não saíssem por enquanto. Com os alunos outra vez nas salas e a barulhenta cozinheira silenciada, os homens puderam finalmente redirecionar suas atenções ao padre Braga.

Uns falavam em chamar um médico, outros achavam melhor a polícia.

O inspetor de ensino, entretanto, tentou sentir o pulso ao padre, perceber algum batimento cardíaco, detectar respiração. Nada. Era bom que chamassem um médico, claro. Era o que se usava fazer numa situação assim, mas ele garantia que o padre estava morto.

— Chamem um médico para dar a constatação oficial, de profissional, mas eu digo já que não há mais nada a ser feito. Aposto quinhentos mil réis com quem quiser: o padre Braga já era.

Agora era para o inspetor que Tobias olhava desconfiado, e já o indagava:

— E como o senhor pode ter tanta certeza? Não é médico, não tem prática dessas coisas. E, depois, o Braga ainda está quente.

Então foi a vez de o inspetor se exaltar:

— E como sabe o senhor que ele ainda está quente, se nem sequer o tocou? Pelo menos não agora, em nossa presença. Isto, sim, é que dá o que pensar!

Chocado com o insulto, o professor avançou para cima do inspetor, vociferante:

— Que víbora! O que o senhor tem a ousadia de insinuar, calhorda? Se eu digo que o padre Braga ainda está quente, é apenas porque só pode estar, pois o vi agora mesmo, com absoluta certeza, voltando do almoço e entrando na diretoria. Já passava de uma da tarde. O que quer que tenha ocorrido, foi recentíssimo, coisa de minutos. Daí minha afirmação, caluniador!

Nesse momento, o médico chegou, e subitamente todos ficaram em silêncio.

Era ninguém menos que o Dr. Vidigal, cujo consultório ficava pertinho do colégio.

— Caramba, como o Braga estava gordo! — exclamou o médico, ao ver aquele corpanzil caído. — Já está vindo alguém da funerária? — perguntou, com seus modos sempre tão diretos.

Os professores se entreolharam ligeiramente espantados. Ninguém disse nada, e o Dr. Vidigal logo compreendeu:

— Já sei. Não têm certeza de que ele esteja morto, porque agora há pouco estava bem vivo. Pois eu, meus amigos, com meus anos de experiência, sei dizer a uma distância de cinqüenta metros se um homem está morto ou vivo. E, o nosso amigo aqui, mais morto impossível.

O inspetor, já esquecido da discussão com Tobias e muito cheio de si, dizia a todos:

— Estão vendo? O que foi que eu disse?

Imperturbável, o Dr. Vidigal prosseguia:

— Imediatamente ao momento da morte já há uma sutil metamorfose, uma tonalidade característica da pele, uma expressão no rosto que não me engana, toda uma aura diferente. Não são mágicas nem adivinhações, apenas experiência até dizer chega. Quarenta anos de prática, vocês querem o quê? Não é para me gabar, mas eu, basta bater o olho, já dou certeza. — Abriu uma maleta e de lá tirou um estetoscópio. — Mas a palavra pura e simples não basta, as pessoas querem, *exigem*, o ritual da maleta, do estetoscópio, o *suspense*, o balançar da cabeça, a confirmação... Eu entendo, eu entendo... Toda profissão tem seus rituais, sua *mise-en-scène*... — O médico não parava de falar enquanto auscultava o peito, as costas, os lados do pescoço. — Estão vendo isto aqui? — perguntou, apontando para a ferida, em formato de "V", na têmpora esquerda do padre, de onde parecia ter saído todo aquele sangue. — Agora reparem neste detalhe — prosseguiu ele, mostrando uma quina da estante, onde se via uma pequena, quase imperceptível mancha de sangue e alguns fios de cabelo prateado. — Pois bem, o que aqui ocorreu foi o seguinte: o padre Braga teve um ataque do coração. Reparem como as duas mãos estão ainda agarradas ao peito, os dedos parecendo garras, como se quisessem entrar na carne, numa desesperada tentativa de neutralizar a dor, que nesses casos costuma ser lancinante. O nosso pobre padre fica praticamente paralisado pela dor, tenta gritar, chamar por alguém, mas provavelmente não consegue, ou, se consegue, ninguém o ouve. Sozinho nesta sala, sabendo que ninguém chegará a tempo em seu auxílio, experimentando uma dor insuportável, sentindo o pânico de quem sabe que está morrendo, o que o devoto Braga vê diante de si? Ninguém menos que São Jorge!

Imediatamente, todos dirigiram o olhar aos cacos de gesso espalhados pelo chão. O doutor continuava:

— Agonizante já, com a dor tão forte que o impede até de respirar, ele faz um último e supremo esforço, e vai na direção do santo de gesso. Diante de São Jorge, ele perde os sentidos e cai, mais ou menos assim como está agora, as mãos desse jeito, apertando o peito. Na queda, porém, ele bate a têmpora esquerda bem na quina da estante onde está o santo, deixando nela uns fiozinhos de cabelo e um pouco de sangue.

O médico outra vez apontou para a quina, com o ar triunfante de quem decifra um intrincado enigma.

— Reparem que a ferida na têmpora do padre corresponde exatamente a uma marca deixada pela quina: o formato em "V", o mesmo tamanho. O padre, como todos hão de concordar, é um homem corpulento, e, ao bater com todo o seu formidável peso na contundência da quina, o resultado foi este: uma laceração consideravelmente profunda, daí todo este sangue. Se estivesse um passo adiante, provavelmente derrubaria toda a estante, mas como só chega até a quina, não a derruba, faz apenas com que o móvel balance levemente e volte à sua posição. A pequena oscilação, no entanto, é suficiente para desequilibrar o santo, que cai e se espatifa no chão de madeira. Pois foi isso o que aconteceu, e o resultado está aqui, aos nossos pés. Nada mais, nada menos. Então? Satisfeitos?

O Dr. Vidigal lançava olhares triunfantes a todos e esboçava um sorrisinho vaidoso, no qual se percebia uma sutil superioridade, um orgulho de quem sabe das coisas.

Araújo, ainda petrificado de choque, e com lágrimas nos olhos, balbuciou:

— O mestre Carlos no estado em que está, e agora ainda nos morre o padre Braga! O que vai ser deste colégio?

O substituto, sem tirar os olhos do corpo inerte do padre, murmurou, num tom soturno:

— As desgraças são mesmo como as andorinhas... Chegam em bandos.

Ao meio da explanação havia chegado ali um policial, chamado por um passante que ouvira, da rua, os gritos da cozinheira. O policial concordou plenamente com a versão do médico e depois passou um pito em Tobias, dizendo que não se pode alarmar assim as pessoas, apontando como crime uma morte natural.

E, de fato, a precipitação de Tobias, os gritos enlouquecidos da cozinheira, que não podia ter chegado à diretoria em pior momento, justamente quando Tobias proferia a sinistra declaração, a presença do policial, todo esse ciclo, enfim, de histerias e mal-entendidos, havia causado às crianças a pior impressão e, apesar de haverem sido detalhadamente esclarecidas as circunstâncias da morte do padre Braga, uma vil boataria começou a circular, virulenta, pela cidade.

De boca a boca, foi prevalecendo, absoluta, a sensacionalista versão do "crime", alarmando pais e maculando o até então impecável Colégio Sant'Ana com uma aura de horror.

Pouco depois da morte do padre, o professor Araújo, apesar de abaladíssimo, resolveu tomar coragem, recompor-se e ir ele mesmo dar a terrível notícia a Carlos. Queria fazê-lo depressa, antes que começassem a chegar ao ouvido do pobre mestre, já sofrendo tanto com a própria desgraça, versões equivocadas sobre o funesto evento.

Para Carlos, foi como se o céu desabasse sobre sua cabeça.

Agradeceu a Araújo a atenção de ir avisá-lo tão prontamente, mas confessou estar completamente perdido, sem a menor idéia do que fazer.

— A verdade é que minha saúde piora a cada dia, por isso passei minhas atribuições ao Braga. E justo agora, durante essa transição tão delicada, acontece mais essa desgraça! Não sei o que podemos fazer, não sei mesmo. Preciso de tempo para pensar.

— O colégio não pode funcionar sem alguém à frente da diretoria. Além disso, há as três matérias que o Braga leciona... ahnn... perdão... *lecionava*.

— Claro... Sei disso. Mas não se pode fazer nada assim da noite para o dia. O colégio terá que ser fechado por alguns dias, até que se ache uma solução. Eu preciso de tempo. Volte ao colégio e anuncie que eu decretei luto de três dias... Não! Uma semana! Diga que eu decretei luto de uma semana pela morte do padre Braga, que o colégio estará fechado por uma semana para os alunos externos, e os internos não terão aulas. É o mínimo para que se possa providenciar algo.

— Realmente, numa situação dessas, é o mínimo.

— E avise todos os professores: daqui a três dias, todos aqui em casa às dez da manhã. Eu mal estou me locomovendo, só carregado eu conseguiria chegar até o colégio. Mas isso é o de menos; a Joaquina arruma umas cadeiras e fazemos uma reunião aqui mesmo. Às dez horas, não se esqueça.

— Pode deixar, mestre. Logo mais, estarão todos avisados.

— Obrigado, Araújo, obrigado mesmo, mas agora você vai me desculpar, eu preciso estar sozinho. Uma notícia dessas, para alguém no meu estado! E ainda ter, assim de improviso, que pensar numa solução!

— Claro, claro, mestre. Já estou de saída. Pode deixar que eu aviso todos.

Araújo despediu-se e saiu apressado.

Logo em seguida, Joaquina entrou no quarto.

Carlos estava em prantos. O rosto, banhado de lágrimas, entre as mãos, mais trêmulas que nunca, era a mais crua expressão do desespero.

A reunião com os professores nunca chegaria a acontecer.

No momento em que recebeu a lamentável notícia da morte do padre Braga, Carlos concluiu, de imediato, que não havia nenhum outro professor que pudesse assumir a diretoria. Podiam ser brilhantes professores. Para a diretoria, porém, como substituto seu, a única opção fora Braga, mas agora, com a morte deste... No entanto, não era possível que não se achasse uma solução, que aquele seu sonho tornado realidade terminasse, que aquela formidável catedral do saber desmoronasse por fatos tão corriqueiros da vida como a desgraça de dois míseros velhos, um que adoece e outro que morre. Não era possível que o Colégio Sant'Ana tivesse de fechar suas portas. Isso nunca!

O que fazer?

Ele precisava pensar, pensar! E, pensando, passou a noite em claro, sem conseguir achar a ansiada solução. Às nove da manhã, exausto, foi vencido pelo sono.

Joaquina despertou-o ao meio-dia, levando na cama o almoço. Carlos logo notou que ela parecia angustiada, incomodada com algo. Ele sempre sabia quando a esposa tinha algo desagradável para lhe dizer, afinal já eram mais de vinte anos de convivência.

— O que foi? Diga logo! Por que essa cara? Morreu mais alguém? — perguntou ele, tentando disfarçar a própria tensão com um falso ar de ironia.

— Nem brinque com isso! — recuou Joaquina, horrorizada.

— Pois é a única coisa que ainda posso fazer: brincar, para não morrer de desgosto. O humor, mesmo que negro, é só o que ainda me segura. Mas eu agüento. Pode me dizer, Joaquina, o que aconteceu agora?

— É que... Ainda há pouco, o Juca e o Luisinho foram ao armazém fazer umas compras que eu pedi, e andaram escutando umas coisas aí pela cidade.

— Coisas? Que coisas?

— Sobre a desgraça do padre. Estão distorcendo tudo, estão inventando barbaridades! O boato é que alguém pegou o padre sozinho na sala e deu um fim nele. Está circulando tudo quanto é versão: que foi esfaqueado no peito, que tomou tiro, já se disse até que foi degolado!

Joaquina, muito entristecida, mantinha a cabeça baixa, sem coragem para encarar o marido enquanto lhe dava aquelas notícias terríveis.

Carlos arregalou os olhos, incrédulo.

— Meu Deus! O que é a língua desse povo! Como é que podem inventar esse tipo de absurdo? Eu tenho que dar uma declaração! Eu e o Dr. Vidigal, que foi quem determinou a causa da morte. Vamos ao jornal, deixamos as coisas claras, cortamos pela raiz essa infâmia.

— Para cortar pela raiz já é tarde, Carlos...

— O que você está dizendo? Como é que é tarde? Eu vou

com o Vidigal até o jornal, nós damos a versão verdadeira, *a versão do médico*, e acaba-se com a boataria.

— O problema é que as versões erradas já chegaram ao ouvido de todos. Agora mesmo há uma aglomeração em frente ao colégio, um bando de pais indignados. Vieram buscar os filhos. Os internos estão todos preparando as malas.

— Mas quem espalhou essas mentiras? Quem pode me odiar tanto assim? Miseráveis! Assassinos de reputações!

Carlos gritava, agitadíssimo. Sua palidez de doente adquiria agora uma tonalidade cinzenta, os olhos pareciam a ponto de saltar das órbitas, a saliva se acumulava, espumante, nos cantos da boca. Joaquina ficou muito alarmada, achou que o marido fosse morrer naquele exato momento, fulminado também por um ataque do coração, como o padre Braga. Fez de tudo para acalmá-lo, chamou os filhos para que acudissem, mas ele continuava vociferando a plenos pulmões, fazendo com que a cama e até mesmo os móveis estremecessem, exibindo uma força assustadora, surpreendente para um homem em tal estado de enfermidade.

De repente, todo o seu corpo amoleceu, e lentamente se esparramou, lânguido, pela cama. Joaquina se lançou sobre ele, em desespero, achando que ele houvesse desmaiado, ou algo pior. Mas não — ele se deixara cair de pura exaustão. Pelo rosto escorriam gotas grossas de suor, a respiração estava arfante. Fechou os olhos, virou a cabeça para o lado da parede, como que se escondendo da própria vida, e disse num murmúrio rouco, cavo, dolorido:

— Enquanto a verdade dá um passo, a mentira já deu a volta ao mundo.

Depois caiu num estado febril e delirante, em que balbuciava coisas ininteligíveis, e assim permaneceu pelo resto do dia e da noite.

Na manhã seguinte, no entanto, acordou um pouco melhor, mais sereno. Já dizia coisas com nexo e chegou a se alimentar um pouco.

Apesar do escândalo, que se alastrava como fogo morro acima, no dia marcado para a reunião, às dez horas em ponto, os professores vieram bater à porta de Carlos. Profundamente consternada, Joaquina viu-se obrigada a dispensá-los, explicando que o marido estava sem condição nenhuma de recebê-los, que tivera um esgotamento nervoso e estava ainda febril e muito fraco.

Dois dias depois, sentindo-se um pouco melhor, Carlos mandou Juca chamar o professor Araújo para uma conversa particular. De todos os professores, achava que aquele era o mais leal, que seria ele o mais indicado a lhe expor a gravidade do caso da maneira mais honesta — sem ser pessimista, mas também incapaz de insuflar nele falsas esperanças.

Araújo chegou logo depois do almoço e, apesar de toda a sua discrição, não conseguiu disfarçar o espanto diante do horrível aspecto de Carlos. Araújo o havia visto dias antes, mas a impressão era a de que ele envelhecera décadas.

Com um fiozinho de voz quase inaudível, Carlos pediu logo que ele lhe expusesse, sem rodeios nem meias palavras, a verdadeira situação do colégio.

— Sinceramente, mestre, sem meias palavras? Pois bem, na minha opinião, a situação é a seguinte: o Colégio Sant'Ana está acabado.

Araújo então contou que os alunos haviam debandado em massa, que os pais haviam sido unânimes em declarar que aquele local não era mais recomendável nem para a reputação nem para a segurança de seus filhos, e muitos até estavam falando em processos, em indenizações, em devolução de dinheiro, pois, afinal de contas, estavam no meio do ano letivo e agora teriam todo o aborrecimento de ter de buscar novo colégio para os filhos em pleno setembro! E ainda o prejuízo do material e do uniforme já comprados, e mais os novos que teriam que comprar.

— Em suma — concluía Araújo —, essa incrível invenção do assassinato do padre Braga arrasou como um tornado a excelente reputação que tinha o colégio. Os caluniadores saíram vitoriosos, e nós completamente aniquilados. — Fez uma pausa, suspirou e, com os olhos lacrimejantes, perguntou: — E agora, mestre, o que vamos fazer?

Por um momento, Carlos fitou bem os olhos de Araújo e

então, traindo na voz o supremo esforço e a enorme tristeza com que dizia aquela frase, respondeu:

— *O que nós vamos fazer?* Mas o que há ainda a ser feito? Enquanto eu pude, fui fazendo das tripas coração, mas, agora, até a tripa se acabou.

Seu sonho havia terminado.

Não conseguiria apagar aquele estigma do colégio, e provavelmente nem de seu nome. Estaria para sempre associado a lembranças de morte e de sangue. Mesmo que tivesse os meios para abrir outro colégio, em uma cidade distante, onde pudesse começar tudo do zero, de onde tiraria forças, se ele estava agora confinado àquela cama, sem a menor perspectiva de melhora?

Perdera mais uma batalha, e, pelo visto, aquela seria a última.

16

RETORNO A SÃO PAULO

Em setembro, sem um único aluno, o Colégio Sant'Ana fechou oficialmente suas portas.

Não havia mais nada prendendo Carlos à cidade de Pedreira, a não ser uma amarga sensação de luto.

Com a saúde cada vez pior, foi convencido por Joaquina a se mudarem para São Paulo. Lá, ela acreditava, Carlos teria chances de um melhor tratamento, mais moderno, avançado, e talvez até voltassem a ter alguma esperança de cura, apesar do prognóstico do Dr. Vidigal.

O pomposo comendador Teixeira de Melo, cunhado do barão de Quintanilha, junto com alguns outros proeminentes de Pedreira, lhe havia oferecido uma festa de despedida em seu suntuoso palacete, mas Carlos educadamente recusou a gentileza do comendador, pois não suportaria aquele duplo constrangimento: as lembranças e inevitáveis alusões à tragédia do colégio e a exposição pública de seu deplorável estado físico. Joaquina ainda tentou convencê-lo, achou que talvez rever os amigos de Pedreira uma última vez pudesse animá-lo, mas ele estava irredutível:

— Festa de despedida? *Festa?* Que motivos há para festa? A ruína do colégio, a ruína em que eu próprio me converti...

Só restaram destroços! Você não compreende? Eles querem é ver de perto a minha ruína; os homens *adoram* isso. Quanta gente vai a Roma só para ver ruínas! Essas pessoas não querem festa, elas querem é ver o meu velório antecipado. Não vou, Joaquina. Não vou deixar nem esse comendador nem ninguém fazer, disfarçada de festa de despedida, uma encenação do meu velório, ou funeral. Vá com os meninos me representando, se quiser. *Eu* não vou!

Afinal, por falta do homenageado e convidado principal, a festa acabou não acontecendo e o comendador ficou muito deprimido por não poder mostrar à sociedade de Pedreira a reforma de seu magnífico salão de festas, que ganhara deslumbrantes escadarias em mármore de Carrara; uma fonte na qual um grande peixe de jade, com olhos de água-marinha, cuspia água; e um busto dele próprio, bem no centro do salão, todo folheado a ouro.

No início de outubro, enfim, a família deixava definitivamente Pedreira.

Carlos, impossibilitado de andar, foi carregado numa liteira até um tílburi e assim seguiu até a estação de trem.

Na estação, de todas as pessoas que conhecera em Pedreira, o único que ali estava para se despedir, emocionadíssimo, era o fiel Araújo. Ninguém mais. Com lágrimas nos olhos, desejou boa viagem e muita sorte a seu "idolatrado mestre" e pediu que não se esquecesse dele quando chegasse a São Paulo, que escrevesse sempre.

Depois, quando o trem começou a se afastar da estação, Araújo ficou lá plantado, teso de emoção, segurando um lenço branco de seda, que ele ora agitava, num delicado aceno de despedida, ora assoava estrondosamente o nariz, dando sustos em quem passava distraído.

A viagem foi penosa e demorada. A distância de Pedreira a São Paulo não era grande, mas o trem andava como uma tartaruga.

Em São Paulo, na estação, Alexandre Lopes, colega de Carlos dos primórdios da "Gazeta de Campinas" e que havia se estabelecido em São Paulo fazia quase dez anos, esperava a família.

Novamente, Carlos passou pelo martírio de ser carregado do trem até o tílburi e do tílburi até a casa do colega. Lá eles ficaram provisoriamente, por cerca de duas semanas, até que arranjaram uma moradia com tudo que restara de suas economias: uma casinha acanhadíssima, muito pequena para toda a família, mas era o melhor que se podia conseguir diante da situação.

Os colegas de imprensa de São Paulo logo ficaram sabendo que ele estava residindo na capital. Cientes de sua precária situação econômica, mas suficientemente sutis para não melindrá-lo, começaram a lhe encomendar artigos para os jornais nos quais eram editores ou diretores.

Isso representou para Carlos uma enorme ajuda, e foi o ganha-pão da família durante todo o tempo em que residiram em São Paulo. Ademais, aquilo não lhe feria o orgulho, pois era trabalho e não favor. Ele sabia muito bem da qualidade e do valor de seus artigos.

Carlos era muito requisitado pelo "Correio Paulistano" e pelo "Comércio de São Paulo", mas o jornal para o qual ele mais escrevia era "O Estado de S. Paulo". Ele ficava muito tocado com o sentimento de gratidão e reconhecimento que Júlio Mesquita, diretor-proprietário do periódico, demonstrava para com ele.

Júlio Mesquita tinha sido, havia muitos anos, aprendiz de Carlos na "Gazeta de Campinas". Carlos era então o diretor da "Gazeta" e previu que aquele jovem teria um futuro brilhante. Mais tarde, Mesquita veio para São Paulo, convidado para um bom cargo no jornal "A Província de S. Paulo". Ali deu rédeas soltas à sua exuberante inteligência. Em poucos anos, chegou a diretor. Por fim, comprou o jornal, mudando seu nome para "O Estado de S. Paulo". Este logo se tornou o mais prestigioso periódico da capital paulista.

Agora, após quase três décadas, Júlio Mesquita retribuía a valiosa experiência adquirida nos anos da "Gazeta", etapa fundamental para o início de sua vertiginosa ascensão, encomendando a Carlos um artigo atrás do outro.

Obviamente, Carlos não estava em condições de escrever. Ditava o texto aos filhos — geralmente Juca — e em seguida fazia seu "secretário" lê-lo em voz alta, duas ou três vezes para revisar.

De vez em quando fazia alguma alteração, e os artigos sempre chegavam pontualmente às redações dos jornais, impecáveis.

As pessoas que liam aquelas linhas brilhantes, de uma originalidade ímpar, de estilo arrebatador, em que flamejavam freqüentemente frases polêmicas e bombásticas em defesa da verdade e da justiça, jamais poderiam imaginar que o cérebro de onde procedia aquela sabedoria tão poderosa, lúcida e ousada pertencia a um homem doente e alquebrado, no limite absoluto de suas forças.

Apesar dos excelentes médicos de São Paulo, a doença seguia seu ciclo inexorável, esgotando Carlos, devorando cada vez um pouco mais de suas escassas reservas de energia, não o matando nem o deixando viver, transformando-o em algo que ficava a meio caminho entre um homem e um cadáver.

Os tremores aumentavam em freqüência e intensidade. A movimentação involuntária, espasmódica, atingia tal grau de violência que multiplicava em várias vezes as dores musculares. A cabeça parecia a ponto de explodir, as juntas dos ossos estalavam, tinha náuseas e enjôos intoleráveis, a visão escurecia quase que totalmente, mal conseguia respirar. Essas crises infernais chegavam a durar horas e, mesmo quando amainavam, nunca o deixavam em completa paz. O tremor, ainda que não tão forte, persistia sempre, assim como as dores.

Fazia muito tempo que Carlos não sabia o que era desfrutar de um único minuto de bem-estar.

Durante quase todo o tempo mantinha uma atitude de resignação quase santa. Sempre tivera a convicção de que as lamentações só servem para que os padecimentos sejam sentidos com mais intensidade, pelo simples fato de se lhes dar maior atenção, de estar ali sempre falando deles, choramingando sobre eles. O negócio era tentar distrair-se da dor, como quem perde o fio da meada de uma notícia no jornal ou algumas estrofes de uma canção por estar pensando em outra coisa.

Ademais, tentava sempre poupar Joaquina. Devia ser horrível vê-lo e assisti-lo nesta situação; não seria justo atirar ainda sobre ela o fardo de umas lamentações irritantes e inúteis.

No entanto, por mais que pensasse assim, havia vezes em que

ele era incapaz de conter um gemido de dor ou sufocar no peito um desabafo de desespero ao despertar e ver que seu martírio continuava, desespero por constatar que ainda estava vivo.

— Ah, Joaquina, estou morrendo há tanto tempo, mas nunca termino de morrer!

Os olhos de Joaquina logo se enchiam d'água, e ela ensaiava dizer alguma palavra de conforto, mas as palavras se desfaziam, diante da própria impotência, antes de chegarem à sua boca.

◇◇◇◇◇◇◇◇◇◇◇◇◇◇◇◇◇◇◇◇◇◇◇◇◇◇◇◇◇◇◇◇◇◇◇◇

Numa manhã de janeiro de 1913, Joaquina anunciou a Carlos uma visita inesperada.

Era Américo, cunhado dele, irmão mais velho de Joaquina.

Américo morava no Rio e revelou que viera de lá exclusivamente por causa da doença de Carlos. Havia ficado abaladíssimo com as cartas que recebera recentemente da irmã, nas quais esta descrevia o estado do marido.

Ingenuamente, Américo pensou já estar preparado para o que fosse ver, devido à vívida descrição dos padecimentos do cunhado que lera nas cartas de Joaquina. No entanto, ao adentrar o quarto de Carlos, Américo, que era muito sentimental, um coração-de-manteiga, não conseguiu controlar o choro, apesar de toda a determinação de não tornar embaraçosa para Carlos aquela visita. Mas não pôde, não conseguiu se conter.

A cena foi demais para ele.

O que Américo viu diante de si, estirado na cama, foi um saco de ossos, envolto por uma pele diáfana, translúcida quase, salpicada aqui e ali por uns estranhos tons cinzentos e esverdeados. Tinha feridas pelo corpo, não muito grandes, porém numerosas, muitas delas claramente infeccionadas, concentradas principalmente no rosto, pescoço, mãos e pés. Havia perdido vários dentes, e os restantes estavam reduzidos a cacos. Mais tarde Joaquina explicaria ao irmão, em estado de profundo choque, que tudo aquilo — a impressionante magreza, as feridas, os dentes gastos —, tudo era resultado dos frenéticos movimentos que não davam a Carlos um único minuto de sossego.

— Eu tento fazer com que se alimente bastante, e ele até

tem boa vontade, coitado. Só para me deixar contente, come o máximo que consegue, mas é uma batalha perdida. — Joaquina enxugou uma lágrima na manga do vestido e prosseguiu: — Os médicos dizem que as agitações incessantes esgotam todas as reservas do organismo. O alimento vai todo para a doença, por isso ele está cada dia mais magro. O tremor, desse jeito que você está vendo, é o dia inteiro. Mas às vezes vêm uns acessos tão violentos que é como se ele estivesse sendo atravessado por uma corrente elétrica. É pavoroso de se ver! As mãos se retorcem, se entrelaçam, se arranham... Às vezes se lançam ao rosto, agarram os cabelos, apertam a cabeça, como se ele, espremendo o cérebro, estivesse tentando parar o ataque. Por isso está cheio de feridas. — Joaquina baixou a voz e inclinou-se na direção de Américo, acrescentando em tom de segredo: — Ele chega até a me pedir que eu o amarre durante os acessos. Mas os médicos dizem que seria pior, que ele poderia deslocar ou mesmo quebrar alguns ossos do corpo. É horrível! Os dentes também rangem e se batem muito, por isso estão nesse estado... os que sobraram.

— Minha irmã — interrompeu Américo, muito emocionado. — Não falemos mais sobre esses detalhes cruentos. Eu já o vi, já sei bem do que essa doença é capaz. Vamos falar de solução! É para isso que eu vim aqui. Fiquei muito impressionado com as descrições que você fazia em suas cartas. Não consegui mais ter sossego depois de ter lido a última. Imaginava incessantemente não só o sofrimento de meu cunhado, mas também o seu e o das crianças, obrigados a assistirem a esse suplício sem poder fazer nada para aliviá-lo. Eu não dormia bem já havia várias noites, pensando que deveria haver, em algum lugar, uma cura. Afinal, já estamos no século 20! Ou por Deus ou pela ciência, haveria de existir uma solução! Rezei muito, pedindo sempre que chegasse ao meu conhecimento uma maneira de vencer essa doença. *E a resposta veio!* O Senhor ouviu meus pedidos, comoveu-se com a minha aflição!

Joaquina ouvia atenta. Américo continuou:

— Há cerca de quinze dias eu estava lendo o jornal, pela manhã, quando deparei com o interessantíssimo artigo que os céus me mandaram. Falava de um prodigioso médico de nervos, que estava revolucionando a cura das doenças nervosas em sua clínica na Tijuca! Muito impressionado com o que li, desabalei imediatamente para lá, querendo falar pessoalmente com esse ser genial. Chama-se Dr. Carneiro, Dr. Germano Carneiro, e me atendeu com a maior das gentilezas, levando-me para conhecer toda a clínica. E não foi só a educação, a simpatia... O homem é mesmo fantástico; desde o primeiro momento fica evidente que se está diante de um gênio. Eu descrevi a ele o caso de Carlos, repassei todos os detalhes que li nas suas cartas. Ele me escutou com muita atenção, concordando sempre, como se estivesse bem familiarizado com esses sintomas, e depois falou assim, exatamente assim:

— *O senhor apenas traga o seu cunhado ao Rio. Da doença me encarrego eu.*

— E com que segurança ele disse isso, com que autoridade! Disse que o Carlos pode ficar lá na clínica, que em melhores mãos não pode estar. Se preferirmos, no entanto, o doutor atende também em domicílio; cobra um pouco mais pela consulta, mas pelo menos o paciente permanece no aconchego da família. Depois o doutor começou a me contar sobre os seus casos mais famosos: paralíticos que voltaram a andar, cegos que voltaram a enxergar, loucos furiosos que recobraram a sanidade... E tudo absolutamente autêntico, tudo muito bem documentado! Eu mesmo vi, pude comprovar! Enquanto estava lá, chegou um senhor, já de certa idade, que veio ver o Dr. Carneiro, queria só agradecer. Depois de abraçar efusivamente o médico, o homem quis me contar o seu caso: tinha sessenta e oito anos, e passara mais de vinte — dos quarenta e cinco aos sessenta e seis — paralítico, entrevado em um leito de um asilo de freiras. Um velho amigo seu, irmão de uma das freiras do asilo, o reencontrou ali por acaso; fazia décadas que não se viam. Penalizado, o amigo — que era homem de dinheiro — resolveu internar o pobre senhor na clínica do Dr. Carneiro, e com apenas oito meses de tratamento o homem voltou a andar, *depois de vinte e dois anos!* E não é que tinha o andar mais firme que o meu? Todo emproado, ligeiro... Parecia um rapazinho! Fiquei abismado.

Joaquina estivera escutando tudo aquilo com um crescente

brilho no olhar, com uma tepidez de esperança a lhe dilatar o espírito, mas achou um pouco fantástica a história do senhor paralítico por mais de vinte anos que passara a saltitar como um menino, e perguntou, meio ressabiada:

— Mas então o homem é um milagreiro?

Américo protestou, taxativo:

— Não, não! Nada de milagres! Tudo dentro dos rigores da mais metódica ciência! O Dr. Carneiro é um gigante da medicina moderna! — Américo ofegava de tanto entusiasmo, e já fazia sua proposta: — Você sabe, recentemente fizemos reformas na chácara do Méier, ampliamos a casa, ampliamos tudo, está um espetáculo, e há lugar para todos. O Carlos pode ficar com um quarto só para ele e ainda sobram dois, bem espaçosos, para você e as crianças. Todas as demais despesas, está claro, também correm por minha conta; afinal, não é segredo nenhum que estou ganhando bem mais do que posso gastar graças a esses loteamentos que venho fazendo lá no Méier; aquilo está vendendo como água! Além das estações de trem, há agora várias linhas de bonde cortando a região. O Méier não é mais o fim do mundo. E o clima, Joaquina! Salubérrimo, uma maravilha, um dos melhores climas do Rio de Janeiro! Mas, enfim, o que importa é que dinheiro, agora, não é problema. Assim, estou à completa disposição de vocês, e tenho uma fé inabalável de que o Dr. Carneiro irá restituir a saúde ao nosso querido Carlos.

Segurou as mãos de Joaquina e propôs, com um brilho úmido de emoção nos olhos:

— Agora só falta vocês concordarem.

◇◇◇◇◇◇◇◇◇◇◇◇◇◇◇◇◇◇◇◇

Concordaram.

◇◇◇◇◇◇◇◇◇◇◇◇◇◇◇◇◇◇◇◇

Américo não era um homem que se entusiasmasse por qualquer coisa, e aquela sua fé quase devota no infalível Dr. Carneiro logo contagiou também Joaquina.

Quanto a Carlos, coitado, esse já não tinha forças para muito concordar ou discordar. No entanto, impôs uma condição: iriam a título de experiência. Se não houvesse melhoras em um mês, mês e meio no máximo, retornariam a São Paulo.

Todos acharam razoável essa condição e concordaram, embora Américo achasse um pouco precipitado falar em "um mês", mesmo considerando todo o brilhantismo do Dr. Carneiro.

Em dois dias, tudo que ia ser levado estava embalado e empacotado, as malas feitas. Carlos, carregado em maca até um vagão especial, e mais Joaquina e os filhos, embarcavam em um trem com destino ao Rio, à casa do generoso Américo, onde Carlos teria o privilégio de ser tratado pelo Dr. Carneiro, este assombro da medicina moderna.

17

RUA IMPERIAL, MÉIER, RIO DE JANEIRO

Ficou acertado que o Dr. Carneiro viria à chácara do Méier numa quinta-feira pela manhã.

O médico faria uma avaliação preliminar do estado de Carlos, passando depois a aplicar-lhe seus tratamentos ali mesmo, no casarão da chácara, pois seria muito penoso para o enfermo ficar longe da família em tais condições. Além disso, ser transportado, ida e volta, do Méier até a Tijuca todas as semanas estava absolutamente fora de cogitação.

Na quinta-feira, pontualíssimo, chegava à casa de Américo o famoso Dr. Carneiro, resplandecente em seu impecável traje branco, com uma basta barba muito bem aparada, branquíssima também, e uns olhos azuis que irradiavam inteligência e competência. Usava uns óculos muito distintos, de aro de tartaruga, e carregava uma maleta branca.

Américo recebeu-o com os maiores rapapés. Parecia estar diante do papa; só faltou beijar-lhe as mãos. Joaquina também agradeceu a consideração daquele homem tão célebre, tão ocupado, que tinha o transtorno de vir lá da Tijuca para examinar seu marido.

O médico indicou logo que era, realmente, homem ocupadíssimo, sem tempo para muita conversa, e quis imediatamente ver o doente. Américo dirigiu-se então ao quarto de Carlos, conduzindo o doutor. Atrás deles ia Joaquina.

Ao entrarem, Américo apontou para Carlos e, cheio de pose, disse ao médico:

— Ei-lo, Dr. Carneiro! Meu cunhado Carlos Ferreira, talentoso escritor, o primeiro brasileiro da história a traduzir Baudelaire, jornalista brilhante, grande apóstolo da abolição e da república, e que, com a graça de Deus e os conhecimentos científicos de vossa senhoria, logo estará restabelecido!

O médico recuou quase de um salto.

Por um momento, fitou Carlos com um ar escandalizado. Depois dirigiu-se a Américo, lançando-lhe um olhar terrível, faiscante de ira.

— O que é isso, meu senhor? O que é *isso?*

O doutor apontava para Carlos com um dedo muito espetado, trêmulo de indignação, e falava num tom forçadamente baixo, de raiva contida. A tensão contraía o maxilar do médico e fazia seus dentes rangerem. Com o rosto muito vermelho, congestionado de fúria, ele repetia:

— O que é isso, meu senhor? Ficou louco? Como é que me chama para tratar um homem neste estado?

Américo começou a balbuciar uma resposta, mas o médico interrompeu-o com brusquidão, explodindo aos brados:

— O senhor estava muito ciente do fato de que sou um médico de nervos. *Olhe para o seu cunhado!* Não vê essa magreza caquética, esse horrível tom esverdeado na pele, não nota essa respiração arquejante?

Américo não respondia nada, pasmado. Joaquina, muito chocada com aquela reação brutal, tinha os olhos cheios d'água. O Dr. Carneiro prosseguia, irritadíssimo:

— Não percebe, meu senhor, que, mesmo que isso tenha realmente começado como uma doença dos nervos, agora todo o organismo já está desarranjado? Aqui houve complicações, houve comprometimentos gravíssimos. Agora é tarde, senhor, *é muito tarde!* O fígado, o coração, os rins — todos estes órgãos já estão a um passo da falência! Até o médico mais imbecil e mais incompetente pode constatar isso só de olhar para esse doente!

O Dr. Carneiro caminhou na direção de Américo, com o dedo em riste, ameaçador.

— O senhor me havia falado em tremores, em espasmos, em nevralgias... Isso, sim, é minha especialidade. O senhor não havia falado *nisso!* — apontou outra vez para Carlos, como se este fosse já um cadáver, um amontoado impessoal e inumano de matéria degenerada. — E depois, se me responsabilizo por este caso perdido? Ai de mim! Vão dizer o quê? Que o Dr. Carneiro está perdendo seus pacientes?

Só agora o médico revelava a verdadeira causa daquele seu imprevisível acesso de fúria.

— Ou, pior ainda: vão dizer que o tratamento do Dr. Carneiro está *matando* seus pacientes! Sabe quanto tempo eu levei para fazer minha reputação, para fazer meu nome chegar aos píncaros da fama? Toda uma vida! Toda uma vida de trabalho árduo, incessante, infinito! Eu quase arruinei minha família, quase arruinei minha saúde para chegar aonde cheguei, e agora...

— *O senhor está coberto de razão, Dr. Carneiro.*

Todos olharam, espantadíssimos, para Carlos, que se mantivera até então calado, imóvel, alheio a toda aquela cena, e agora dava sua opinião. Com uma voz baixa e muito rouca porém segura, ele repetiu:

— O senhor está certíssimo, doutor. Leva-se uma vida para conseguir uma reputação, e um segundo para perdê-la. Seria loucura arriscar seu nome por um caso perdido. É um homem muito sensato. Obrigado pela visita. Tenha um bom dia. — Depois, dirigindo-se ao cunhado: — Américo, por favor, acompanhe o doutor até a porta. Eu gostaria de descansar agora.

Américo continuava mudo, e o médico ficara subitamente desconcertado, aparvalhado; não esperava por aquelas palavras. Como ninguém se movesse, Carlos teve de dizer ainda uma vez:

— Meu cunhado, se não se importa, eu preciso descansar.

Só então Américo e o médico foram lentamente saindo do quarto, em completo silêncio. O Dr. Carneiro parecia extremamente constrangido.

Já na varanda, o médico, ainda muito embaraçado, tentou improvisar umas desculpas a Américo.

— O senhor não repare se me excedi, mas é que quando se tem uma reputação como a minha, um nome famoso a zelar... Eu sou um homem muito admirado, mas principalmente muito invejado; não posso me dar ao luxo do menor deslize. Qualquer escorregadela, e a sociedade não perdoa. As línguas são ferinas!

Aquelas palavras pareceram despertar Américo de seu marasmo. De repente, a lembrança da insensibilidade desumana, da crua brutalidade do médico minutos antes causou nele um sentimento de repulsa tão irresistível que ele nem ao menos respondeu, e bateu a porta à cara do Dr. Carneiro, o gênio, o prodígio.

Enquanto isso, no quarto, Joaquina, ainda muito abalada com a estupidez do médico, sentada junto à cama de Carlos, lhe indagava:

— Você *realmente* acha que esse médico agiu bem? Não acha que ele poderia ter lhe examinado, ou ao menos ter indicado um colega?

Carlos respondeu num tom condescendente, conciliador:

— Deixe para lá, Joaquina, esqueça. Seu irmão se deixou levar pela celebridade do homem e pelo próprio entusiasmo, pela própria esperança. Esse doutor é um pobre-diabo, um escravo do sucesso, uma vítima da fama.

Joaquina continuava indignada:

— Seja como for, um médico não age assim, não fala assim. Ele quase avançou no Américo!

Carlos amenizava a situação:

— Medo, Joaquina, puro medo, puro pavor de ter o nome associado a um fracasso. Já disse: esse coitado é um escravo da própria reputação; não toma nenhuma atitude, a menor que seja, sem pensar no que os outros vão dizer. Quantos eu conheci assim na política? São uns infelizes.

Esteve pensativo por um instante, como a recordar quantos tipos assim, escravos da opinião alheia, ele já havia conhecido. Eram muitos, eram demasiados. Depois alertou a esposa:

— O tal Dr. Carneiro, porém, disse uma grande e inevitável

verdade. É tarde. É tarde demais. Não quero perder meus últimos dias com curas mirabolantes, charlatães, milagreiros, benzeduras infalíveis. Não há mais nada a ser feito. Minha hora chegou.

Joaquina não disse nada, apenas segurou com força as mãos do marido — tão magras, tão ossudas — enquanto lágrimas escorriam pelo rosto dela.

Logo em seguida, Américo entrou no quarto, ainda muito confuso, atordoado, e quis pedir desculpas ao cunhado por trazê-lo de São Paulo somente por ter tido esperança naquele homem gélido e monstruoso, naquele mercenário sem alma. Carlos balançou a cabeça, tentando esboçar um sorriso, e fez um gesto a Américo indicando que não se tocasse mais no assunto, que não valia a pena.

Daquele momento em diante não se falou mais, no casarão do Méier, em Dr. Carneiro, em clínicas luxuosas e moderníssimas ou em infalíveis celebridades da medicina.

Foi como se, de repente, todos tivessem compreendido, ao mesmo tempo, que não havia mais nada que a medicina pudesse fazer.

Sem que ninguém dissesse nada, ficou claro que, à primeira e mais leve melhora de Carlos que o possibilitasse agüentar viagem, eles retornariam a São Paulo.

A tal melhora, no entanto, não vinha. Pelo contrário...

Parecia que o momento final de Carlos se aproximava, e que ele se daria ali mesmo, naquela chácara do Méier.

◇◇◇◇◇◇◇◇◇◇◇◇◇◇◇◇◇◇◇◇◇◇◇◇◇◇◇◇◇◇◇◇◇

Era manhã de doze de fevereiro e Carlos sentia suas forças se esvaindo, pouco a pouco, de modo sereno, suave.

Finalmente algo era para ele sereno e suave.

Após os anos de provação a que a doença o submetera, ele ganhava uma trégua. As dores haviam desaparecido, os tremores mal se percebiam. Talvez — refletiu — ele já estivesse muito fraco para tremer ou sentir dor.

Em meio a uma agradável sensação de relaxamento que o invadia, Carlos punha-se a pensar no passado.

Fazendo um balanço de sua vida, o que mais o incomodava

era a sensação de que ele não fora capaz de realizar plenamente aquilo de que havia sido encarregado. Aliás, não fora capaz sequer de identificar exatamente sua missão, primeiro acreditando que iria mudar o mundo pela poesia, depois por meio do jornalismo, de início achando que a missão era o combate à escravidão, depois apostando tudo na instauração da república, mais tarde na educação das crianças, da futura geração — e sempre a arte, e sempre a poesia... E sempre a dúvida, a incerteza, os descaminhos, a peregrinação desesperada, sem norte, sem rumo certo!

E havia sido por sua missão, ou seu *senso* de missão, enfim, que ele havia sacrificado o grande amor de sua vida. *Laura.*

Com os olhos semicerrados, ele viu Juca à porta, espreitando, curioso para saber como estava o pai e ao mesmo tempo receoso de entrar.

Sentindo uma urgência súbita, Carlos tomou fôlego e disse ao filho:

— Juca, depressa! Vá chamar a sua mãe!

Juca saiu em disparada, e Carlos imediatamente voltou às suas reflexões.

Se ele, nesse momento, ao invés de estar findando sua vida, estivesse iniciando-a, mas com plena consciência das conseqüências que teria cada um de seus atos, faria tudo igual outra vez? Teria abandonado Laura ou arranjaria um modo de conciliar seu amor e sua missão? E Joaquina? Teria se casado com ela se não houvesse considerado, ainda que por um instante, esse casamento como um negócio, um investimento que permitiria a ele continuar se aventurando pelas areias movediças das letras e da política? Claro que amava Joaquina. Aprendera a amá-la. Como não amá-la? Boa amiga, boa esposa, sempre de uma paciência e compreensão infinitas para com suas bruscas mudanças de planos, para com os sacrifícios que comportava ser a esposa de um homem "de missão", de um marido tão instável no temperamento e na situação. Boa mãe, dera-lhe seus adorados filhos e criava-os com carinho e cuidados extremados. Porém, em matéria de amor, daquele amor que os *poetas* (como ele um dia o fora!) chamam de amor, se Joaquina era uma singela estrela, brilhante e pequenina, Laura havia sido todo um Sol, radiante e abrasador. Agora, em seus momentos finais, não havia mais por que não admitir tal fato. E, no entanto, que fizera ele desse Sol? Consumira-o, apagara-o. Eclipsara-o sob um véu gélido e cruel.

Mas onde estava Juca, que não vinha?

Finalmente Carlos escutou passos no corredor. Ouviu a voz de Juca dando pressa à mãe e o ruge-ruge do vestido de Joaquina arrastando pelo assoalho e roçando o corredor que dava ao quarto onde agora ele morria.

Pareceu-lhe de repente que os passos do filho e da mulher iam ficando mais lentos, mais espaçados, a vozinha viva de Juca ia se distorcendo em um mugido arrastado, mãe e filho pareciam estar sendo aprisionados pelo tempo, o ar se condensava em densas, espessas dobras que impediam os movimentos, e os passos de Juca e Joaquina iam ficando cada vez mais espaçados. Até que paravam completamente, e Carlos já não escutava mais nada no corredor, nem no resto da casa.

Tudo fora tomado, repentinamente, pelo mais absoluto silêncio.

Carlos olhou na direção do corredor, procurando saber o que estava acontecendo, afinal, com Juca e Joaquina. E então achou que alucinava.

Pelo chão do quarto começavam a brotar, por entre as fendas do piso de madeira, inúmeras palmas-de-santa-catarina. As flores de Laura... Mas como isso era possível? Como poderiam flores brotar do piso daquele quarto? No entanto, a um segundo olhar mais atento, Carlos percebia que o piso de madeira já não era piso, muito menos de madeira. Era terra. Uma terra fofa, fresca e vermelha, de onde as palminhas iam surgindo ininterruptamente. E as paredes? Quem arrancara as paredes? Pois já não havia paredes no quarto, e já não havia quarto, e tudo que ele via eram infinitos horizontes por onde as palmas iam surgindo e desabrochando suas flores, atapetando rapidamente todo aquele imenso panorama de amarelo, laranja e vermelho. E súbito, para onde quer que Carlos olhasse, não via mais terra nua; tudo se alcatifara de flores.

Que lugar era aquele?

Para onde haviam ido as paredes, a porta, a janela, os móveis do quarto? Onde estavam Juca e Joaquina?

Então Carlos escutou uma voz.

A princípio não pôde localizá-la.

Parecia que a voz vinha de todos os lugares, de todos os lados. Era a voz que Carlos não escutava havia mais de quarenta anos e, não obstante, nunca lhe parecera passar um dia de sua vida sem sentir sua melodia. Aos poucos o som ia se situando em um ponto daquele espaço misterioso, e de repente parecia que a voz provinha de alguém logo atrás de si. Carlos virou-se.

Sorrindo, bela como sempre, jovem como quando a deixara em Porto Alegre, estava Laura.

Juca se aproximou correndo.

O pai estava exatamente na mesma posição em que ele o deixara. A única diferença eram os olhos. Estavam completamente parados, e muito abertos, como se no último momento houvessem visto algo fantástico.

Apesar de ser uma criança, não era a primeira vez que Juca via um morto. Chorando, ele cerrou as pálpebras do pai. Joaquina também começou a chorar baixinho, e os demais parentes da casa foram entrando no quarto e se aproximando da cama.

Juca estava inconsolável. Não chegara a tempo de dar adeus ao pai adorado! Mas não podia se culpar. Já pressentindo algo no estranho olhar do pai, na sua voz subitamente tão serena, fora voando chamar a mãe e voltara como um raio. Fora questão de segundos. Um minuto, no máximo.

O velório varou dia e noite, e às nove da manhã seguinte, treze de fevereiro de 1913, Carlos Augusto Ferreira foi sepultado no Cemitério São Francisco Xavier, no Rio de Janeiro.

18

ENCONTROS, REENCONTROS

Muito além, naqueles campos de flores e horizontes sem fim, onde o tempo não se conta como na Terra — não porque seja mais lento nem mais rápido, mas por ser diferente em sua própria manifestação —, ali seguia o encontro de Carlos com Laura.

Tomado por uma emoção indescritível, ele deixou-se cair de joelhos, e assim ficou, chorando e pedindo perdão, dizendo que nunca deixara de amá-la, que nunca passara um só dia, em toda a sua vida, sem pensar nela.

— Eu sei disso, Carlos. Eu sempre estive próxima a você, até o último momento — assegurou ela.

— Até o último momento? Mas você faleceu em Porto Alegre, e já fazia anos que eu havia vindo para São Paulo, a centenas de quilômetros de distância. Você ficou tanto tempo doente, não poderia ter saído de Porto Alegre. Eu também não mandava mais notícias, eu... não...

Carlos sentia-se perdido.

— Não me refiro ao *meu* último momento. Estou falando do *seu* último momento.

De início ele não compreendeu. Laura continuava:

— Vou falar nos termos da Terra, nos termos que você conhecia até agora. Em nossa última vida terrena, eu parti, ou "morri", em 1878; você, em 1913. Pois ao longo desses trinta e cinco anos terrenos, eu sempre estive próxima a você. Aliás, acho que no fundo você sabia. No seu casamento, por exemplo.

— A noiva... A noiva entrando na igreja e subindo ao altar! E depois, na saída, parada junto à porta! Eu sabia que era você! Só podia ser!

— Claro. Afinal, quem mais, além de Joaquina, já se vestira de noiva para você? — indagou ela.

— Mas você morreu em 1878 e diz que eu morri, ou *parti*, em 1913. Mesmo assim, nós estamos nos vendo, nos escutando, conversando do mesmo modo que antes. Mas como?

Carlos calou-se de repente, sem saber mais o que dizer.

— Aqui é outro lugar. No começo, você pode ter alguma dificuldade para entender certas coisas, mas com o tempo vai compreender tudo. Aqui você terá todo o tempo para isso. O seu aprendizado continua. Continua aqui, e continuará mais tarde, quando chegar sua hora de voltar.

— Para onde?

— Para mais um ciclo de vida e aprendizado. Pode ser outra vez em Campinas, no Rio, em Porto Alegre. Como pode ser na China, na África ou até em outro planeta. Muito do que estou falando você já sabe e com o tempo recordará. E, o que não souber, aprende. Mas vamos com calma. Aqui não é lugar para impaciências. Você vai ter todo o tempo necessário.

Ele concordou com a cabeça, como se finalmente estivesse compreendendo.

— Eu vim para *receber* você. Era importante para que se sentisse mais seguro e orientado nestes primeiros momentos. Mas não vim sozinha.

Carlos olhou para Laura, intrigado.

— Posso chamar quem me acompanha? — perguntou ela.

— Claro, Laura, claro!

Ele estava curioso.

Então, para sua surpresa, diante dele apareceu Natália.

Natália sorria. Um sorriso benevolente e radiante, com a sutil e serena marca daqueles que sabem algo mais.

— Então, fez boa viagem?

Sem saber exatamente a que ela se referia, Carlos respondeu afirmativamente, enquanto Natália se dirigia a Laura:

— Minha filha, obrigada por recebê-lo, sim? Agora gostaria de ter uma conversa a sós com ele.

Laura assentiu e de súbito desapareceu diante dos olhos dele.

— *Carlos... Carlos...* Você gostava desse nome? — perguntou Natália. Sem esperar resposta, ela prosseguiu: — Por algum tempo você continuará sendo chamado de Carlos, assim como Laura seguirá sendo Laura e eu Natália, conforme você me conhece. Logo você perceberá que esses nomes são meras convenções passageiras que usamos em nossas vidas finitas e não têm mais sentido aqui. Mas de início vamos continuar utilizando-os, para que sua readaptação seja mais suave.

— Readaptação?

— Isso mesmo. Afinal você esteve aqui há pouco tempo. Exatamente antes de começar sua vida como Carlos Ferreira. Não se preocupe: é natural que não se lembre de tudo agora. Faz parte do processo. — Ela se aproximou dele e tocou-lhe de leve o ombro. — Assim como Laura, eu também fui encarregada de lhe receber. E nada aqui é obra do acaso. — Ela então tomou a mão dele entre as suas. — Fui autorizada a lhe mostrar algumas coisas. Coisas de que você certamente irá se lembrar. Venha.

Ela começou a percorrer um caminho de areia branca que surgira entre aquelas pradarias floridas e aparentemente infinitas, enquanto ia falando:

— Conheço todos os sentimentos que você ainda carrega de sua vida terrena. Resquícios de sua vida como Carlos Ferreira. Seu inabalável senso de missão, em relação ao qual você nunca estava satisfeito; nada do que você fazia lhe parecia suficiente. Sei também da culpa atroz que sente por Laura. Pois vou lhe ajudar a ver as coisas como elas realmente aconteceram, e esse entendimento fará com que você se liberte desses sentimentos ilusórios. Entenda que a sensação de grandiosidade, no ser humano, é sempre uma ilusão. A grandiosidade de que você se sentia investido quando em seus sonhos era lembrado por mim, "Natália", de sua importantíssima missão na Terra, sentimento que tanto o intrigava, chegando ao ponto de se tornar uma obsessão, aquilo foi criado por você mesmo.

— Então minha vida foi toda uma *farsa?* — alarmou-se Carlos, horrorizado.

— Não, longe disso. A missão em si era realmente grandiosa. Ilusória era a *sensação* de grandiosidade, de ser *o grande escolhido, o grande eleito por forças supraterrenas*. Porque a verdade é que *todos* têm sua missão, sua tarefa, seu aprendizado. Antes de partir daqui e iniciar sua vida como Carlos Ferreira, você reconheceu que uma das coisas contra as quais seu espírito teria de lutar seria o sentimento de arrogância. Você não havia sabido lidar muito bem com a arrogância em vidas anteriores, nas quais desfrutara de muito poder, ou dinheiro, ou ambos. Desta vez você não nasceria em família rica nem faria fortuna, mas em vez disso haveria sempre a sensação de uma missão de suma e transcendental importância a desempenhar. Era *esta* arrogância que você deveria combater desta vez: uma sensação de superioridade muito mais arraigada que a do dinheiro ou do poder.

— Mas existiu a missão?

Carlos parecia inseguro.

— Sim. Existiu, e você a cumpriu muito bem. Depois veremos como. O que era falso era o sentimento de grandiosidade, de ser "mais", de ser "o escolhido" por forças supremas para desempenhar tarefas muito superiores às dos outros homens. Perante Deus, ninguém é "mais" do que ninguém. Mas você precisava dessa experiência, precisava estar contaminado por este sentimento de grandiosidade para aprender a lidar com ele. E devo lhe dizer que se saiu muito bem. Com aqueles sonhos tão fantásticos e numinosos, você poderia ter passado a vida acreditando ser um novo Messias, idolatrando a si próprio. Mas você foi salvo por seu altruísmo, pelo genuíno interesse na evolução dos seus semelhantes. É claro que houve falhas e fraquezas. Afinal, sua jornada ainda não terminou. Um dia, você retornará.

Carlos ouvia tudo com extrema atenção. Ela continuou:

— Há mais uma coisa em relação à força quase irresistível que parecia arrastá-lo para sua missão. Esse sentimento de superioridade e de eleição tinha um *duplo propósito*. Ao final você teria que derrotá-lo para demolir sua soberba, seu orgulho. Mas essa mesma ilusão de grandiosidade não serviria apenas para que você aprendesse a lidar com sentimentos arrogantes. Deus não desperdiça suas cartas. Algumas delas servem para vários propósitos, como verdadeiros curingas. E a "carta" da grandiosidade, tinha, inicialmente, a função de *impulsioná-lo*. Você quis que fosse assim, decidiu isso antes de iniciar a vida como Carlos.

Ele ficou indeciso:

— Mas, afinal, veio de Deus ou de mim a idéia da grandiosidade?

— De certa maneira, veio dos dois. Os espíritos lhe inspiraram a idéia; você pediu — ou melhor, implorou — para retornar com essa característica, pois entendeu que seria importante para sua evolução. E, quanto a Deus... Ele concordou e lhe concedeu o pedido.

Carlos não parecia completamente satisfeito com a explicação.

— Não entendi muito bem isso de *duplo propósito*.

Ela então se aproximou dele e, com uma expressão de impressionante intensidade, anunciou:

— Você vai ter agora uma oportunidade muito especial. Foi permitido a você o acesso a um dos arquivos do seu passado. Refiro-me à vida que teve antes de ser Carlos Ferreira. Esse conhecimento irá ajudá-lo a compreender sua persistente e quase obsessiva dedicação à abolição da escravatura. Vai entender o motivo de ter agregado tanto valor e importância a essa tarefa em particular.

Ela fez uma pausa. Ao recomeçar a falar, percebia-se um leve tom de preocupação em sua voz:

— Quero avisar: verá cenas pouco agradáveis, principalmente em relação à pessoa que você foi anteriormente. Eu irei acompanhá-lo, mas antes preciso saber: você está preparado?

Carlos assentiu com a cabeça, resoluto.

— Sim. Estou pronto.

Natália então pediu-lhe que fechasse os olhos e envolveu-o todo com seu longo manto. Ele sentiu inicialmente uma leve vertigem e teve a crescente sensação de que rodava dentro de uma espiral. A velocidade ia aumentando, chegava a um nível inacreditável. Era como se ele estivesse no olho de um tornado, levado por uma força tremenda, uma explosão cósmica, algo inexplicável em palavras, imensurável em números. No entanto, ele sentia uma profunda paz, uma calma inabalável. Desde o momento em que Natália o envolvera em seu manto, sentiu-se totalmente protegido e invulnerável, como se estivesse dentro de um grande útero astral, do útero da própria Criação, dali de onde tudo provinha e ali onde tudo voltava a se unir no grande Todo.

Na plenitude dessa sensação tão sublime, ele escutou a voz de Natália.

— Pode abrir os olhos.

Ele o fez, mas não viu nada. Em um átimo, toda a deliciosa calma que sentira se dissipou em pânico.

— Não consigo enxergar nada! Está tudo escuro! *Estou cego!*

Ela o tranqüilizou:

— Calma... Nós *realmente* estamos no escuro. A escuridão é intensa, mas não total. Algo se pode perceber. Observe, preste atenção.

Carlos se esforçava, mas não via nada. Não via, mas sentia. Uma sensação extremamente desagradável, de um calor espantosamente úmido e abafado. Ele estranhou, pois já havia um bom tempo não tinha essas sensações terrenas, físicas. Mas agora era como se o ar, de tão denso, úmido e quente, se colasse insuportavelmente nele, como uma gosma odiosa, um melaço pestilento. Não bastasse isso, aquele ambiente era ainda terrivelmente malcheiroso, uma insuportável mistura de suores e dejetos humanos com coisas em decomposição, mofo, madeira podre. Permeando esse abominável odor havia outro, igualmente terrível, talvez até pior, que teria sido indecifrável a Carlos em sua condição terrena, mas que agora, ali, não lhe deixava dúvidas: era o odor da pura maldade.

A maldade reinava naquele ambiente, e mais: *era a causa daquele ambiente.*

De tal forma essas sensações o transtornaram, que só agora ele começava a ouvir. Havia, por toda parte, um coro baixo e abafado, porém ininterrupto, de dolorosos gemidos e soluços.

Meu Deus!, pensou ele, desnorteado. O que era aquilo? *Onde* era aquilo? Seria ali o inferno? Estaria sendo enganado por Natália, despachado para o inferno sem ao menos ser informado? Não ousou perguntar a ela. Enquanto buscava respostas por si mesmo, ele começava a ver, com dificuldade, um ou outro contorno do que poderia ser uma pessoa, certas cintilações fugazes do que fosse talvez o brilho de um olhar. Talvez... Ou quiçá os tais contornos e cintilações fossem apenas fantasias, imaginações. Impossível ter certeza de algo naquela escuridão abrumadora.

Repentinamente um quadrado de luz se abriu a alguns metros de altura. Uma luz sutilíssima e pálida. Certamente não era a luz do dia ou mesmo a de uma lamparina. Era mais como uma claridade fraquíssima de lua minguante, ou mesmo de céu estrelado e sem lua. Todavia, suavizava um pouco aquela treva quase absoluta e tornava mais definíveis os misteriosos contornos.

Em seguida à luz, veio a água.

Um grande balde d'água era entornado pelo quadrado que se abrira há pouco. Então Carlos viu que todos aqueles contornos eram realmente humanos e se precipitavam freneticamente para o local onde a água caía. Homens e mulheres, arfantes, alucinados, todos nus, abriam os braços acorrentados e escancaravam as bocas para o quadrado, esperando mais água, gemendo, ganindo. Logo depois, uma segunda carga d'água era jogada ali. Era um espetáculo pavoroso ver aquela imensa quantidade de gente amontoando-se, pisoteando-se, forçando as correntes contra a pele já machucada, na intenção desesperada de conseguir um pouco daquela água. E, quando conseguiam, não a bebiam: comiam-na, devoravam-na com avidez inédita, mastigavam as próprias bochechas e línguas, procurando restos da água dentro da própria boca, como se nunca tivessem tido contato com o líquido. Quando o balde se esvaziou todo, puseram-se a sorver as poças formadas no chão imundo, a sugar cada gota que detectavam nos braços, costas e até rostos de seus desgraçados companheiros de suplício e horror.

Eram humanos!

Por mais incrível, triste e revoltante que fosse essa constatação, ela era verdadeira. Eram seres humanos. E eram todos negros.

Carlos dirigiu-se a Natália, questionando-a com um tom que denunciava todo o seu espanto, toda a sua perplexidade:

— Mas o que é isso? Nós estamos em um...

Natália completou a frase:

— Sim, Carlos, estamos nas galés de um negreiro, de um navio que transporta negros da África para serem vendidos como escravos, principalmente nas Américas. Como Carlos Ferreira você já sabe; lutou muito pela liberdade e pelos direitos dos descendentes de gente que foi levada assim para o Brasil, deste modo que nem animais seriam transportados. Estamos em um navio que zarpou há dez dias da costa da África. Em termos terrenos, ainda falta quase um século para Carlos Ferreira nascer. Mas "você" estava vivendo na Terra também neste período. Obviamente, só o espírito era o mesmo. Fora isso, outro nome, outra aparência, outras circunstâncias, outras escolhas. Vejamos, então, o que você fez nesta vida terrena, especificamente, a respeito do drama da escravidão.

Natália agarrou a mão de Carlos e disse:

— Venha comigo. Vamos ver o que está acontecendo acima destas tristes galés.

De mãos dadas, ambos começaram a levitar e subir na direção do quadrado no teto das galés, elevando-se mais e mais por sobre aqueles seres repulsivamente ultrajados, tratados com a suma brutalidade que só o ser humano, dentre todas as criaturas viventes, sabe dispensar a seus semelhantes.

Chegaram ao convés e foram até a proa. Estavam ali três homens. Um deles era calvo e não tinha a mão esquerda. O outro era alto, magro e muito pálido, de olhar duro, cara de poucos amigos. O terceiro era gordo e ruivo, suas bochechas protuberantes eram quase tão vermelhas quanto seu cabelo e barbas, e parecia ser mais afável que seus companheiros. Pelo menos, era o único que sorria. Natália sussurrou:

— Observe estes homens. Escute o que eles dizem.

O ruivo sorridente perguntou ao homem calvo:

— E então? Já refrescou *o gado?*

O calvo retrucou:

— Qual gado, capitão Miguel! Se fosse gado, já estava tudo morto. Quando abri a portinhola para jogar a água, subiu um bafo quente que parecia vir de uma fornalha. Isso sem falar do cheiro; tive que virar o rosto para não passar mal. O calor, a imundície, a superlotação... Gado, gado mesmo, já tinha morrido tudo.

O carão satisfeito e luzidio do ruivo resplandeceu ainda mais.

— É, mas o tal do negro agüenta. O bicho é forte que só ele. — Cuspiu longe algo escuro que pareceu tabaco e, em seguida a uma risadinha sórdida, declarou: — Pois lotado ou não lotado, eu por mim tinha metido aí pelo menos mais uns setenta.

Pela primeira vez o homem magro se manifestou:

— Pois eu acho isso uma temeridade. Ainda temos tantos dias até o Brasil, e com essa quantidade de negros aglomerados, sem ventilação, com a miséria de comida que se joga dia sim, dia não, no meio das imundícies deles... Não sei, não, capitão, mas me parece que as perdas serão grandes. Antes tivéssemos trazido menos, e com mais conforto. Hoje mesmo atiramos dois corpos ao mar.

O sorriso do capitão se transformou, em uma fração de momento, numa máscara de sanguinário furor:

— E onde você já viu conforto em um negreiro, ignorante? Isto não é um cruzeiro de luxo para condes e duquesas, isto é um navio que transporta negros que, daqui em diante, só irão conhecer o trabalho duro e a chibata. E, depois, um ou outro sempre morre, criatura! Mais razão para que eu tivesse trazido mais!

O magrelo emudeceu ante a explosão do capitão, enquanto este, já mais calmo, garantia:

— E, olhe, é até bom que morram alguns. Assim só chegam os mais fortes. Ou você pensa que alguma besta vai me pagar por um negro doente? Os fracos eu tenho que largar quase de graça, tentar enfiar no rolo junto com os bons. — Logo o capitão sorria de novo: — De qualquer modo, temos uma bela quantidade. E eu escolhi a dedo; garanto que a maioria chega bem. Com o que apurar disso aí, compro aquelas terras de açúcar que venho cobiçando há anos! E ainda sobra! — Aquele homem todo vermelho gargalhava com deleite e repetia: — E ainda sobra! Olhe que sobra!

Carlos encontrava-se diante do repulsivo capitão, e, embora não pudesse ser visto, o ruivo pareceu olhar em sua direção durante alguns segundos, como se algo, de alguma forma, houvesse aguçado sua percepção. E este momento tão rápido e fugaz, em que Carlos olhou dentro dos olhos daquele homem, foi suficiente para que houvesse uma lembrança, uma memória, todo um reconhecimento!

Aquele homem sem escrúpulos, brutal e ganancioso, aquele capitão gordo e ruivo cuja expressão emanava uma obscenidade primitiva e animalesca... Era Carlos.

Ele não precisava da confirmação de Natália, não precisava perguntar nada. Por mais estranho e chocante que pudesse parecer, sentira com uma certeza absoluta e esmagadora, dessas que aniquilam instantaneamente qualquer sensação de dúvida. Carlos sabia, inapelavelmente, que aquele revoltante indivíduo havia sido ele próprio em sua vida passada.

Natália percebeu toda a sua triste perplexidade e tratou de tranqüilizá-lo:

— Sei o que você deve estar sentindo. São muitos os que reagem assim ao saber como eram, como agiam em vidas anteriores. É natural o espanto. É natural esperar semelhanças ao invés de contrastes entre nossas diversas vidas.

— Eu estaria preparado para muitos contrastes. Mas esse tal capitão Miguel é o exato oposto de mim. Ele representa tudo que Carlos Ferreira mais abominou durante toda a sua existência. Como pode um mesmo espírito ter vivido duas vidas mais disparatadas, mais contrárias e irreconciliáveis?

— Um homem sábio, na Terra, disse certa vez que tudo acaba se transformando em seu oposto. Obviamente é apenas uma teoria, somente um modo de ver as coisas. Mas essa frase poderia, de certa maneira, dar uma pista de como dois homens aparentemente tão contraditórios entre si podem ter sido diferentes etapas de um mesmo espírito. Saiba que na vida tudo caminha para o equilíbrio. Deus assim o determina. E o equilíbrio, meu caro, às vezes é conseguido por meio de opostos, de contrários. Como um pêndulo, por exemplo: com quanto mais força você empurrá-lo em uma direção, com mais força ele retornará na direção contrária. Vai de um extremo ao outro, no entanto é sempre o mesmo pêndulo. Mas a cada oscilação as distâncias se tornarão menores, o tempo vai diluindo os contrastes, e finalmente você tem o pêndulo parado, centrado entre os dois extremos. Ele atingiu o ponto de equilíbrio. — Vendo o pouco entusiasmo de Carlos diante de seu exemplo, Natália concluiu: — Eu poderia lhe dizer milhares de coisas sobre teorias de opostos, mas certamente será mais proveitoso o que faremos agora.

Natália novamente estendeu a mão a Carlos, envolveu-o com seu manto e anunciou:

— Vamos fazer mais uma viagenzinha.

— Para onde?

— Quando chegarmos, você saberá.

Após sentir-se outra vez arrebatado por uma espiral que trespassava universos e dimensões, Carlos percebeu que, com Natália, ele se encontrava em um quarto, onde havia mais duas pessoas.

Era um quarto amplo, espaçoso, com um pé-direito altíssimo. O maior dos elefantes estaria confortável ali dentro. A mobília era muito rica, opulenta mesmo, tudo que de melhor podia haver no século 18. Aquele quarto pertencia, claramente, a gente de dinheiro.

Não obstante as dimensões superlativas do aposento e a exuberância de sua decoração, a sensação que dominava o local era a de uma solidão opressiva, quase palpável.

Carlos concentrou sua atenção nas duas pessoas que estavam ali.

Em uma grande cama de casal, sob vários cobertores, com travesseiros sob a cabeça e os pés, lamentava-se um homem muito velho e, a julgar pelas aparências, gravemente enfermo. Não era difícil concluir que aquele homem experimentava, com grande amargura, os últimos momentos daquela sua vida.

Ao lado da cama, em uma poltrona, havia outro homem. Teria, provavelmente, uns trinta e poucos anos, e seu olhar era um misto de dedicação e pena, solicitude e consternação. Mesmo sentado, percebia-se que era um homem alto e robusto, um negro de traços másculos e agradáveis, com uma fisionomia de homem bom e sincero. Vestia-se com extremo requinte e até com certa ostentação, o que se notava principalmente no volumoso anel de ametista que lhe enfeitava um dedo da mão direita e na vistosa bengala de marfim, com castão de ouro lavrado, que trazia a seu lado, apoiada na poltrona.

Quanto ao velho, apresentava o rosto edemaciado e febril. Por entre as pálpebras inchadas, congestionadas, escapava um olhar fixo e ao mesmo tempo distante, de quem já está com um pé no outro mundo. O que restava de sua voz era um murmúrio rouco e arfante, no entanto ele não parava de falar, em um tom lamentoso e monocórdio.

Entre seus cabelos brancos, ainda bastos, alguns fios de fogo o denunciavam: o velho à beira da morte era o ignóbil capitão do navio negreiro.

— Por que nem em seu derradeiro momento o senhor não pára de se torturar? — perguntava o homem mais jovem. — Seus últimos anos foram todos de autocrítica, de penitências, de arrependimentos. Por que não aceitar a visita do padre, abrir seu coração, receber o perdão do Senhor e dar a si a oportunidade de passar seus últimos momentos em paz? É tão simples! Por que essa teimosia? Por que não concede que eu chame o padre?

— Nada é tão simples! — retrucou o velho, ofegante. — Como pode me dar o perdão divino um homem que não sabe nada, que não viu nada do que fiz? Você pensa que é possível expressar em palavras as atrocidades que já cometi? Pois não é! Não é possível! Não existem palavras que possam descrever o horror que acontecia naqueles navios! Seria necessário inventar antes um novo idioma, um idioma criado pelo próprio Satanás!

O outro recuou na poltrona, horrorizado.

— Pelo amor de Deus, não diga uma barbaridade dessas!

— Digo, sim! — rosnou o velho. — E, por todo o afeto e gratidão que lhe tenho, não me dê conselhos sobre este assunto.

Você não estava lá para ver. Você ainda nem havia nascido. E já chega! Não quero, e pronto! Não será um padre, nem um bispo, nem o próprio papa quem decidirá se eu mereço ou não ser perdoado. Se nem eu mesmo me perdoei... Só Deus Nosso Senhor, diretamente e sem intermediários, tem competência para julgar minhas selvagerias.

— Mas isso foi há tanto tempo... Mais de trinta anos! Desde que o senhor conheceu minha mãe, viveu arrependido.

— Com sua mãe eu percebi que os negros são seres humanos, que os negros têm alma e que a diferença da cor da pele é, ou pelo menos deveria ser, tão irrelevante quanto a diferença da cor dos cabelos, dos olhos ou dos trajes. Ademais, por uma ironia do destino, foi com sua mãe que conheci o verdadeiro amor. E pensar que ela, a criatura que mais amei neste mundo, foi trazida para cá por mim, em um navio negreiro, nas mesmas condições infernais em que eu havia trazido tantos outros. É claro que eu tinha que me arrepender! Mas e daí? O arrependimento não anula todo o mal que fiz antes de conhecê-la.

— E por isso o senhor passou o resto de sua vida se flagelando em um inferno particular que criou de seus remorsos.

— E o que você queria? Se eu amo loucamente uma mulher, se tenho com ela um filho, que amo com igual loucura, e se a todo momento relembro o modo hediondo como maltratei milhares de seres humanos, causando mortes inclusive, unicamente por serem negros, por terem, justamente, a mesma cor de pele das duas pessoas que mais amo no mundo... É ou não é de enlouquecer?

— Mas o senhor foi salvo, meu pai. Foi salvo pelo amor e pelo arrependimento. No final, é até uma história bonita.

O velho capitão ensaiou uma risada de sarcasmo, mas não teve fôlego.

— Ha! História bonita? Pois vá perguntar às pessoas que vinham como ratos naqueles navios, vá perguntar o que elas acham dessa história tão bonita, vá perguntar se *elas* me perdoam. Pergunte também aos corpos, aos corpos dos que não resistiram às viagens e foram jogados ao mar. Imagino como eles ficarão *encantados* com essa história tão sublime!

— Não se esqueça de que o senhor teve também sua boa parcela de sofrimento, principalmente depois que decidiu assumir publicamente sua união com minha mãe, e depois minha paternidade. A sociedade inteira lhe virou as costas, com exceções que se podem contar nos dedos de uma mão.

— Oh, que consolo! Então, porque eu sou condenado ao ostracismo pela sociedade e passo a levar uma vida de recluso, estou desculpado por todas as vidas que arruinei? Eu me alegro, meu filho, eu *realmente* me alegro que você tenha um coração tão bom e tão compreensivo e na sua cabeça as histórias tenham sempre um belo e edificante final. Gostaria de ser assim também, compreensivo e otimista, sempre achando que o homem tem direito à sua segunda chance. Pois bem: *eu não sou assim!*

— Pois se o senhor meu pai me vê tão bom e compreensivo, pode estar certo de que Deus há de ser ainda mais.

O velho grunhiu algo indecifrável enquanto o filho prosseguia.

— Aliás, nem precisamos subir tão alto. Minha mãe mesma... Foi trazida da África em um desses seus "navios do inferno", como o senhor os chama. E não apenas o perdoou. Fez mais. *Ela o amou.* Minha mãe... Pena ter morrido tão moça. Eu era uma criança, mas me lembro tão claramente da doçura daquele olhar, da ternura daquela voz... Entende-se por que, entre tantas, brancas e negras, apenas a ela o senhor tenha amado de verdade. E creio que grande parte desse amor o senhor tenha transferido a mim, pois, por mais que o senhor se veja como um monstro e um criminoso, posso garantir que melhor pai não poderia ter havido. — O filho se emocionava, e prosseguia com a voz embargada: — Não posso dizer que não sentia falta de minha mãe, mas o senhor se desdobrou em dez para que essa falta me tocasse de forma menos aguda. Eu era o seu eterno companheiro nos negócios de gado e de açúcar, nas viagens entre as fazendas, na supervisão dos engenhos. Nunca me deixou nas mãos de uma ama ou um capataz, ainda que eu lhe estorvasse as viagens de negócios com meus sumiços e traquinagens.

Num fio de voz, o capitão retrucou, também emocionado:

— Você nunca foi um estorvo, meu filho.

— Lembra-se de uma vez que fomos até Santos, com uma tropa enorme de mulas, para comprar sal? E, ao chegarmos lá, o comerciante queria me comprar de qualquer jeito? Dizia que dava por mim cinqüenta arrobas de sal! "*Cinqüenta arrobas de sal pelo negrinho; é pegar ou largar!*" O senhor ficou tão furioso que lhe quebrou um cajado nas costas e o atirou no mar. Se não fosse terem lhe segurado, ainda pulava n'água para continuar a luta. Voltamos de mãos abanando, com todas aquelas mulas e sem uma única saca de sal.

Pai e filho riram juntos, risos que suavizavam um pouco aquela atmosfera de morte, mas ao mesmo tempo traziam a nostalgia de inúmeras aventuras compartilhadas que jamais volveriam.

— Realmente, melhor pai está para nascer. Eu vinha sempre em primeiro lugar, sempre. Só a lembrança de minha mãe talvez me fizesse concorrência. — O filho de repente ficou pensativo. — É mesmo uma pena. Ainda ontem eu estava fazendo as contas, e minha mãe seria ainda tão nova... Não teria completado os cinqüenta anos. Pensar que ela poderia estar conosco neste momento difícil... E certamente, como eu, ela estaria insistindo para que o senhor aceitasse a visita do padre. Não sei quanto ao senhor, mas eu daria todas as minhas terras para ter minha mãe de volta.

O capitão, tentando escapar ao tom emocional da conversa, que já começava a marejar-lhe os olhos, desviou o assunto:

— Pois eu não tive nem mãe nem pai. Minha mãe morreu no exato momento em que eu nasci; não agüentou o parto de um demônio... He, he, he... — Miguel Jordão tentava ser irônico, mas em seu olhar só se percebia uma profunda mágoa. — Quanto a meu pai, foi o sujeito mais sanguinário e abominável que já pisou a crosta terrestre. Esse, sim, eu posso dizer: pior que eu. Muito pior! Quando nasci, ele estava bebendo em uma taverna, jogando cartas com outros bêbados. Só foram encontrá-lo quando a vida de minha mãe já estava por um fio. E, ao avisarem-no de que ela estava morrendo, sabe o que ele respondeu? Pois o miserável disse: "Justo agora, no meio do jogo? Será que ela não pode esperar?" E continuou ali até terminar o jogo. Um traste... Mau pai, mau marido... *Péssimo* marido. Ladrão, assassino — por encomenda e por gosto —, mentiroso, traiçoeiro... Indivíduo abaixo de qualquer classificação. Foi morto numa emboscada preparada por seus "amigos", como acontece muito com gente dessa laia.

Miguel Jordão calou-se, subitamente enjoado, arrependido por estar desperdiçando seus últimos momentos falando daquele homem que tanto o repugnava.

De qualquer modo, por mais que o capitão houvesse tentado evitar, as lembranças nostálgicas da infância do filho e a menção deste à mãe haviam amolecido seu coração calejado.

Após longo suspiro, ele perguntou, com surpreendente tom de decisão na voz de agonizante:

— Você tem certeza de que sua mãe gostaria que eu recebesse uma última visita do padre?

Sem esperar resposta, no mesmo fôlego, o velho capitão ordenou:

— Chame o padre. Depressa.

Alguns minutos depois, chegava o pároco, a quem Fernando, o filho do capitão, já deixara previamente de sobreaviso e à mão.

O sacerdote sentou-se na poltrona ao lado da cama. Debruçou-se levemente sobre o capitão, murmurando-lhe algo. Fernando esperou fora do quarto.

E então aqueles dois homens de cabeça branca, de idades semelhantes e passados tão diferentes, estiveram conversando por mais de uma hora. Pelo semblante de ambos percebia-se a gravidade dos assuntos. No entanto, era claro que, ao final do diálogo, a expressão de ambos, e principalmente a do capitão, suavizara-se de modo notável, como se um vil garrote que lhe espremia insidiosamente o coração houvesse de repente afrouxado.

Finalmente o padre se levantou. Muito solenemente começou a dizer umas expressões em latim, enquanto abria o frasquinho dos santos óleos. Besuntou no óleo os dedos, passando-os muito suavemente, em seguida, nas pálpebras do capitão, na boca, no peito, nas mãos, nos pés. Depois, tornou à cabeceira da cama e, ainda em latim, com uma voz muito grave, que parecia vir das profundezas de seu ser e reverberava em possante eco pelas altas paredes do aposento, lançou ao capitão a pergunta definitiva:

— *Micael, fili, vis peniteri?**

O capitão tomou muito fôlego, como se fosse fazer um esforço sobre-humano, e respondeu quase em um guincho:

— *Volo.***

Depois suspirou longamente, como num alívio, soltando o excesso de ar inspirado, e deixou a cabeça pender para o lado, exausto, quase desmaiado. Entrou em um estado de torpor. A respiração tornou-se irregular. Tomava ar rapidamente, aos trancos, aos arranques, o peito se dilatando todo e erguendo-se sob as cobertas; depois ele liberava o ar vagarosamente, acompanhando essa expiração com uma espécie de gemido fraco e prolongado.

Fernando entrou no quarto e correu à cabeceira do pai. Chamava-o, mas não obtinha mais resposta. O velho apenas gemia fracamente e tinha os olhos revirados para cima, somente com o branco à mostra.

— Teu pai agora está em paz, filho — garantiu o padre a Fernando. — Conversamos por um longo tempo, coisas profundas da vida, da morte, do amor, de Deus. Asseguro-te de que ele está em paz.

O sacerdote caminhou em direção à porta, onde uma criada o esperava para acompanhá-lo à saída. Vendo a expressão de angústia no rosto de Fernando diante dos estertores e gemidos do pai inconsciente, o padre falou ainda:

— Não te preocupes. Ele já não está sentindo nada de mau, já não sofre. Está apenas se entregando à misericórdia de Deus. Logo estará junto Dele.

Dizendo isso, o padre se foi, deixando pai e filho a compartilhar a privacidade daquele momento extremo.

Fernando segurou forte a mão do pai e sussurrou junto a seu ouvido:

— Estou aqui, meu pai. Fomos companheiros em tantas viagens, tantas jornadas... Não será agora que eu irei desertar. Estou

---

*Miguel, filho, queres arrepender-te?

**Quero.

aqui, consigo, até o último segundo dessa sua travessia. Vá em paz, meu pai. Vá em paz.

Fernando chorava e apertava ainda mais a mão do capitão.

Subitamente, duas lágrimas solitárias brotaram dos olhos semicerrados do velho e escorreram por sua face senil e lívida, pacificando completamente sua expressão, rejuvenescendo-o em décadas.

— Vá em paz, meu pai — repetiu ainda uma vez o filho.

Natália sussurrou a Carlos:

— É hora de voltarmos. Agora você já sabe o suficiente. Vamos deixá-los a sós.

No entanto, Miguel Jordão e seu filho não estavam realmente a sós. Naquele aposento, Carlos via o espectro de duas mulheres. Uma delas estava junto à cabeceira da cama e seu olhar cálido parecia inundar de amor aquele quarto. Tinha uma mão pousada na cabeça de Fernando e a outra sobre o peito do capitão. Carlos não teve dúvidas: aquela era a mãe de Fernando, a adorada esposa de Miguel Jordão. A outra mulher, de grandes e tristes olhos claros, cabelos longos e ruivos, se mantinha mais afastada. Sob um semblante que denotava muitos sofrimentos passados, o que se percebia agora, principalmente, era alívio. Um grande alívio.

— Vamos, Carlos! — insistiu Natália.

Outra vez percorreram a misteriosa espiral e voltaram ao exato ponto de onde haviam partido.

Carlos olhava Natália fixamente, sabendo que, mais cedo ou mais tarde, um ou outro diria algo, mas não por enquanto. Ainda era cedo para palavras.

E, por um dilatado e indefinido espaço de tempo, estiveram ambos assim, em um diálogo mudo que dizia tudo, por meio de uma linguagem que está muito, muito acima das palavras.

19

REVELAÇÕES

Foi Natália a primeira a falar.

— Espero que seu aprendizado tenha sido proporcional à intensidade das coisas que viu.

— Creio que agora posso compreender muita coisa — respondeu Carlos.

— Considerando o remorso gigantesco, o monumental arrependimento que dominou seus últimos trinta anos de vida como capitão, você compreende por que escolheu que, quando retornasse como Carlos Ferreira, a causa da abolição teria que ter o mais legítimo *status* de missão?

— Claro! Eu não poderia falhar! Eu não me perdoaria! Não me permitiria!

— Entende agora o porquê dos sonhos grandiosos, míticos, messiânicos? Compreende agora o *duplo propósito* do sentimento de grandiosidade? Compreende que ele lhe serviu muito mais do que apenas lhe ensinar a humildade? *Você* traçou previamente essa estratégia. A abolição da escravatura, e depois, por meio da educação, a erradicação dos preconceitos, da ignorância, do obscurantismo de onde poderiam nascer novos "capitães migueis" — essas tarefas teriam que ter para você valores maiores que sua própria vida. Você implorou para voltar como alguém obstinado, obsessivo, diria até mesmo atormentado por esse senso de predestinação. Porque só alguém com essas características poderia ter alguma chance na cruzada da abolição. Os abolicionistas lutavam contra interesses gigantescos, titânicos. Vocês não lutaram apenas contra três ou quatro séculos de escravidão no Brasil. Vocês lutaram contra uma instituição de milênios! Desde a Antigüidade, seres humanos eram escravizados. Fosse na Babilônia, no Egito ou em Cartago, no Império Romano ou no Otomano, a escravidão era a regra, era o normal. Homens cordatos, ajuizados, sensatos, jamais conseguiriam virar essa mesa. Só os "loucos" teriam chance!

Carlos, que ouvia com grande entusiasmo as palavras de Natália, subitamente teve um gesto de hesitação, e da hesitação passou à contrariedade, como que incomodado por algo que não estivesse entendendo.

— Há algo aqui que não se encaixa — protestou ele. — Ainda rapazinho, em Porto Alegre, antes da generosidade do imperador, eu até pensava, até sonhava que talvez pudesse mudar o mundo, mas exclusivamente por meio da minha poesia. Mais tarde, já em São Paulo, por um bom tempo eu ainda pensava e agia assim. Tinha já um vago sentimento de missão, de tornar o mundo melhor com a ajuda da beleza contundente da poesia, mas durante muito tempo nunca escrevi nada sobre a escravidão. Eu nem sequer pensava sobre o assunto.

— Mas um dia isso mudou — observou Natália.

— Sim, mudou, mas terá sido mérito meu? Se já iniciei minha vida como Carlos com o espírito cheio das determinações e escolhas de que falamos, isso não deveria estar presente e evidente desde o início, desde a infância, talvez? Se só mais tarde eu realmente abracei a causa abolicionista, não terá sido por influência dos colegas?

Natália tinha na manga todas essas respostas, mas esperou, deixou que Carlos continuasse:

— Lembro-me de uma noite... Eu voltava para casa, acompanhado do Castro Alves. Foi antes do acidente com a espingarda, nós ainda morávamos juntos. Retornávamos de uma reunião de amigos. Falávamos pouco, vínhamos já um tanto sonolentos, era tarde. Mas, de repente, o Castro Alves começou a falar e a falar. E não parava mais! Acusava-me de ser omisso em relação à questão abolicionista; dizia que eu era insensível e egoísta, sempre escrevendo sobre uns amores pueris, em meio a flores e pássaros, enquanto o sangue de nossos irmãos negros maculava o chão da pátria. Chegou a dizer que essa minha omissão custava vidas! Aquilo me impressionou muito. Essa conversa durante a madrugada, no meio da rua, creio que mudou o curso da minha vida. Chegando em casa, fui logo me deitar. Dormi mal, tive pesadelos, um horror! Mas, na manhã seguinte, acordei absolutamente convencido de que a causa abolicionista era a minha missão. Foi um sentimento tão inequívoco, tão arrebatador... Uma revelação, uma coisa mágica, um fenômeno! Mas o que causou todo esse tufão de idéias e sentimentos foi a conversa com o Castrinho. De quem é o mérito, então? Meu ou dele? E se nós nunca houvéssemos tido essa conversa? E se não nos conhecêssemos?

Assolado pela dúvida, Carlos dirigia a Natália um olhar confuso e apreensivo. Ela sorriu e explicou:

— Lembre-se sempre de duas coisas. A primeira é que tudo acontece na hora certa, nem antes nem depois. A segunda é que encontros ou momentos que aparentemente mudam nossas vidas não acontecem por acaso. A determinação de lutar contra a escravidão sempre esteve dentro de você. Por que não aflorou antes? Porque não era o momento. Não era a hora certa. Você mesmo reconhece o efeito daquela conversa com Castro Alves como uma revelação. E, justamente, foi uma revelação, uma manifestação de algo que sempre existiu em você e no momento certo aflorou a toda luz. Realmente foi um momento mágico e arrebatador. Mas lembre-se de que *você* escolheu a causa da abolição ainda antes de encarnar como Carlos Ferreira. Essa causa, essa tarefa que você deu a si mesmo com as bênçãos de Deus, essa oportunidade de crescer espiritualmente fazendo o bem a quem você anteriormente fizera mal, isso certamente iria se manifestar mais cedo ou mais tarde. Se não fosse a conversa com Castro Alves, seria algum outro evento a despertá-lo para essa causa, ou melhor, *recordá-lo* desse seu compromisso. Esteja certo de que algum sinal, algum "lembrete" viria, não há a menor dúvida quanto a isso. Afinal, os recursos de Deus são inesgotáveis. — A voz de Natália se volveu mais séria, mais grave: — Preste bem atenção, que, se eu digo inesgotáveis, não quero dizer desperdiçáveis. Uma mensagem mandada por Deus não é algo que se possa menosprezar, ou classificar, com um ceticismo obtuso, como "mero acaso". É um presente único, um privilégio preciosíssimo.

— A senhora se refere à conversa com Castro Alves? — perguntou Carlos.

— Exatamente. Suponha, Carlos, que Deus lhe envie uma carta. Uma carta, por exemplo, lembrando-o de que está na hora de você começar a sua tarefa: a luta abolicionista, digamos. Pois bem: Ele lhe manda uma bela carta em um belo envelope. Imagine, agora, que essa carta se extravie. Deus, em sua inefável bondade, lhe manda outra vez a mesma carta, o mesmo conteúdo, mas dessa vez o envelope não é o mesmo. Isso é o que aconteceria se não houvesse existido aquela conversa com Castro Alves, ou se você não tivesse lhe dado ouvidos, ou se o fato de alguma forma não lhe despertasse o *reconhecimento* de sua missão, não lhe provocasse a *revelação,* como você bem denominou. Afinal, a carta é muito mais importante que o envelope, não é mesmo?

Carlos assentiu com a cabeça, e Natália prosseguiu:

— Nesse caso, entretanto, era muito importante que *esse determinado envelope* trouxesse essa determinada carta. Perceba, Carlos: vários fatores, poderosos fatores conspiravam para isso. Alguém havia solicitado, alguém havia suplicado, previamente, para ser esse "envelope", ou esse mensageiro, se preferir chamá-lo assim.

Carlos, ligeiramente ansioso, interrompeu a explanação de Natália, já um pouco farto de tantos exemplos e envelopes e cartas e carteiros.

— Bem, já entendi que a "carta" de Deus era para me lembrar de meu compromisso e que o "envelope" ou o "mensageiro" era o Castro Alves. Mas a senhora está dizendo que o Castrinho *suplicou* para ser o mensageiro?

— Exato.

— *Antes* de nascer como Castro Alves?

— Logicamente!

— E por que ele faria isso?

— Ora, Carlos, onde está sua intuição? Onde está sua perspicácia? — provocou Natália. — Se antes de retornar à vida terrena, um espírito pede para participar, ou de alguma maneira colaborar, na tarefa de outro espírito *em particular*, deve ser porque provavelmente eles já tiveram algum vínculo. Não lhe parece?

— Um vínculo?

— Claro! Na sua vida passada, isto é, na vida em que você foi o temível e depois arrependido e atormentado capitão Miguel Jordão, Castro Alves viu todo esse seu arrependimento, conheceu todo o seu remorso. Além disso, como acabei de insinuar, e agora afirmo, vocês tinham naquela vida um forte vínculo. Isso por si só já bastaria para que ele quisesse acompanhá-lo em sua missão futura, nem que fosse por pouco tempo. Mas havia mais motivos. Antônio de Castro Alves tinha mais motivos para estar envolvido no esforço abolicionista. Por pouco, em sua vida passada, Castro Alves havia escapado de ser, ele próprio, um escravo, e isso graças ao arrependimento do capitão Miguel. A mãe dele, no entanto, havia sido trazida da África pelo capitão, naquelas pavorosas galés. A mãe dele, que se tornaria o grande amor do capitão.

Carlos sentiu-se como que varado por uma corrente elétrica, tamanha sua surpresa.

— Mas então... *Fernando?!* Fernando, filho do capitão Miguel? Fernando, que foi meu filho, voltou depois como meu amigo Castro Alves?

— É muito comum espíritos terem vínculos ou afinidades por várias vidas consecutivas. Filhos retornam como pais, ou amigos, como foi o seu caso; esposas retornam como mães; uma avó pode voltar como uma neta ou neto, ou talvez novamente como avó... Ou primo, vizinho, chefe, rival... Há uma infinidade de combinações em que se alteram — ou não — os papéis, mas persiste o vínculo. É muito natural.

Carlos se quedara mudo, estupefato, enquanto tentava assimilar a enormidade daquela informação. Depois de algum tempo, disse:

— Tudo isso é muito bonito.

— Sim, e mais ainda quando recordamos que toda essa beleza provém de nossas próprias escolhas. E essas escolhas vão se ramificando em mais e mais escolhas, nosso livre-arbítrio e nosso senso de responsabilidade são continuamente postos a prova. Imagine que até a forma como viria a sensação de importância da sua missão — por meio de sonhos — foi uma escolha sua. A longa, dolorosa e incapacitante enfermidade foi também parte desse importantíssimo aprendizado. Entenda, Carlos: você tem a liberdade de optar, portanto todas as escolhas são de sua responsabilidade. Parece maravilhoso, não é? No entanto, esse presente que recebemos — a liberdade — pode ser mal utilizado, mal direcionado. Pode ir contra o nosso próximo, pode ir contra as coisas de Deus. Mas, nesse caso, haverá um preço a ser pago. Ninguém foge às próprias responsabilidades. Alguns até pensam que o fazem, mas estão se iludindo, estão resistindo a progredir. Não importa o que tenha acontecido em sua infância ou em qualquer fase da sua vida, não importam as influências que você tenha sofrido; seus atos serão sempre sua responsabilidade. A vida lhe cobra essa responsabilidade. A vida não aceita desculpas, muito menos bodes expiatórios. Porque com desculpas não há aprendizado e não há progresso. Você compreende agora que sempre foi responsável por seus atos?

Carlos baixou os olhos e subitamente pareceu desapontado.

— Responsável ou não, de qualquer modo eu fracassei na missão em si.

— Você fracassou? E sua luta pela abolição e pela república? Você aceitou, sem pensar duas vezes, sacrifícios pessoais imensos! E o colégio, onde você proporcionou instrução a tantas crianças, onde tanto se esmerou para ensinar o amor ao próximo, a igualdade de direitos, onde você fez de tudo para evitar que aquelas crianças fossem corrompidas pelas trevas da ignorância, a mesma ignorância que fizera com que o capitão Miguel Jordão houvesse um dia agido de maneira tão desprezível e arrogante para com seus irmãos, maltratando-os, negociando-os como escravos, negando-lhes a própria humanidade?

— Até ele ser salvo pelo amor — completou Carlos.

— Exatamente. Pelo grande amor a uma mulher vinda desse mesmo povo que ele tanto desprezara e maltratara — concluiu Natália.

No entanto, Carlos continuava insatisfeito:

— Mas, seja como for, para tudo isso, para essa *missão*, eu arruinei a vida de Laura, e disso não me perdôo! Eu não tinha esse direito!

— Você não arruinou a vida de ninguém! Vou lhe revelar mais uma coisa. Já lhe disse que você precisava aprender a lidar com sentimentos de arrogância e orgulho. Laura, por outro lado, precisava da experiência de sofrer por amor. Em sua vida terrena anterior, ela morreu com o espírito atormentado. Ela, naquela vida, foi sua mãe. A *mãe do capitão Miguel Jordão*. Toda a convivência dos dois, no entanto, se resumiu a poucos minutos, pois ela morreu logo após o parto. E aí começou o drama do espírito que mais tarde retornaria como Laura. Teresa — este era o nome da mãe de Miguel Jordão — casou-se muito nova e contra sua vontade. Seu pai fizera negócios escusos, de grande risco, com o futuro noivo, e deu-lhe a filha como garantia. Se o negócio não desse certo, pelo menos o outro ganhava uma esposa. Se desse certo, ele ficava com Teresa mesmo assim, mas voltava certa quantia em dinheiro. O pai era um homem brutal, e Teresa não tinha a menor possibilidade de opor-se a seu sórdido arranjo. O marido, no entanto, era mil vezes pior. Cruel, lascivo, em estado de quase permanente embriaguez, Teresa o temia e mais ainda o odiava. Foi um grande desgosto para ela quando descobriu que estava grávida daquele homem. Durante o parto, devido à sua anormal demora e à expressão preocupada da parteira, percebeu que algo se havia complicado. E se alegrou. Se morresse, livrava-se para sempre de uma vida infernal nas mãos daquele facínora. O desejo de paz e liberdade foi mais forte que o instinto maternal. Ao constatar que suas forças se esvaíam rapidamente com a hemorragia profusa, ela sentiu enorme alívio. Quando o recém-nascido encheu de ar os pulmões e chorou pela primeira vez, Teresa já estava quase desacordada, mas ainda assim percebeu a injustiça que cometera ao desejar a morte. Arrependeu-se. Morreu logo em seguida. A paz e a liberdade tão ardentemente almejadas, no entanto, jamais se instalaram naquele espírito. Muito pelo contrário. O espírito de Teresa permaneceu aprisionado, ligado ao de seu filho Miguel por um esmagador sentimento de culpa. Ao ver aquele recém-nascido tão desprotegido, órfão de mãe e à mercê da bestialidade obtusa do pai, aquele espírito atormentou-se. Como pudera ter desejado morrer? Como pudera, por um sentimento covarde e egoísta de fuga, não ter se importado com o destino daquele ser tão indefeso, totalmente inocente dos pecados do pai e agora abandonado às suas garras, sujeito a todo tipo de crueldades e privações?

— Cheio de angústia e pesar, aquele espírito assistiu à atribulada infância do menino Miguel.

— Acorrentado pelos grilhões do remorso, o espírito acompanhou também a juventude de Miguel Jordão, cheia de episódios de violência.

— Testemunhou, com desespero, seu início no tráfico negreiro. Sentiu o desprezo e a insensibilidade com que ele negociava vidas humanas. E culpou-se. Culpou-se profundamente por ter desertado da vida de Miguel, que, crescendo sem uma mãe amorosa e deixando-se corromper pela influência de um pai monstruoso, transformara-se, ele também, em monstro.

— O espírito de Teresa viu, enfim, Miguel Jordão se tornar um homem muito rico graças ao comércio de escravos, e se desesperou ainda mais.

— Um dia, no entanto, aquele espírito atormentado ganhou uma primeira trégua, uma primeira esperança de alívio. Miguel conhecera o amor. Apesar de sua criação e de suas escolhas equivocadas, Miguel Jordão tinha ainda a capacidade de amar outro ser humano, e essa capacidade demonstrou ser tão intensa e arrebatadora que ele renunciou completamente ao seu desumano ofício de mercador de escravos, renunciou a multiplicar em muitas vezes sua fortuna e se casou. A única coisa que multiplicou foi seu amor, especialmente quando teve um filho e se revelou, além de marido devotadíssimo, um pai extremoso, exemplar, o exato oposto do lamentável pai que tivera.

— O espírito que havia sido Teresa tranqüilizou-se, alegrou-se. Porém jamais se perdoou. Acompanhou Miguel Jordão até o último suspiro deste, e só então se considerou apto a passar a uma nova etapa. Mas reclamava para si uma provação. Entendia que, em um futuro ciclo de vida terrena, só teria condições de evoluir espiritualmente se sofresse a mesma privação de amor a que, como Teresa, havia submetido seu filho Miguel.

— Foi assim que Teresa retornou como Laura, tendo já previamente usado seu livre-arbítrio e decidido que, como Laura, sua maior lição espiritual seria sofrer pelo amor de outro ser humano e assim passar a dar valor a esse sentimento. Só assim seu espírito seria digno de evoluir. Deveria sentir-se tão desamparada quanto aquele recém-nascido.

Nesse ponto, Carlos interrompeu:

— Um momento! Teresa não morreu apenas porque quis! Ela morreu de parto, teve uma grave hemorragia.

— Pode ser — retrucou Natália. — Mas ela teve a *intenção* de morrer, a vontade de se libertar sem pensar no filho. Para sua consciência, isso foi mais que suficiente.

Natália prosseguiu:

— Portanto, se Laura lidou bem ou mal com essa experiência, se aprendeu com ela, se evoluiu mais ou menos espiritualmente, isso não dependeu de você. Se vocês nunca tivessem se conhecido, a vida ofereceria a Laura outras situações nas quais ela tivesse que sofrer por amor. Era algo que faltava, digamos, no "currículo espiritual" de Laura, e nada do que você fizesse poderia modificar isso. Deus não nos dá sempre o que queremos. Ele nos dá *o que precisamos*. Laura já passou aqui tempo suficiente para compreender isso e, como você viu, não guarda nenhum ressentimento em relação a você.

Natália tocou levemente, com a ponta dos dedos, uma lágrima que escorria pela face de Carlos.

— *Isso* — disse ela, referindo-se à lágrima — não é nada mais que um resquício de sua estada terrena. — Depois, sustentando gentilmente o queixo de Carlos, ela fez com que ele elevasse o rosto e a mirasse bem nos olhos. — Meu filho, você está agora em um lugar onde todas as angústias, tristezas e arrependimentos de sua vida terrena se revelarão como meros passos, alguns mais firmes, outros algo vacilantes, na direção de seu aperfeiçoamento espiritual. Veja alguns dos animais considerados entre os mais velozes da Terra. Veja uma gazela, um leopardo. Na plenitude de suas forças, esses animais alcançam velocidades extraordinárias, com formidável elegância, como se não despendessem nisso o menor esforço. No entanto, veja só o que é uma gazela recém-nascida, embaraçando-se nas próprias pernas, frustrando-se seguidamente em suas primeiras tentativas de manter-se em pé, para finalmente, ao cabo de longos e exaustivos minutos, ensaiar uns passinhos muito desajeitados, mas de suma importância, pois a farão aproximar-se dos úberes de sua mãe, onde encontrará o precioso líquido que viabilizará seus primeiros meses de vida. E o leopardo? O que é o veloz, ágil, elástico leopardo quando nasce? É uma criaturazinha minúscula, cega e surda, que apenas rasteja e que, também por alguns meses, estará totalmente à mercê dos cuidados da mãe para sobreviver. Pois bem, Carlos, comparando grosso modo, espiritualmente você ainda não é o leopardo mais ágil ou a gazela mais rápida das savanas, mas já passou há muito de seus dias de rastejar. Aqui você irá perceber quanto já evoluiu, e também quanto, e o quê, ainda lhe é necessário. Mas, para descobrir isso, antes irá se desfazer desses tais resquícios terrenos, que não têm função alguma aqui. Arrependimentos, rancores, ressentimentos... Tudo isso deve ser deixado de lado ao longo do caminho rumo ao aperfeiçoamento. E você já percorreu mais caminho do que supõe. Sei que os primeiros momentos aqui, quando se retorna, podem ser confusos, mas logo você recuperará a serenidade e naturalmente abandonará os resquícios. Você logo verá. Mas, como já disse, para isso há tempo. Venha, quero lhe mostrar mais uma coisa.

Natália dirigiu-se a um grande espelho d'água e parou diante de sua orla. Carlos percebeu que alguns desenhos começavam a se formar sob a superfície cristalina.

Ela voltou-se para ele, sorrindo.

— Você se lembra da última vez em que viu imagens assim, não?

Ele lembrou-se da incrível sucessão de cenas que se formara do nada, em pleno ar, em seu quarto em Porto Alegre, pouco depois de uma de suas visitas a Dom Pedro II. Natália começou a se afastar, dizendo a Carlos:

— Observe as imagens que se revelarão. Preste bastante atenção em cada detalhe. Eu estarei lhe esperando. Aproveite.

Ele começou a mirar fixamente o espelho d'água, e logo as imagens foram se definindo. Novamente viu cenas de fogo, de guerras e de destruição. Novamente via aquelas máquinas sinistras dizimando povos inteiros, reduzindo a escombros vilas e cidades, vilas pequenas e humildes, cidades imensas e suntuosas. Tudo ia sendo igualmente aniquilado por aqueles engenhos diabólicos.

Subitamente as chamas em que ardiam essas cidades iam se tornando menores e seus focos mais esparsos. Todo o fogo acabava, e o céu quase negro de fumaça em instantes passava a um glorioso e límpido azul. Do meio de escombros ainda fumegantes, belos edifícios, magníficos monumentos e parques acolhedoramente arborizados surgiam do pó, despontavam do entulho, brotavam daquelas cinzas como sementes na mais fértil das terras.

As máquinas da morte haviam sido recolhidas a um lúgubre deserto, distante da civilização, onde nem as víboras e os insetos mais resistentes se atreviam a habitar. No entanto, em meio a essa total aridez e desolação onde estavam ajuntadas as sinistras engenhocas, via-se de repente, ao longe, uma multidão a despontar na linha do horizonte. Eram vários milhares de pessoas rumando na direção das máquinas.

Conforme se aproximavam, Carlos pôde distingui-las com alguma clareza. Essa multidão era constituída unicamente por crianças.

Ao atingirem os espessos muros de concreto que cercavam o depósito das máquinas, puseram-nos abaixo com a simples imposição de suas mãos. Os muros ruíram com absurda facilidade, fragilíssimos, como se feitos de açúcar.

Transpostos os muros, as crianças avançavam sobre as máquinas e as destruíam, as desativavam, as desmontavam, até que nada mais restou sobre as areias daquele deserto além de montes de fragmentos e entulho, para sempre inúteis e inofensivos.

Em seguida, uma tempestade de areia ali se abateu, soterrando aquelas tenebrosas lembranças de ferros retorcidos, aquele cemitério de trastes metálicos.

Após a tempestade de areia, começou outra, esta de água. Uma enxurrada torrencial, diluviana.

As crianças, no entanto, permaneciam intocadas por ambas as tempestades, como protegidas por uma abóbada invisível, e assistiam maravilhadas àquelas exuberantes manifestações de Deus.

Observando atentamente aquele exército de crianças, Carlos se viu gratamente surpreendido. Ele reconhecia várias daquelas crianças. Inúmeros alunos do Colégio Sant'Ana, alunos seus, estavam entre as crianças que livravam a Humanidade daquelas criações ignóbeis e assassinas, destruindo-as em pedacinhos. Se aquela visão correspondia a alguma realidade, se havia ali ao menos uma vaga ilustração de verdade, mesmo que simbólica, então sua vida valera a pena, sua luta não fora em vão. *Sua missão se cumpria!*

Entre aqueles pequeninos rostos, Carlos identificava filhos de homens de ganância desmedida, de ambições cegas, sem escrúpulos morais ou pruridos de consciência no que se referia a dinheiro e poder. No entanto, ele tinha certeza, uma certeza visceral e irrefutável, de que não havia nada mais distante da natureza daquelas crianças do que as características mesquinhas que haviam corrompido seus pais. E isso, ele sabia, devia-se muito aos exemplos de humanidade e de amor ao próximo que lhes haviam sido inculcados no Colégio Sant'Ana, ao elevado desenvolvimento moral que ele, Carlos, fizera sempre absoluta questão de que fosse prioridade para seus alunos, acima das ciências, da gramática e da matemática.

A tempestade cessava. Daquele solo úmido, completamente árido até momentos atrás, começavam a brotar, com sobrenatural velocidade, pequeninas plantas que logo se transformavam em árvores frondosas, alongando-se altíssimas algumas, enquanto outras se iam carregando de frutos e, abaixo delas, tudo ia sendo tomado por uma relva muito verde e muito fresca e flores dos formatos mais variados e das cores mais vivas.

O que fora um obscuro deserto momentos antes, sepultura de tétricas máquinas feitas para produzir a morte em massa, agora era um exuberante paraíso.

O mundo inteiro era, agora, um lugar melhor, e Carlos podia estar certo de ter contribuído para isso.

Ódio, inveja, egoísmo, preconceito, arrogância — todos esses sentimentos destruidores haviam ficado soterrados para sempre com aqueles trastes e ferros retorcidos.

Com o coração reconfortado, Carlos viu as imagens gradualmente menos definidas, mais claras e diáfanas, até que nada mais conseguiu distinguir na plácida e azulada superfície d'água. De tão compenetrado, nem percebeu que Natália se aproximara silenciosamente e estava havia algum tempo a seu lado. Ela suavemente pôs a mão sobre seu ombro.

Ele tomou a mão dela entre as suas e dirigiu-lhe um olhar suplicante, perguntando emocionado:

— Isso que acabei de ver... Tudo isso é verdade? Essa paz universal, essa beleza que irá salvar o mundo, isso vai acontecer um dia?

— Tudo que você viu é possível, e seria uma certeza se cada um fizesse a própria parte, como você fez a sua. O que você acabou de ver é uma ilustração do potencial da Terra em ser um mundo de prosperidade, de compaixão, comunhão e boa vontade entre os homens, de beleza. Para que esse cenário possa um dia se concretizar, é preciso que os homens saibam usar seu livre-arbítrio, individual e coletivamente, na perseverança do bem. Se isso ocorrer, então esse mundo de paz e luz, amor e beleza, sem guerras nem fomes, será a mais concreta realidade. Por enquanto, é uma realidade em potencial, uma possibilidade na qual devemos ter fé e esperança.

— Ter esperança? Tudo que posso fazer, então, é esperar que os outros se comportem bem e tomem as decisões corretas? Esperar que as crianças às quais dediquei meus últimos anos de saúde não se esqueçam das palavras que eu disse, dos exemplos que mostrei? Só me resta esperar passivamente, como mero espectador, que minha vida não tenha sido em vão? — inquiriu Carlos, contrariado.

Com um sorriso, Natália o tranqüilizou:

— Ah, esses seus resquícios terrenos... Esses arrebatos de ansiedade... Tudo isso logo irá passar. Como eu disse, aqui eles não têm nenhum propósito. No entanto, já em sua última vida terrena, você, que foi um grande plantador, deveria ter aprendido com as árvores a lidar melhor com esses arroubos de impaciência.

— Eu nunca plantei árvores — estranhou Carlos.

— Simbolicamente, você plantou uma floresta enorme. *Você semeou idéias*. Durante quase toda a sua vida, você lançou sementes nas terras que considerou mais férteis e promissoras. Primeiro a poesia. Depois o jornalismo combativo, guerreiro, as campanhas da república e da abolição. Até que, quando já não lhe restavam muitos anos terrenos, você encontrou o solo mais fecundo onde depositou suas melhores sementes: *as crianças*, o seu colégio. Nem todas as sementes germinam, é claro. Algumas conseguem romper a casca e lançar raízes, mas, por circunstâncias diversas, acabam estiolando e têm vida breve. No entanto, se o semeador foi diligente e tenaz, se fez seu trabalho como você, então ele pode ter certeza de que muitas sementes vingarão, projetando raízes a enormes profundidades e copas que chegam a tocar as nuvens. Essas sobreviventes são as idéias que você conseguiu inculcar na mente de seus amigos, de correligionários, de leitores e principalmente de seus alunos. Elas permanecerão produtivas por muitos anos e, por sua vez, produzirão mais sementes, pois os que receberam suas idéias a comunicarão a outros, e tudo que você semeou de bom por meio de suas idéias terá a força de percorrer o mundo numa progressão extraordinária, alimentada pela própria qualidade de amor e força de vida. Eu lhe garanto que você não plantou joio nem restolhos. Não semeou ao vento ou no deserto. Você plantou sementes da mais alta qualidade nas terras mais bem escolhidas. — Com um gesto largo, Natália apontou para o espelho d'água. — E, se um dia aquelas belas visões se traduzirem em realidade, nem você nem ninguém jamais será capaz de aquilatar quão grande terá sido sua parte no advento dessa nova ordem de paz, prosperidade e felicidade. Mas, por tudo que você fez como Carlos Ferreira, eu posso lhe assegurar: sua parte terá sido excepcional.

Carlos escutava com a maior atenção, enquanto ela prosseguia:

— Realmente, são grandes e edificantes exemplos as árvores. Você sabia que existem ainda hoje, no século 20 da Terra, oliveiras perto de Jerusalém, viçosas e saudáveis, que já eram árvores maduras no tempo em que Cristo palmilhava aquelas terras, quem sabe até descansando sob suas copas? É tempo mais que suficiente para transformar o mundo por meio de idéias, não é? O que pode haver melhor que as árvores para nos ensinar a paciência, a confiança no tempo, a esperança, enfim? Não é por acaso que o verde de suas folhas é, por excelência e unanimidade, a cor da esperança. Quer melhor exemplo que o da gigantesca sequóia da Califórnia? Duzentos anos terrenos são necessários para que ela produza as primeiras sementes, porém daí em diante ela dará milhões de sementes a cada ano. E isso por milhares de anos. Há hoje, na Terra, sequóias com cerca de cinco mil anos e que ainda viverão e produzirão muito. Imagine a quantidade de sementes que isso significa. — Natália fixou nele um olhar terno e profundo e declarou: — Não existe melhor exemplo que a Natureza. É uma das facetas mais visíveis e esclarecedoras de Deus.

Subitamente, ela se elevou alguns metros acima de Carlos e começou a emitir um brilho tão forte que começou a tornar-se difícil distingui-la em meio ao clarão que se ia formando. Com suavidade, ela anunciou:

— Chegou a hora, meu amigo, de nos despedirmos. Outros necessitam da minha ajuda. Quanto a você, sei que saberá se conduzir com serenidade no caminho de suas escolhas futuras. Lembre-se: cada escolha gera outras mais; o caminho sempre terá ramificações, como os galhos de uma árvore. Mas você está preparado. Confio em você.

Dizendo isso, ela começou a se afastar de Carlos com um aceno de adeus.

— Espere! — gritou ele, surpreso com a partida inesperada de Natália. — Quem é você? Quero dizer, quem é você *realmente?*

Carlos conseguiu ainda adivinhar um sorriso nas formas cada vez menos definidas daquela entidade, formas que iam aos poucos se desfazendo em um vórtice luminoso, e ouviu um derradeiro sussurro, que não vinha de nenhum lugar determinado, antes parecia vir de todos os lugares. Desse misterioso sussurro ele pode distinguir uma frase:

— Eu sou apenas a Luz.

Em seguida, o vórtice expandiu-se rapidamente, de modo vertiginoso, ofuscante, lançando para todo canto relâmpagos e clarões, tal qual uma explosão cataclísmica. Logo depois, do mesmo modo inesperado e em igual velocidade, começou a regredir como se estivesse se consumindo por si só, diminuindo até parecer um pequeno vaga-lume. Nesse ponto, deu algumas voltas ao redor de Carlos e desapareceu definitivamente.

Ele pensou naquela última frase. *Eu sou apenas a Luz*. Compreendia, sem a menor sombra de dúvida, que aquele "apenas" não tinha o propósito de diminuir a importância da palavra "luz". Bem ao contrário, magnificava-a e traduzia-se por "*Eu sou a Luz Absoluta*".

Uma lembrança o transportou à infância, ou, mais especificamente, à infância de Carlos Ferreira, em Porto Alegre. Ele se recordava da escola que freqüentara ali. Logo após a porta de entrada, em um amplo corredor, havia uma bela ilustração de Cristo, onde se via um grande halo luminoso ao redor da cabeça do Filho de Deus, e duas órbitas de luz flutuavam sobre suas mãos, estendidas acolhedoramente aos passantes. Aquela cena sempre impressionara vivamente o pequeno Carlos. Abaixo da ilustração estava escrito em letras douradas: EGO SUM LUX MUNDI*.

Agora, Carlos sentia repentinamente um amor enorme, irresistível, por aquele iluminado carpinteiro da Galiléia, com suas mãos onipotentes estendidas à Humanidade. O mesmo amor, exatamente o mesmo, sentia por aquela entidade que o acompa-

*Latim: Eu sou a luz do mundo.

nhara durante tanto tempo como "Natália" e despedira-se como a Luz, "apenas a Luz". Algo admirado, percebeu que esse mesmo amor que o ligava a esses seres de luz, que o ligava igualmente a Cristo e "Natália", neste momento passava a uni-lo também, incondicionalmente, irrevogavelmente, a todos os homens e todas as criaturas viventes, a todos os elementos da Natureza e a todos os astros do Universo.

Arrebatado por essa incomparável sensação, sentiu que desvanecia, que aos poucos desaparecia tal qual fizera Natália momentos atrás. Tinha a impressão de que era transportado rumo a uma nova etapa, outro estágio, oculto ainda, desconhecido.

Antes que se fosse por completo, teve ainda uma súbita visão, fugaz porém muito vívida, em que via a Humanidade a prosperar em um futuro de luzes, em tempos de glória.

◇◇

Ao despertar do misterioso transe, Carlos viu-se exatamente no mesmo local.

Porém sentia-se revigorado, como que promovido a um nível superior de energia e de entendimento.

Sentia-se fortalecido, confiante e muito esperançoso.

Tinha esperança, sobretudo, no futuro da Humanidade.

O Homem melhorava, e isso agora Carlos podia ver claramente.

Contrariando as dúvidas do Dr. Vidigal, o Homem já havia, inquestionavelmente, "saído das cavernas". O Homem da Idade Média era sem dúvida mais "humano" que o Homem das cavernas, e o Homem Moderno mais humano que o da Idade Média.

Graças à capacidade quase infinita de amar e de aprender por meio de erros e exemplos, dons de inestimável preciosidade com que Deus dotara os espíritos, o Homem estaria a salvo e prosperaria sempre ao se manter no iluminado caminho do amor, do aprendizado contínuo e da boa vontade.

Carlos levara algum tempo, mas finalmente constatava, sem sombra de dúvida, que a vida valia a pena ser vivida, e que na Terra — esse grande centro de aprendizado —, por pior que pudesse parecer a situação em dado momento, o bem sempre acabava triunfando.

Enlevado por esses pensamentos, Carlos caminhava por uma trilha de areia fofa e dourada, levemente luminosa, cercada por árvores imponentes e gigantescas, tão grandes quanto aquelas que, segundo Natália, ele havia simbolicamente plantado na Terra e regado com a miraculosa água do saber sem restrições e do amor sem fronteiras.

A seu lado, segurando sua mão, estava Laura.

Sempre Laura...

Carlos sentia que ela adivinhava seus pensamentos e também se alegrava com eles, numa dessas extraordinárias afinidades espirituais que estão para sempre acima das vicissitudes da vida e da transitoriedade da morte.

Repentinamente, ele teve uma surpresa.

No meio do caminho, saído de entre as árvores, surgiu ninguém menos que Castrinho, e passou a acompanhá-los também, ora com a aparência do querido amigo e grande poeta Castro Alves, ora como Fernando, o amado filho do capitão Miguel Jordão.

Mais além, Carlos viu um menino jogando bola, e intrigou-se. Aquele era Juca! O que ele estaria fazendo ali?

Laura percebeu seu espanto e esclareceu:

— Não é o que você está pensando, Carlos. Ele não está aqui conosco. Isso é somente uma projeção. De vez em quando, se alguém lá na Terra pensa muito em nós, ou vice-versa, temos a capacidade de vê-lo por alguns instantes. Como agora, por exemplo.

— Eu posso me aproximar? — perguntou Carlos.

— Pode, mas ele não perceberá sua presença.

Carlos foi se acercando a Juca, e coincidentemente, sem sabê-lo, o menino chutou a bola em sua direção. Carlos chutou a bola de volta. Juca a agarrou, sorriu e saiu correndo.

— Carlos! — exclamou Laura. — Nós não podemos interferir no plano terreno!

Ele riu, surpreso.

— Desculpe, mas eu não sabia que éramos capazes. Só fiz

o gesto de chutar a bola, mas na verdade pensei que ela fosse atravessar meu pé, como acontece com esses fantasmas de histórias mal-assombradas.

Laura também riu.

— Não, nós não somos fantasmas de histórias mal-assombradas.

A lembrança do rosto corado e feliz de Juca enchia Carlos de calor e de luz, e ele sentiu seu espírito expandir-se em ondas de puro deleite.

Como que para coroar este momento tão glorioso, Carlos começou a escutar uma música sublime, se bem que familiar. Um som tão perfeito que parecia ser gerado por uma orquestra de anjos. A música vinha de um local todo envolto por uma névoa suave, muito clara e brilhante, que foi aos poucos se dissipando para revelar que aquela música procedia, realmente, de uma orquestra de seres angelicais. Surpresa maior foi quando ele viu quem regia a orquestra. O maestro daqueles anjos era Carlos Gomes. O autor do "Guarani", radiante, acenou para Carlos com a cabeça e piscou-lhe o olho em sinal de mágica cumplicidade.

Ao continuar a percorrer aquela paisagem idílica, que lhe trazia uma paz jamais experimentada, em sublime estado de sintonia com todos esses entes queridos, não havia para Carlos certeza maior de que vida e morte eram nada mais que estágios fugazmente efêmeros, mas que o Amor, esse sim, era Eterno.

EPÍLOGO

— Mamãe! Depressa!

Joaquina estava lavando a louça, e seu coração deu um salto quando ela ouviu os berros de Juca. Saiu correndo.

— Mamãe! Mamãe! A bola foi para o outro lado da rua e, quando eu ia buscar, ela voltou sozinha!

Joaquina suspirou de alívio. Saíra da cozinha apavorada com os gritos, mas agora, ouvindo o que Juca dizia, achou graça.

— Parabéns! Você é o único menino da rua com uma bola que volta sozinha — riu ela. Ante o espanto do filho, emendou: — Isso foi só o vento, menino!

Voltou para dentro de casa, ainda sorrindo.

Juca agarrou com força a bola e observou as folhas da alta palmeira que havia no quintal. Estavam imóveis. Não havia o menor sinal de vento.

O menino olhou mais para o alto.

Viu duas nuvens exatamente redondas. Era a primeira vez que via nuvens com tal precisão de formas. De repente as duas esferas começaram a se aproximar, foram se juntando, se fundindo, e por fim formaram um perfeito coração.

Novamente ele quis chamar a mãe, mas afinal resolveu não ir. Ela diria outra vez que era apenas o vento.

Mas ele sabia que não.

Fim

POSFÁCIO

A trajetória de Carlos Ferreira tal como se apresentou a mim, bem como situações e eventos ocorridos antes e depois de sua vida terrena, obviamente contém mais informações do que as que constam neste livro. Seria impossível e inviável incluir neste volume cada detalhe de tudo que minha memória absorveu naquelas duas horas a que me referi na introdução deste livro.

Assim sendo, tive de me decidir por omitir fatos que não fossem absolutamente relevantes em relação ao contexto e objetivo deste relato.

Um exemplo é a atividade que Carlos exerceu durante alguns anos na cidade de Amparo, onde tinha muitos amigos e entusiastas de seu trabalho. Carlos esteve muito ligado a Amparo, tanto na época em que morava em Campinas como depois, já em Pedreira. Estas cidades ficam todas na mesma região, bastante próximas, e mesmo quando Carlos esteve mais atarefado, como quando planejava a inauguração do Colégio Sant'Ana, em Pedreira, arranjou tempo para fundar em Amparo, em 1903, o "Grêmio Literário Carlos Ferreira".

Houve ainda outras atividades, outros acontecimentos, outras obras e outras facetas de Carlos Ferreira que, de serem incluídos, transformariam este livro em um calhamaço de dimensões bíblicas, o que não era minha idéia.

Creio que fui bem-sucedido na escolha do que seria relatado e do que teria de ser deixado de lado.

Devo esclarecer também que, do pouco que eu sabia sobre Carlos Ferreira antes daquela reveladora noite de 2004, uma parte fora ouvida meio que por acaso, em conversas de parentes mais velhos, informações passadas de boca a boca através das gerações.

Nos primeiros sonhos e contatos que tive com Carlos, em 1997, eventos que relato no livro "Fantasmas do Tempo", não tive a oportunidade de refutar ou confirmar muitas dessas informações. Eram contatos vívidos e marcantes, que me marcaram profundamente, mas sempre a um nível, de certo modo, subjetivo. Não havia datas precisas, endereços, listas de nomes e sobrenomes, ou seja, tudo que se convenciona chamar de *informação objetiva*. (E nem eu esperava por isso nesses contatos).

Dos poucos livros da autoria dele que consegui a partir de 1997 (antes disso eu mal sabia de sua existência), havia muita poesia, ficção, crônicas, porém poucas referências pessoais.

Assim, após a noite da revelação, descobri que parte do mito de Carlos Ferreira que corria entre os velhos familiares não correspondia exatamente à realidade.

Um século de boca a boca gera inevitavelmente algumas distorções. Havia também, claro, certas divergências nas versões dos diferentes ramos da família. Carlos teve seis filhos, que por sua vez tiveram outros tantos, e foram se espalhando por diferentes cidades. Nada mais natural que as versões fossem algo desencontradas.

Entre as distorções, descobri, por exemplo, que Carlos não falecera em uma casa humilde do Méier, mas sim em um casarão situado numa chácara do mesmo bairro, propriedade de um cunhado de Carlos que se oferecera para pagar um custoso tratamento para a doença degenerativa de que padeceu em seus últimos anos de vida.

Havia na versão que chegara a mim, por meio de parentes,

uma tendência algo dramática de retratar um Carlos completamente injustiçado, esquecido por todos, morrendo em meio à miséria. Mas não foi assim.

Outra tendência era retratar Carlos como um idealista avoado e completamente irresponsável no que se referia a dinheiro. Eu mesmo, no livro "Fantasmas do Tempo", escrevi o seguinte trecho: "Em suas aventuras políticas e literárias, ele acabou torrando três fazendas, obtidas em seu casamento com minha rica trisavó..." Isto não podia ser verdade, pois as fazendas foram liquidadas em leilão devido a dívidas que o sogro de Carlos Ferreira, o capitão Juca Bento, contraíra durante as crises do café. Carlos Ferreira não poderia tê-las "torrado", pois elas nunca chegaram a ser propriedade sua, nem de sua esposa Joaquina.

Há ainda em "Fantasmas do Tempo" uma frase dita ao leito de morte, imortalizada na memória de meu bisavô. A frase realmente foi dita, como consta no capítulo 12 da presente obra, porém não no momento da morte.

Portanto, peço desculpas aos leitores por estas pequenas divergências, que enfim se restringem a detalhes e não modificam a história nem a essência daquele que foi Carlos Ferreira.

Nesses assuntos, as lembranças de família são muito suscetíveis a sugestões, bloqueios, preferências e vaidades, e invariavelmente saem perdendo nos confrontos com a sabedoria dos espíritos.

Sucessos de ZIBIA GASPARETTO

Crônicas e romances mediúnicos.
Mais de sete milhões de exemplares vendidos.
Há mais de dez anos Zibia Gasparetto vem se mantendo na lista dos mais vendidos, sendo reconhecida como uma das autoras nacionais que mais vende livros.

Crônicas: Silveira Sampaio

- PARE DE SOFRER
- O MUNDO EM QUE EU VIVO
- BATE-PAPO COM O ALÉM

Crônicas: Zibia Gasparetto

- CONVERSANDO CONTIGO!

Autores diversos

- PEDAÇOS DO COTIDIANO
- VOLTAS QUE A VIDA DÁ

Romances: Lucius

- O AMOR VENCEU
- O AMOR VENCEU *(em edição ilustrada)*
- O MORRO DAS ILUSÕES
- ENTRE O AMOR E A GUERRA
- O MATUTO
- O FIO DO DESTINO
- LAÇOS ETERNOS
- ESPINHOS DO TEMPO
- ESMERALDA
- QUANDO A VIDA ESCOLHE
- SOMOS TODOS INOCENTES
- PELAS PORTAS DO CORAÇÃO
- A VERDADE DE CADA UM
- SEM MEDO DE VIVER
- O ADVOGADO DE DEUS
- QUANDO CHEGA A HORA
- NINGUÉM É DE NINGUÉM
- QUANDO É PRECISO VOLTAR
- TUDO TEM SEU PREÇO
- TUDO VALEU A PENA
- UM AMOR DE VERDADE
- NADA É POR ACASO

Sucessos de LUIZ ANTONIO GASPARETTO

Estes livros irão mudar sua vida!
Dentro de uma visão espiritualista moderna, estes livros irão ensiná-lo a produzir um padrão de vida superior ao que você tem, atraindo prosperidade, paz interior e aprendendo acima de tudo como é fácil ser feliz.

- ATITUDE
- FAÇA DAR CERTO
- SE LIGUE EM VOCÊ *(adulto)*
- SE LIGUE EM VOCÊ - nº1 *(infantil)*
- SE LIGUE EM VOCÊ - nº 2 *(infantil)*
- SE LIGUE EM VOCÊ - nº 3 *(infantil)*
- A VAIDADE DA LOLITA *(infantil)*
- ESSENCIAL *(livro de bolso com frases para auto-ajuda)*
- GASPARETTO *(biografia mediúnica)*

- PROSPERIDADE PROFISSIONAL
- CONSERTO PARA UMA ALMA SÓ *(poesias metafísicas)*
- PARA VIVER SEM SOFRER

- CALUNGA - "Um dedinho de prosa"
- CALUNGA - Tudo pelo melhor
- CALUNGA - Fique com a luz...

- série AMPLITUDE:

1- Você está onde se põe

2- Você é seu carro

3- A vida lhe trata como você se trata

4- A coragem de se ver

OUTROS AUTORES

Conheça nossos lançamentos que oferecem a você as chaves para abrir as portas do sucesso, em todas as fases de sua vida.

LOUSANNE DE LUCCA:

- ALFABETIZAÇÃO AFETIVA

MARIA APARECIDA MARTINS:

- PRIMEIRA LIÇÃO - "Uma cartilha metafísica"
- CONEXÃO - "Uma nova visão da mediunidade"
- MEDIUNIDADE e AUTO-ESTIMA

VALCAPELLI:

- AMOR SEM CRISE

VALCAPELLI e GASPARETTO:

- METAFÍSICA DA SAÚDE:

vol.1: sistemas respiratório e digestivo
vol.2: sistemas circulatório, urinário e reprodutor
vol.3: sistemas endócrino *(incluindo obesidade)* e muscular

MECO SIMÕES G. FILHO:

- EURICO um urso de sorte (infantil)
- A AVENTURA MALUCA DO PAPAI NOEL
E DO COELHO DA PÁSCOA (infantil)

MAURÍCIO DE CASTRO (pelo espírito Hermes):

- O AMOR NÃO PODE ESPERAR

RICKY MEDEIROS:

- A PASSAGEM
- QUANDO ELE VOLTAR
- PELO AMOR OU PELA DOR...
- VAI AMANHECER OUTRA VEZ
- DIANTE DO ESPELHO

MARCELO CEZAR (ditado por Marco Aurélio):

- A VIDA SEMPRE VENCE
- SÓ DEUS SABE
- NADA É COMO PARECE
- NUNCA ESTAMOS SÓS
- MEDO DE AMAR
- VOCÊ FAZ O AMANHÃ
- O PREÇO DA PAZ

MÔNICA DE CASTRO (ditado por Leonel):

- UMA HISTÓRIA DE ONTEM
- SENTINDO NA PRÓPRIA PELE
- COM O AMOR NÃO SE BRINCA
- ATÉ QUE A VIDA OS SEPARE
- O PREÇO DE SER DIFERENTE
- GRETA
- SEGREDOS DA ALMA

LEONARDO RÁSICA:

- FANTASMAS DO TEMPO - Eles voltaram para contar
- LUZES DO PASSADO

MÁRCIO FIORILLO (ditado por Madalena):

- EM NOME DA LEI

LUIZ ANTONIO GASPARETTO EM CD:

Aprenda a lidar melhor com as suas emoções, para conquistar um maior domínio interior.

- Prosperidade
- Confrontando a desilusão
- Confrontando a solidão
- Confrontando as críticas
- Confrontando a depressão
- Prece da Solução *(pelo espírito Calunga)*

• série VIAGEM INTERIOR *(n° 1, n° 2 e n° 3)*:

Através de exercícios de meditação mergulhe dentro de você e descubra a força da sua essência espiritual e da sabedoria. Experimente e verá como você pode desfrutar de saúde, paz e felicidade desde já.

• série REALIZAÇÃO:

Com uma abordagem voltada aos espiritualistas independentes, eis aqui um projeto de *16 cds* para você melhorar.

Encontros com o Poder Espiritual para práticas espirituais da prosperidade.

Temos que trabalhar para alcançar nossos objetivos. Para isto necessitamos de conhecimento e práticas adequadas.

Nesta coleção você aprenderá práticas de consagração, dedicação, técnicas de orações científicas, conceitos novos de força espiritual, conhecimento das leis do destino, práticas de ativar o poder pessoal e práticas de otimização mental.

- série LUZES:

Coletânea de 8 cds, nos volumes 1 e 2.

Através de curso ministrado no Espaço Vida e Consciência, pela mediunidade de Gasparetto, os espíritos desencarnados que formam no mundo astral o grupo dos Mensageiros da Luz, nos revelaram os poderes e mistérios da Luz Astral, propondo exercícios para todos aqueles que querem trabalhar pela própria evolução e a melhoria do planeta.

Nesta coletânea trazemos aulas captadas ao vivo, para que você também possa juntar-se às fileiras dos que sabem que o mundo precisa de mais luz.

- série ESPÍRITO *(composto de 12 cds)*:

1- espírito do trabalho
2- espírito do dinheiro
3- espírito do amor
4- espírito da arte
5- espírito da vida
6- espírito da paz
7- espírito da natureza
8- espírito da juventude
9- espírito da família
10- espírito do sexo
11- espírito da saúde
12- espírito da beleza

A realidade tem muitas camadas, porém mais profunda é aquela que gera a existência das outras. Nós a chamamos de **Espírito**.

Sendo o centro de cada um de nós, é pois o guia de nossos destinos rumo à realização.

Eleve-se, aprofunde-se e acorde para o seu espírito.

ESPAÇO VIDA & CONSCIÊNCIA

É um centro de cultura e desenvolvimento da espiritualidade independente.

Acreditamos que temos muito a estudar para compreender de forma mais clara os mistérios da eternidade.

A Vida parece infinitamente sábia em nos dotar de inteligência para sobreviver com felicidade, e me parece a única saída para o sofrimento humano.

Nosso espaço se dedica inteiramente ao conhecimento filosófico e experimental das Leis da Vida, principalmente aquelas que conduzem os nossos destinos.

Acreditamos que somos realmente esta imensa força vital e eterna que anima a tudo, e não queremos ficar parados nos velhos padrões religiosos que pouco ou nada acrescentaram ao progresso da humanidade.

Assim mudamos nossa atitude para uma posição mais cientificamente metodológica e resolvemos reinvestigar os velhos temas com uma nova cabeça.

O resultado é de fato surpreendente, ousado, instigador e prático.

É necessário querer estar à frente do seu tempo para possuí-lo.

Maiores informações:

Rua Salvador Simões, 444 • Ipiranga • São Paulo • SP

CEP 04276-000 • Fone Fax: (11) 5063-2150

E-mail: espaco@vidaeconsciencia.com.br

Site: www.vidaeconsciencia.com.br

Luiz Antonio Gasparetto

INFORMAÇÕES E VENDAS:

Rua Agostinho Gomes, 2312
Ipiranga • CEP 04206-001
São Paulo • SP • Brasil
Fone / Fax: (11) 6161-2739 / 6161-2670
E-mail: editora@vidaeconsciencia.com.br
Site: www.vidaeconsciencia.com.br